周蓓 主編

『民國專題史』叢書

鄧初民 著

河南人民出版社

中國社會史教程

叙述自原始社會至清代不同時期中國社會的發展狀況，包括社會組織、社會制度、社會關系和經濟情況

圖書在版編目(CIP)數據

中國社會史教程 / 鄧初民著. —鄭州 : 河南人民出版社, 2016.4(2017.1 重印)
(民國專題史叢書 / 周蓓主編)
ISBN 978-7-215-10077-0

Ⅰ. ①中… Ⅱ. ①鄧… Ⅲ. ①社會發展史-中國-教材 Ⅳ. ①K2

中國版本圖書館 CIP 數據核字(2016)第 079644 號

河南人民出版社出版發行
(地址:鄭州市經五路 66 號 郵政編碼:450002 電話:65788063)
新華書店經銷 河南新華印刷集團有限公司印刷
開本 710 毫米×1000 毫米 1/16 印張 19.5
字數 290 千字
2016 年 4 月第 1 版 2017 年 1 月第 3 次印刷

定價 : 124.00 圓

出版前言

中國現代學術體系是在晚清西學東漸的大潮中逐步形成的。至民國初建，中央政治權威進一步分散和削弱，加之新文化運動帶給國人思想上的空前解放，新學的啓蒙，新知識分子的產生，民國學術如草長鶯飛，進入一個自由而蓬勃的時代。中國傳統學科乃中國學術之根基與菁華所在，民國學人采用『取今復古，别立新宗』之方法，引入西方的學術觀念，積極改造，使史學、文學等學科向現代學術方向轉型。此外，大力推介西方社會科學的新學科和自然科學，在學習、借鑒乃至移植西方現代學術話語和研究範式的過程中，逐漸建立中國現代學科，使中國的學科門類迅速擴展。一時間，新舊更迭，中西交流，百花齊放，萬壑争流，開創了中國現代學術的源頭。

伴隨知識轉型和研究範式轉换而來的，還有學術著作撰寫方式的創新。中國古代的著作向來以單篇流傳，經後人整理匯編後，方以成册成集的面目出現并持續傳播。直到十九世紀末，東西方的歷史編撰體裁不外乎多卷本的編年體、紀傳體和紀事本末體等，章節體的出現標志着近代西方學術規範的產生和新史學的興起。章節體具有依時間順序，按章節編排；因事立題，分篇綜論；既分門别類，又綜合通貫的特點。以章、節搭建起論述之框架，結構分明，邏輯清晰，較傳統的撰寫體裁容量大、系統性强。它的傳入，使中國現代學術體系從内容到形式被納入了全球化的軌道。民國時期專題史的研究、譯介、編纂、出版恰恰是在這樣的背景下欣欣而發，是學術的實驗場，也是歷史的記録儀。編選『民國專題史』叢書的初衷正是爲了從一個側面展示中國學術從傳統向現代過渡的歷史進程。

專題史是對一個學科歷史的總結，是學科入門的必備和學科研究的基礎，也是對一個時代艱深新鋭問題的解答，是學術研究的高點。民國專題史著作中，既包含通論某一學科全部或一時代（區域、國别）的變化過程的，又囊括對一時代或一問題作特殊研究的，還有少部分是對某一專題的史料進行收集的。原創與翻譯并重，翻譯的底本大多選擇該學科的代表著作或歐美大學普及教本，兼顧權威性和流行性，其中日本學者的論著占據了相當比重。日本與中國同屬東亞儒家文化圈，他們在接納西方學術思想和研究模式時，已作了某種消化與調適，從思維轉換的角度看，更便于中國借鑒和利用，他們的著作因而被時人廣泛引進。

與當代學術研究日趨專業化、專門化、專家化的『窄化』道路迥乎不同的是，中國傳統學術崇尚『學問主通不主專，貴通人不尚專家』的通識型治學門徑，處于過渡轉型期的民國學術在不同程度上保留了這種特徵。民國學術大師諸學科貫通一脉、上千年縱横捭闔之功力自不待冗言，外交家著倫理政治史、文學家著哲學史、化學家著戰争史等亦不乏其人，民國專題史研究呈現出開放、融通、跨界撰述的特點。與此同時必須看到，自晚清以來，中國的命運就在外侮屢犯、内亂頻仍的窘境中跌宕彷徨，民族存亡仿若命懸一綫。這股以創建學科、總結經驗、解決問題爲指歸的專題史出版風潮背後，包裹着民國學人企望以西學爲工具拯民族于衰微的探索精神，及以學術救亡的愛國之心。梁任公曾言：『史學者，學問之最博大而最切要者也，國民之明鏡也，愛國心之源泉也。』這種位卑未敢忘憂國的歷史使命感和國民意識是今人無法漠視和遺忘的。

『民國專題史』叢書收録的範圍包括現代各個學科，不僅限于人文社會科學，學科分類以《民國總書目》的分科爲標準，計有哲學、宗教、社會、政治、法律、軍事、經濟、文化、藝術、教育、語言文字、中國文學、外國文學、中國歷史、西方史、自然科學、醫學、工業、交通共19個學科門類。本叢書分輯整理出版，内不分科，單本發行，方便讀者按需索驥。既可作爲大專院校圖書館、學術研究機構館藏之必備資源，也可滿足個人研讀或興趣之收藏。

與目前市場已有的一些專題史叢書相比，『民國專題史』叢書具有規模大、學科全、選本精、原版影印的特點。本叢書選目首重作者的首創、權威和著作影響力，尤其注重選本的稀見性。所謂稀見，即建國後没有再版，且多數圖書館没有收藏，或即便有收藏，也是歸于非公開的珍本之列予以保存，普通讀者難以借閲。部分圖書雖有電子版，但作爲學術研究的經典原著讀本，紙質版本更利于記憶和研究之用。本叢書精揀版本最早、品相最佳的原版圖書作爲底本，因而還具有很高的版本收藏價值。

『民國專題史』的著作是民國學者對于那個時代諸問題之探究，往往有獨到之處，無論其資料、觀點短長得失如何，要之在中國現代學術史的構建與發展進程中，自有其開宗立論之地位。

自序

「社會是怎樣的構成着？社會又是怎樣的變革着？正確的答覆這個問題，便是社會史全般的任務。」這是拙著「社會史簡明教程」自序裏的幾句話。這幾句話，指出了一般社會史的全般的任務；同時，也指出了中國社會史的全般的任務。即中國社會史的全般的任務，是要答覆中國社會是怎樣的構成的，中國社會又是怎樣的變革着。

那麼，這本「中國社會史教程」的中心內容，已用不着多加說明了。不過在中國社會史的分期上，迄今還是異說紛陳，莫衷一是，而我則大胆的分為原始共產社會，約自太古至夏初（在這一大階段裏，又分為原始社會與氏族社會來敘述；）奴隸社會，約自夏初至殷末；封建社會，約自西周至清末（雅片戰爭；）半封建社會，約自清末雅片戰爭至現在。這當然也不能成為定論，而只是我個人的淺見罷了。

再則它（中國社會史教程）是我在廣州國立中山大學教授中國社會史時所編的講義。因為是講義，故在每一章每一節前冠以「概說，」而在「概說」中指出每一章每一節中要敘述的特點；在每一章每一節後殿以「問題研究，」而在「問題研究」中引起學者讀者對於每一章每一節內容的複習與闡發。因此，它雖不能算是什麼權威著作；但對於初學諸士女，或者不至全無幫助，尤其是初中高中的青年學生。

此外它與「社會史簡明教程，」可稱為姊妹作。欲理解中國社會史，却不能不先理解一般社會史；欲理解一般社會史，也不能不理解個別社會史的中國社會史。因為我們欲理解某一特殊社會的發展過程以探求其特殊發展法則時，同時不能不理解其一般性；而在欲理解整個社會發展過程的全系列以探求其一般法則時，同時又不能不理解其特殊性。這便是所謂全面的理解。一切都需要有全面的理解，對於社會發展過程的理解尤然。

「社會史簡明教程」由上海生活書店刊行，一九四〇年出版，桂林方面，或者可以買着，望讀者注意！

一九四一年十二月十九日於陪都重慶之半山新村私寓

目次

緒論

第二編 正史時代的中國社會

一 什麽是歷史

我們所講授的課題是中國社會史，那首先就非明白什麽是中國社會史不可，要明白什麽是中國社會史，那首先就非明白什麽是歷史不可，然則什麽是歷史呢？有人這樣說：「把過去的各種現象或各種事實記述下來，就是歷史。」這一個歷史的概念顯然是不够的，因爲這樣就算得歷史，歷史家就會滿坑滿谷了。衙門的書記，開會的紀錄，商店的司賬，都將是十足的歷史家，因爲他們正是把過去的各種現象或各種事實記述下來的。

然而歷史家的任務，不僅在把過去的各種現象或各種事實記述下來，而在從過去的各種現象或各種事實中探求其運動法則或因果規律。歷史是最具體的科學之一，而科學的任務，也就是要由牠所研究的對象中去發現其運動法則或因果規律。那麽歷史的概念，就必須補充的說明如下：「把過去的各種現象或各種事實記述下來，而探求其運動法則或因果規律的，便是歷史。」

這裏又有一個問題，必須提出，這便是歷史材料的問題，歷史材料必須是過去的各種現象或各種事實；而過去的各種現象或各種事實，不見得都是歷史材料。如果祇要是過去的現象或事實都是歷史材料，則我們一天吃幾頓飯，睡幾次覺，出幾次恭，周婆與王媽相罵，黑狗與白狗打架，都將是歷史材料，要勞歷史家的大筆大書特書，因爲這些也正是過去的各種現象或各種事實。然則過去的各種現象或各種事實要怎樣才算得是歷史材料呢？我們的答覆是：必需過去的各種現象或各種事實之有歷史的價值者。這一答覆仍然很抽象，我們必需更有具體的說明。我們要注意我們所謂歷史是指的人類歷史，人類歷史的內容是人類的實踐及活動。所謂有歷史的價值的東西，必需是在人類歷史中少了牠就不行的東西，這就是說，沒有牠就將沒有人類，沒有歷史，或者說，沒有牠人類歷史就都要毀滅。大家試想想看，究竟什麼東西在人類歷史中是少不得牠的？這個問題，雖起來是踏破鐵鞋無覓處，容易起來是說破不值半文錢。何以故？我們試問人類是什麼？毫無疑義的人類是生物之一種，凡是生物便需生活，凡是人類便非有飲食衣住不可，要滿足飲食衣住等物質生活的欲望，便不能不生產，所以祗有基本的生活手段，滿足物質生活的欲望的生產，在人類歷史中是少牠不得的，少了牠，就將沒有人類，沒有歷史，所以祗有基本的生活手段，滿足物質生活的欲望的生產，是第一次的基本的人類的實踐及其活動之歷史的創造和歷史的行爲。人類之歷史活動的一切其他方面，例如政治方面，意識方面，都是從爲人類歷史之第一次的基本的人類的實踐及其活動之歷史的創造和歷史的行爲方面發生成長的。所以也祗有人類之第一次的基本的歷史的創造和歷史的行爲以及由這一方面而發生成長的人類之歷史活動的其他方面，才算得是有歷史價值的歷史材料，那麼，那種專門爲歌功頌德而寫下來的歷史，那種專門爲一姓一族敍家譜，爲專制帝王做起居注的歷史，是否具有歷史的價值，在這裏是很成爲問題的。

究竟什麼是歷史？我們必需再加補充的說明如下：「把過去的各種現象或各種事實之有史的價值者記述下來，而探求其運動法則或因果規律的，便是歷史。」像這樣說，或者對於歷史的概念就比較的接近了。然而這仍然有待於大家的研究或探討，我根本上就不敢來下什麼歷史的定義，因爲下定義總是一件很困難的事情。

總之歷史是最具體的科學之一，牠是以說明人類之實踐的活動及其發展過程並探求其運動法則或因果規律爲任務的現實的及實證的科學。

二　什麼是中國社會史

我們如果已經知道什麼是歷史則什麼是中國社會史一問題便不難解決了。如果「把過去的各種現象或各種事實之有歷史的價值者記述下來便是歷史，」則「把過去的中國社會現象或社會事實之有歷史的價值者記述下來便是中國社會史」了。

然而這裏又有一問題還待說明，這便是什麼是社會的問題，即社會的構成問題。說到社會的構成，我們又不能不從爲人類歷史之第一次的基本的人類的實踐及其活動之歷史的創造和歷史的行爲說起，即不能不從物質生活的生產說起。但所謂物質生活的生產，決不是個人的生產，而是社會的生產。因爲人類如果不慮及自己的飲食衣住，而從事飲食衣住的生產，人類即不能生存，如果各個人不發生一定的相互關係，解決這些問題，即生產飲食衣住等生活資料，也是不可能的事。所以人類當其要生活時，便必需生產，人類當從事物質生活的生產時，便必需加入一定的必然的和非他們的意志所能左右的生產諸關係，這個生產諸關係，又是與他們的物質的生產諸力的發展階段相適應的。這個生產諸關係的總和，就形成社會之經濟的構造。這個社會之經濟的構造，就是現實的社會基礎。這也就是屬於第一次的基本的人類之歷史的創造和歷史的行爲一方面的事。在這個基礎上，便建立着法律及政治之上層建築以及哲學科學宗教等之意識形態的上層建築。這也就是屬於人類之歷史活動的其他方面的事。把這兩方面合起來，便構成着整個的社會。以簡圖表之如下：

意識形態	上層建築	社會
法律政治		
經濟構造	社會基礎	
生產關係的總和		

屬於社會基礎的方面，我們可以把牠簡單叫做社會的，屬於法律政治的方面，我們可以把牠簡單叫做政治的，屬於宗教哲學

科學等意識形態的方面。我們可以把牠簡單叫做精神的。這幾方面是構成社會的要素已如上圖所示。然而這幾方面又是怎樣形成的呢？即牠們又是受什麽東西決定的呢？這便不能不特別重視那物質生活的生產上人類之協作以及和人類一定的協作方法相結合的生產方法，即不簡單是人類勞動的技術過程，而是生產者和生產手段相結合的特殊的性質及方法。這就是所謂物質生活的生產方法。物質生活的生產方法，就是決定社會的政治的及精神的生活過程之一般的契機。即不是社會的意識決定社會的存在，反之，是社會的存在決定社會的意識。從這裏便導出了歷史研究之科學性，從這裏也就給與了我們一個研究社會史的正確的方法論。

人類社會之全部歷史，就是社會的各個時代之發展過程，也就是社會的或者說經濟的各種構成之發生發展及沒落的歷史。物質的生產方法，不僅是決定社會的政治的精神的生活過程之一般的契機，而且是區分社會的各個時代之惟一的標準。所以社會的各個時代，不是從牠的生產什麽來區分的，而是由牠怎樣的生產（即用什麽方法生產）來區分的。在一切社會的經濟的構成之基礎中，有生產手段之所有者對於直接生產者的一定關係，而這一定的關係是生產方法之反映。因此，也可以說在一切社會的經濟的構成中，必然具有屬於其內的一定的生產方法。社會史的基本任務，一方面是要闡明人類社會之全部歷史的普遍的發展法則，同時，是要闡明社會的各個時代之特別的發展法則。然而這都不是對於社會的構成茫然無所知的人所能擔負的工作。所以我們要明白什麽是中國社會史，除明白什麽是歷史外，必須明白什麽是社會，即理解社會的構成。

如上所說，社會的構成是運動的發展的，牠的動力是什麽，在這裏我們也必需明白的指示出來。有人說：一切的運動發展起於內部的矛盾。如果這種說法是眞理，然則爲社會之動力的內部矛盾是什麽呢？這又必需回到我們關於人類歷史之根本論點上去。我們說：人類社會之發展的基礎，是物質的生活之生產，以及生產之必具的手段，即物質的生產諸力。在物質的生產諸力這一術語下，是包含着第一，生產者的勞力，其次，勞動工具及勞動對象。社會之物質的生產諸力，是不斷的發展的。在牠發展的某種階段上，必然要與現存的生產諸關係（在法律的表現上就是私有諸關係）發生矛盾。所謂生產諸力與生產諸關係發生矛盾一件事，就是現存的生產諸關係變成了不斷發展的生產諸力的桎梏。到這個時候，生產諸力必然要衝破現存的生產諸關係；而建造與牠相適應的新生產諸關係，即由這一社會構成發展到較高級的社會構成。這一個發展或運動，就是所謂社會變革或社會革命。隨着社會基礎的變革，龐大的上層建築的全部，也要隨之或緩或急的變革起來。這也就是社會之普遍的運動法則，並且這種社會史的過程，是與自然史的過程一樣的。如果我們在這裏把整個社會的構成及其變革，以圖表之，當如下：

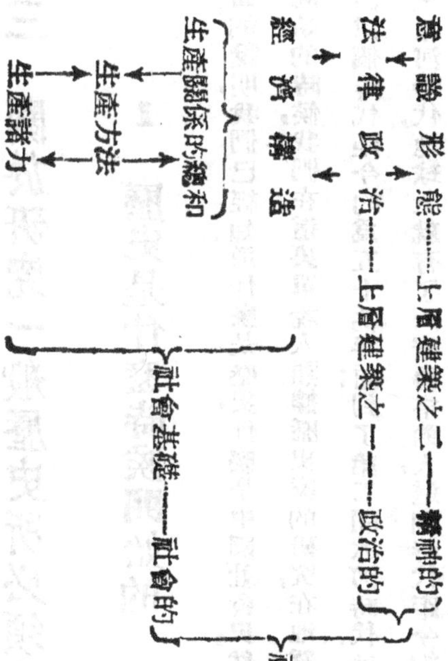

說明：箭頭表示上層建築與社會基礎的各部分之相互作用，但根本的決定者是社會基礎，須注意！

三　關於研究一般歷史所必須注意的幾個要點

1　歷史是什麼時候開始的

根據上面的說明，我們已經知道什麼是歷史，什麼是中國社會史。然則歷史是什麼時候開始的呢？宇宙，地球，生物，動物，人類，都必然有一個開始的時候，我們在這裏單說人類，據歷史家的研究，在地質學上稱爲第四紀的第一次冰河時代，地球上就有了類人猿這樣的東西，這個時代距今約爲五十萬年前；到了第二間冰河時代，地球上就有了海得爾人，這個時代距今約爲三十七萬五千年前；到了第三冰河時代，地球上就有了內安得塔爾人這個時代距今約爲十七萬五千年；到了第三間冰河時代及第四冰河時代，地球上就有了所謂智人，這個時代距今約爲十五萬年及五萬年前；到了冰河以後，地球上才有所謂現代人，這個時代距今約爲二萬五千年前。那末，人類歷史是否是從五十萬年前，或三十七萬五千年前，以至於二萬五千年前開始的呢，換言之，是否地球上一有了人類就會與其他的動物不同開始創造自己的歷史呢？不，人類要與其他的動物區別出來以後，才能創造自己的歷史。我們可以這樣說，人類與其他動物區別出來的那一天，就是歷史開始的那一天。但這裏的問題又來了，即人類究竟是拿什麼東西作標準與其他的動物區別出來的。關於這一點，必有人衝口而出，一下子就可舉出許多人與動物的區別來，譬如說人是拿兩條腿走路，人是會說話的等等。甚至於有一個生理學家從生理上考察了人與動物的各方面，得到一個很有趣的結論，說人是會笑的動物。但這都是外表的區別，不是本質的區別。根本上就因爲拿兩條腿走路，會說話，會笑等等，對於歷史的創造，人類社會的形成，不發生本質的作用。固然，言笑兩者都是社交上所必須的，我們都祇喜歡看人家的笑臉，下官對長官總要來幾個很不自然的媚笑，才能保得住飯碗，古語還有所謂一笑千金。笑的社會價值並且是很高，但這在人類歷史中至多也祗能起一種副次的作用，而不能有根本的作用，所以不能拿牠們來作人與其他動物區別的標準，即不能拿牠們來作為人類歷史的起點。

再關於人與其他動物的區別，有人不拿人與其他動物的外貌來作標準，而從人與其他動物的內心出發，如說：人是萬物之靈，人是有思想有意志有理性的動物。這確是不錯的。並且人的思想意志理性等等，在人類歷史中確實也起過比較重要的作用，例如盧梭孟德斯鳩等的民權思想，曾影響過法蘭西的大革命，孔孟的學說也支配了中國數千年的思想界，但思想意志，究竟不能支配整個的歷史，換言之，歷史究竟不是思想意志理性等等所能創造的。所以也不能拿牠們來作人與其他動物區別的標準，即不能拿牠們來作為人類歷史的起點。

究竟人與其他動物區別出來的基本標識是什麼呢？十八世紀的一個美國學者兼政治家的富蘭克林，他把人類規定為製造工具的動物。這一標識，一定有人提出反對的意見，例如說製造工具的不僅人類能够，猿猴為獲得食物也會使用石塊或棍棒，鳥能營巢，兔能營窟，蜘蛛能織網等等；但是猿猴雖會使用石塊或棍棒等工具，牠却絕對不能獨立製造或改良這些工具，鳥能營巢，却不能營窟或織網，反之，兔與蜘蛛亦然。嚴格的說，其他動物究竟是不能製造工具並改良工具的。能製造工具與否之所以成為人與其他動物區別的基本標識，不重在人之有此特別技能，而重在這一特別技能在人類歷史中所起的作用，我們可以說：人類歷史就是工具創造的。古之人穴居野處，今則高樓大廈矣，古之人茹毛飲血，今則羊羔美酒矣，古之人野蠻，今則文明矣，但其他動物則不然，若千億萬年之昔是那樣，現在還是那樣。人類為什麼能由野蠻而進於文明，可以說就是由於人類能製造工具，其他動物為什麼老是那樣，也可以說就是由於其他動物不會製造工具。工具愈精巧，歷史便愈燦爛。我們簡直可以說一部人類社會史就是一部工具進化史。工具之在人類歷史中是起着根本的作用決定的作用的，有了牠才有其他一切，猶之有了物質生活的生產之第一次的歷史行爲，才有其他的歷史行爲一樣，所以祇有拿能製造工具與否來作人與其他動物的區別，才是本質的區別，所以我們可以說：人是從能製造工具的那一天起才從其他動物界區別出來的，人類歷史的開始也就正在這個時候。爲什麼？因爲人類能製造工具，才有歷史，才有今日之文明。

2 歷史的科學性

照上面說的看起來，人類的歷史是人類自己創造出來的。不過我們要知道：人類在創造歷史的時候，並不是完全根據自己的自由意志去創造，而是被歷史的運動法則所支配着限制着的，就是說，被物質生活的生產方法所支配着限制着的。總之人與歷史是分不開的東西，惟其人與歷史有分不開的緊密聯繫，所以歷史對於人們往往是最有興趣的一種科學；然而又是最不容易成爲科學的一種科學。因爲如前所說科學的任務是在從某種現象中探求其運動法則或因果規律，而科學的態度就非採取純客觀的態度不可，所謂純客觀的態度，就是對於對象作忠實的描寫而絲毫不參加主觀的意志感情去淆亂黑白是非。所以研究自然現象的自然科學，就是用純客觀的態度從自然現象中去探求牠的運動法則或因果規律，研究社會現象的社會科學，就是用純客觀的態度從社會現象中去探求牠的運動法則或因果規律，那末我們研究歷史也應該是一樣；可是就因爲人與歷史有分不開的緊密聯繫，人與歷史有直接的利害關係，所以便不免常常拿主觀的見解去描寫歷史，帶上有色的眼鏡去認取歷史的材料，這樣，歷史便不容易成爲科學。

有人說：全部人類歷史，都是在生產關係中不站在同等地位的兩個人類集團相互衝突矛盾的歷史這種說法自然是在强調人類歷史中的矛盾實際上人類歷史中的矛盾不過是短時期的，人類歷史的開端沒有人與人的矛盾；人類歷史的收尾，也將是沒有人與人的矛盾的。但在這一短時期中（以全部歷史來作比例說，的確是很短的）確實是兩個利害相反的人類集團互相衝突矛盾的歷史。這兩個集團從經濟方面說，必然一個是生產手段的佔有者，一個是直接生產者。從政治方面說，必然一個是治者；一個是被治者。那末，那一時期的歷史，必然就是治者集團的歷史，即這一時期為治者所豢養的歷史家，必然不能拿純客觀的態度來描寫歷史，而是以治者的利害為出發點，佔在治者的地位來描寫歷史的，所以這一時期的歷史，必然就成為一姓一族的家譜，帝王的起居注，英雄豪傑的歌功頌德。總之，是誇張，粉飾，對於被治者施行麻醉的宣傳。所以有人說：「如果宗教是鴉片，歷史便是酒精，」這樣的歷史當然不是科學的。然這是因為歷史現象本來具有反科學根性之故，所以我們研究歷史必須注意歷史的科學性。

3 歷史的法則性

科學的任務是在探求其所研究的對象之運動法則，既如前述。我們研究歷史又必須注意歷史的科學性，同時，自然不能不注意歷史的法則性。但我們在這裏為什麼要特別提出歷史的法則性來研究呢？這就因為雖然在自然科學與社會科學都很發達了的現在，還有人祇承認自然科學的法則的可能性，而否認社會科學的法則的可能性，即否認客觀的歷史的法則的可能性。他們的理由，可以概括為下列五點：第一，他們以為自然現象是常常重複的，所以能在重複的現象中發見牠的法則；而歷史則沒有重複的現象，所以不能發見歷史的法則。第二，他們認為自然現象是可以再生產出來的，即自然現象可以拿在物理化學的實驗室實驗的，因此可以發見牠的法則；而歷史現象却不能用人工把他再生產出來，即不能實驗，所以無由發見牠的法則。第三，他們以為自然現象的發生，是必然的，所以能夠認識牠的因果關係的必然性；歷史現象大都是偶然的，所以不能認識牠的因果關係的必然性。第四，他們以爲自然現象是自然發生的，所以完全受必然性的支配不爲人的意志所左右，因此就有一定的因果法則可以探求；至於歷史現象，即是人事現象，人是有意志的，而意志又有自由的，所以牠不受必然性所支配。第五，牠們更以爲歷史是英雄豪傑的創造物，而英雄豪傑的生死是無法預料的，也就無法發見歷史運動的法則。假定這種見解是正確的，那麼，我們懃懃懇懇去研究歷史的這一番功夫總算白費了。

以上幾點理由，我們也用不着一一去駁斥。就大體上說來，歷史現象也並不是沒有重複的，地球上的一切國民，在歷史的初期，都首先經歷了氏族的經濟生活，這種氏族的經濟生活，又被決定於當時的自然狀態所決定的共同生產共同分配的經濟形態，其次，一切國民在其比較發展的歷史階段上，又都曾經歷過封建的秩序，而這種封建秩序又是由當時手工業的生產方法所決定的，再其次，一切在其史發展的歷史階段上，又必然或先或後經歷過資本主義的秩序，而這種秩序，又是由機器工業的生產方法所決定的。再歷史現象，實際上也是能够實驗的。有人說：正如我們要認識輕氧化合成水的法則是否正確而依據實驗一樣，要認識歷史的運動法則是否正確，也可以依據實驗去證明。並且人類社會在一定的條件之下，可以說是一個大實驗室。我們如果放大眼光來看，一切主義政策以至於一切社會事業的計劃，沒有那一樣不是在實驗當中實驗着。我們知道，科學上的實驗是以假定爲前提的，在現社會裏，有些法律家以爲喝酒是犯罪最多的原因，便提了禁酒可以減少犯罪的假定。在禁酒之後，犯罪的人數果然就會少了。又有些法律家以爲男女情死的案件之所以很多，是因爲婚姻的不自由。於是設立了婚姻自由可以減少男女情死的假定，因而製定了婚姻自由的法律，結果，情死也果然減少了。這都是證明歷史的現象也與自然現象一樣是可以實驗的。他如歷史現象有偶然的也有必然的，人的意志自由並不是絕對的，必須理解了必然才能自由；同時，英雄並不支配歷史，事實上反而是歷史支配英雄，這都證明否認歷史的客觀的法則的可能性的人們之淺薄。所以我們研究歷史必須注意歷史的法則性。

4 歷史法則的一般性與特殊性

歷史是最具體的科學之一，歷史現象也是受客觀的法則所支配，既如前述，但在前面又說過人類社會的全部歷史，就是社會的諸構成之發生發展及沒落的歷史，而社會的諸構成，就顯現爲歷史的各階段。有人說：大概看來，亞細亞的，古代的，封建的，及近代資本制的生產諸方法，就可以規定爲社會的諸構成之順序的諸時代。所有以前的諸構成都是後來的諸構成之先行階段。而各個社會的構成，即各個歷史的階段，不僅有量的不同，而且有質的不同，即各國發展的歷史階段，具有先行階段的發展法則所不能說明的特性，這一歷史階段與別一歷史之階段間具有確實的界限，比方說封建社會與資本主義社會這兩個歷史階段之間的不同，不僅是老子與兒子之間的不同，乃是猴猿與人類之間的不同。

那麼，支配人類社會全部歷史的，有支配全部歷史過程的一般的法則，支配各個社會構成即各個歷史階段的，有支配各個歷史階段的特殊的法則。我們研究歷史，如果忽視了歷史法則的一般性，自然是根本上等於沒有研究歷史；如果忽視了歷史法則的特殊性，也會走到把具體的現實的歷史事變不管，而只造出通用於一切時代一切歷史事變的空虛的圖式。所以我們在前面說：「社會史的基本任務，一方面是要闡明人類社會之全部歷史的普遍的發展法則，同時是要闡明社會的各個時代之特別的發展法則。」自然歷史法則的一般性對於歷史法則的特殊性，是佔在主導的地位的，這點，我們也應該注意。

5 正確的歷史觀

什麼叫做歷史觀呢，簡單說，歷史觀就是人類對於歷史的認識或認識的體系，隨着人們對於歷史的認識之種種不同，便有種種不同的歷史觀。但各種不同的歷史觀又是從各種不同的宇宙觀來的，所謂宇宙觀也就是人類對於宇宙（包括自然與社會）

的認識或認識的體系。隨着人們對於宇宙的認識之種種不同，也就因而產出了種種不同的宇宙觀。但人類對於宇宙的認識無論怎樣不同，結局只歸着於一個問題，這便是存在與思惟的問題。這一問題也就是哲學上最後的最高的根本問題。因爲對於這個問題的解答不同，便分裂而成爲哲學上的兩個宇宙觀。主張思惟決定存在的，便是觀念論的宇宙觀；反之，主張存在決定思惟的，便是唯物論的宇宙觀。因之不同的歷史觀也就從這兩種不同的宇宙觀反映出來了。凡是主張社會的意識（思惟）決定社會的存在的，就是觀念論的歷史觀，反之，凡是主張社會的存在決定社會的意識的，就是唯物論的歷史觀。

觀念論的見解，承認造物主的存在，神靈的存在，因之觀念論往往和有神論一致，並與自然科學相違反；反之，唯物論否認造物主的存在，神靈的存在，所以唯物論卽是無神論，並與自然科學一致。有些歷史家在歷史的領域內想要爲人類社會之全部歷史確定一個普遍的發展法則，而將這種發展的法則時或歸結到天命，時或歸結思辨的理念，十九世紀初的法蘭西的歷史家們說：「觀念及意見支配世界，」這都可以把牠們歸結到觀念論的歷史觀裏面去。因爲他們對於歷史的認識，不是否認歷史的法則性（如天命說）就是憑自己的腦筋去創造歷史的法則性（如理念說）。一切的法則必然是客觀的，而這種由自己的腦筋中所創造出來的法則，絕不能取得科學的頭銜。我們也可以說觀念論的歷史觀是不正確的。因爲我們研究的歷史，不是理念的歷史，神聖的歷史，而是人類的歷史，人類也絕不是爲了發展而利用觀念永久理念的簡單的工具。

歷史是人創造的。所以我們要在歷史的領域中，排除神手的操作與觀念的重要性或決定性。我們要說明人類歷史的運動，並確立歷史運動的根本法則，祇有從那現實的生動的人類的實踐的活動中覓取材料。人類爲了創造歷史就不能不生活，就是說人類爲了創造歷史就非有飲食衣住不可。因爲這個原故，所以我們在前面說基本的生活手段，物質生活的生產，就是第一的而且基本的歷史行爲。再則有人說：生產及次於生產的生產物之交換，就是一切社會制度的基礎，也是一樣的意思。並且在歷史上所表現的一切社會上的生產物之分配以及隨着生產物之分配而發生的社會的階級或身分的構成。也是由某種生產物如何生產如何交換來決定的。根據這種見解，一切歷史的變革的終極原因，即歷史的發展法則，就不應當在所謂「天命」觀念』中去探求，而應當在生產方法和交換方法的變動中去探求。像這樣對於歷史的認識，便是所謂唯物論的歷史觀，亦即所謂歷史的唯物論。總之，社會的存在決定社會的意識，』這一根本問題的肯定，如前所說：『從這裏便導出了歷史研究的科學性，從這裏也就給與了我們一個研究社會史的正確的方法論。』」

6 研究歷史的任務

以上把關於研究歷史必須注意的幾個要點，例如（1）歷史是什麼時候開始的，（2）歷史的科學性，（3）歷史的法則性，（4）歷史法則的一般性與特殊性，（5）正確的歷史觀等等，都說到了，似乎我們已經充分注意到了歷史研究的各個方面。然而還有很重要一點，即我們為什麼要研究歷史？換言之，我們研究歷史的任務是什麼？必需還要加以檢討。

現在有許多歷史家正在孜孜不倦的埋頭於現代歷史的研究，搜求種種歷史的材料，經濟的，政治的，學術的，同時又在分析許多歷史的事變，經濟恐慌，世界大戰，即探求這些歷史事變的因果法則，為什麼呢？不僅此也，現在又有許多考古學家，古生物學家，地質學家，人類學家，正在不斷的努力到處去發掘古物，金石，龜甲，骨片，鐘鼎，什器，祇要得到了一點零碎的殘缺的東西，都寶貝得什麼似的；到處去探險各種荒島，各種落後種族，甚至於寧願住在那些荒島或落後種族裏面若干年或幾十年，對於他們的風土習慣的異同，如果發見了什麼特殊的地方，也是寶貝得什麼似的，為什麼呢？地質學家斤斤於地層的研究，古生物學家，斤斤於古生物的種屬變異的研究，又是為什麼呢？好玩嗎？為着富有興趣嗎？不錯，骨董倒是很好玩的，歷史也是人人感覺興趣的，但比較骨董更好玩，比較歷史更有興趣的還多着哩！小說，故事，不比歷史更有興趣嗎？但偏有人要研究什麼枯燥無味的殷虛契文，冒種種危險到各處去挖掘去探險，就是說偏有人要研究過去的甚至於很古的歷史，這在歷史的研究上必有牠很重大的任務在。

我們必須知道：研究過去的歷史，並不是爲的過去而是爲的現在。嚴格的說：現在是沒有的，因爲在我們爲這一句文章，說這一句話時，這一句文章一句話已經過去了。那末研究過去的歷史，却是把眼光看着未來的。我們有句話說：「欲知來，鑑諸往，」正是這個意思。如前所說，以前的歷史發展諸階段，都是以後的歷史發展諸階段的先行階段。沒有奴隸制度就沒有希臘的國家，沒有希臘的藝術及科學，沒有羅馬帝國，甚至於沒有近世的歐洲。我們之所以要研究過去的歷史，正是要探求過去歷史的發展法則以推測未來歷史的方向，以促進牠並改善牠。

當人類不會了解一切現象的運動法則或因果規律時，就祇有受一切現象的支配，所以人類歷史的初期，就是個奴隸時代。即那時人類不會了解自然現象的因果法則受其支配而爲自然的奴隸，後來漸漸發見了自然現象的因果法則，竟反而能支配自然，如現在有許多自然科學家能利用水力風力電力以及種種自然力，便是人能支配自然的明證。同樣，人類對於歷史現象不會了解其因果法則時也不免要受歷史現象的支配。例如現在一次經濟恐慌，不知道要有許多人失業挨餓，一次世界大戰，不知要有許多人拋妻離子做砲火下的枉死鬼。然而經濟恐慌與世界大戰，顯然是歷史上的一種大事變，這種歷史上的大事變，顯然是有牠的原因與結果的，就是說，牠必然是受因果法則的支配的，如果我們不去研究這些歷史事變的法則，勢必要永久受其支配。否則我們就可循着歷史運動的法則去避免經濟恐慌與世界大戰，即可以根據一定法則在經濟組織上去掉發生經濟恐慌的原因，在政治關係上去掉世界大戰的原因。這樣也就是循着歷史法則來改造歷史，把過去充滿罪惡，悲慘，種種黑暗的非人的歷史，改造爲充滿幸福，繁榮，光明的人的歷史，所以改造歷史，便是研究歷史的任務。

第一編　先史時代的中國社會

第一章　原始社會

一　概說

社會發展的階段，是順着歷史的法則往前進行的。因此，我們探求中國社會的發展也不能外於一般的歷史法則，自然，同時還須把握中國社會發展法則的特殊性。那末在本章裏面，我們所要說明的主題，就是中國原始社會的經濟形態怎樣，社會組織怎樣。但是因爲在史前無文字一類的間接史料可以根據，必須從探求史前人類的遺物——直接史料着手，因爲人是製造工具的動物，也不能不從探求史前人類的遺物着手。所以對於鋤頭考古學，不能不有大大的借重，而鋤頭考古學也還不能單獨的完成這一工作，因之還要求助於地質學，古生物學，人類學等等，再則地質時代與生命的紀錄，歐洲人的考古學對於史前社會的成績等等，都是我們研究史前社會所必需的知識，所以在未曾觸到原始社會正面的敍述以前，還須分出幾節來作預備的說明，茲分述如次。

二　研究史前社會所必需之各種科學

人類從其他動物區別出來的唯一標識，是能製造工具，這是大家所公認了的。而人類最初的工具，是由石頭製成的，或者就是使用天然的石塊，這也是歷史家已大約歸於一致的意見。原始的人類社會已經過去了，遺留給我們的就是這些精粗不一的石塊工具，或者還有一些人類的遺骨——化石，所以我們要研究原始社會，首先就祇有根據原始人的勞動工具及其化石等等。

但是根據勞動工具及其化石來研究原始社會。並不很簡單。這是需要許多科學來幫助的。譬如從事搜集或研究古人的活動之物質的遺跡的，爲考古學，即關於古代物質的遺跡之科學。因之考古學者主要的工作，是從各種古地層中發掘古器物，因其材料，形態，與造方法，斷定它的年代遠近，據以推知古代生活狀況，但遺物年代之遠近，最可靠的是依據地層來下判斷，所以要考古，地質學是必需的。

從事地殼的各層之年齡及其性質的研究者，爲地質學，即關於地球的構造及發展的科學。它對於古物之年齡的決定上，自然是最靠得住的；但是僅僅靠地層來決定，也往往發生錯誤。因爲地層受各種影響，常常發生變化。在這種情形下，又需要另一種學問來幫助這就是古生物學。

古生物學是研究「化石」，即研究巳死滅了的動植物之遺跡的。因爲有同一種類的化石之發見，就能斷定種種發見物有同一的年齡，而且能把環繞人類的自然環境，即一定時代的植物界——植物的總體，及動物界——動物的總體，再表現出來。

藉考古學的發掘，我們能發見人類的遺物——石器，發見人類的骨骼——化石。但爲要推定人類的祖先，明白人類的進化，最重要的是以零架的骨片作基礎，再把它人工的還原以現出原始人之完全的面貌，這又非以上各種科學做得到的，能完成這一任務的，却是關於人類自身的科學，即人類學。它能闡明近似人類的動物或所發掘出來的祖先之遺骨與現代人的體格的特徵之類似或不同。

有了上述諸科學，這對於史前社會之研究，不是很够了嗎？但是上述諸科學，雖能考訂人類的物質遺物，人類的體格相貌，並再現環繞人類的自然界，而關於原始人的社會經濟組織及思惟，却還不能完全推論出來。給與我們以原始的社會組織及其思惟之大概情形的，是土俗學，因爲土俗學是從事種種民族生活之研究的。它以原始人的技術與我們同時代的落後民族之技術的多少相同爲基礎，推論原始人與現代落後民族的經濟生活，必有若干共同點。

爲要推知原始人的思惟，特別是民族社會下的人們的思惟，土俗學又有不能勝任處，於是必須科學的利用各民族之傳說的材料。例如寓言，神話，傳記，歌謠，謎語，俚諺等。

再則語言學，從事各民族語言之比較研究的科學，能從現代各種民族的語言中，特別是已不使用了的所謂死語中，把古代的語言使之再現。

由上述的種種科學——考古學，地質學，古生物學，人類學，土俗學，語言學，甚至於傳說的材料——所獲得材料之總體，能使我們推定史前社會的人類生活及其社會組織之大概狀況。推定人類社會發展之一定的次序，並求得其因果關係的法則，便是歷史學的任務。

三　地質時代與生命的紀錄

照上面所說，我們要知道史前社會，最重要的可以歸納爲下面兩種方法：一是根據化石研究從下等動物到人類之歷程，即研究人類遠祖之體質；二是從物質的遺物，研究人類遠祖之技術。

依據人體化石以研究人類遠祖之體質，這自然是古生物學者的任務，但人類不能離開地球而生存，人類化石是在地層中，所以關於地層的構成與其年代，不能不作相當的說明。

地球最先爲高熱度之汽體，進而爲液體，再進而成固體之地殼。這種固體地殼大半是由岩石形成的。最初成立的岩石，地質學者把它叫做始原岩。始原岩是用以與後來生成的岩石相區別的，但無論始原岩與非始原岩，都是在不斷的變動中。岩石經過種種分解作用，往往碎為砂泥，流入川谷或歸於海，沉積在海底的砂泥，久之又成為新的地層。在這種變動中不免有動植物的遺骸雜在砂泥中，久之便變成化石。這樣地層之相重是有一定的順序的，大概上層新而下層古。在新層中有新的化石，在舊層中當然也有古的化石。因此，我們根據層層相重之地層，研究地球的歷史；又研究地層中所發掘出來的化石，而辨其新舊，就正如讀歷史一般，可以明白生物及人類進化的痕跡。

一般地質學家，根據各種化石把地層分為以下數界。如古生界（Palaeozoic Group，）即含有最古生物化石之地層系統，中生界（Mesozoic Group，）即含有中古生物化石之地層系統，新生界（Cenozoic Group，）即含有新生物化石之地層系統等。古生界的時代，叫做古生代（Palaeozoic Era，）中生界的時代，叫做中生代（Mesozoic Era，）新生界的時代，叫做新生代（Cenozoic Era。）在此等時代之前，更有一最古時代，即地層中還沒有生物的時代，稱為始原代或太古代（Primeval Era or Archaean Era，）這正如人類歷史之有史前時代一樣。各代又分而為紀（Period，）各紀又分而為世（Epoch，）這種時代的分類，總稱為地質時代（Geological Age。）今將地質時代的區分，表列如次：

（一） 太古代（Archaean Era）

（1）片麻岩紀（Gneiss Period）

（2）結晶片岩紀（Crystarine Sichist Period）

（二） 古生代（Palaeozoic Era）

（1）寒武紀（Carmbrian Period）

（2）志留紀（Silurion Period）

（3）泥盆紀（Devonian Period）

（4）石炭紀（Carboniferous Period）

（5）二叠紀（Permian Period）

（三）中生代（Mesozoic Era）

（1）三叠紀（Triassic Period）

（2）侏羅紀（Jurassic Period）

（3）白堊紀（Cretaceous Perriod）

（四）新生代（Cenozoic Era）

（1）第三紀（Tertiary Period）

（A）古新世（Palacocene Epoch）

（B）曙新世（Eocene Epoch）

（C）漸新世（Oligocene Epoch）

（D）中新世（Miocene Epoch）

（E）鮮新世（Pliocene Epoch）

（2）第四紀（Quarternary Period）

（A）洪積世（Diluvial Epoch）

（B）冲積世（Alluvial Epoch）

地質時代的區分，如上已很瞭然，不過這裏所謂一代，一紀或一世，是依據地層的厚薄來推定的。至於自太古代以迄現在的年歲，差不多是長遠得驚人，而且各個學者的推測，也不一定。有的說是二億年，有的說是六億年，這也就可觀了。

以下爲要探求人類出現的時代，必須更進一步來說明生命的紀錄。太古代是沒有生物的，我們可以不管。至於古生代，生物多屬海產，後半期才有陸上生物。中生代是爬蟲類占優勢，簡直有人稱之爲爬蟲時代。新生代是最近的一代，大約有五百萬年的歷史。在第三紀是哺乳類占優勢，所以叫做哺乳時代，在第四紀是人類占優勢，所以叫做人類時代。但這五百萬年的歷史，第四紀卻祇占了一百萬年。那麼人類就是在這第四紀出現的。第四紀普通又分爲兩世，即洪積世，冲積世。據說在洪積世，地球屢次被冰河所襲，又稱爲冰河時代，冰河時代，又可分爲四個冰河期，三個間冰期，玆表列如次：

（一）第一冰河期（First glacial age）

（1）第一間冰期（First interglacial age）

（二）第二冰河期（Second glacial age）

（2）第二間冰期（Second interglacial age）

（三）第三冰河期（Third glacial age）

（3）第三間冰期（Third interglacial age）

（四）第四冰河期（Forth glacial age）

大概人類就是在這冰河時代，從原人進化到近代人的。其後氣候漸變溫暖，即進入冲積世，即所謂現代。然而這個現代也許是介在第四冰河與將來仍繼之出現的第五冰河期之間的第四間冰期，也說不定。

四 歐洲考古學者對於史前社會的成績

對於史前社會的研究，其根據莫過於勞動工具與人類化石，已如前述。但這兩者都有待於考古學者的發掘。世界各國，尤其是歐洲，對於發掘與研究的成績怎樣是很能幫助我們來研究中國的史前社會的。茲分工具與人類化石的發掘及研究兩者述之。

關於遠古的人類工具——石器之發見，歐西在十九世紀以前，亦不辨其爲何物，甚至如中國人一樣疑爲鬼物或雷石（詳下第六節）至一千八百六十年，始公認爲原始人之用器，後來丹麥國皇家博物院長湯姆生（C. G. Thomson）始本之以爲歷史時代的區畫，而定歷史的發展階段爲石器，銅器，鐵器三代。後來又把石器分爲始石器，古石器，新石器三個時代。這個分期，是根據石器的精粗，即依其加工與否或加工的程度如何而定的。所謂始石器，即是未加過人工的天然石器，古石器則在加工上有顯著的痕跡，新石器的加工方法便更進步了。

古石器時代的石器在歐洲已有多量的發見。歐洲的考古學者，根據最初在法國所發見的那些石器，按照工具的形態，給它們以如下的各種名稱和分期：

（1）謝爾安期（Chellean）

（2）阿謝爾安期（Achellean）

（3）冒斯脫利安期（Mousterian）

（4）奧里格內安期（Auragnacian）

（5）梳流特安期（Solutrean）

（6）馬格達楞安期（Magdalenian）

（7）阿罪爾安期（Azilian）

但是因為工具的形態並不能明確的指示技術的發達，乃又有人按照工具的各種製造方法，即加工的程度，把它們分作四個時代，即：

（1）剝削時代（Chiping）

（2）投割時代（Pitching）

（3）壓削時代（Pressing）

（4）研磨時代（Polishing）

剝削技術時代，與第二間冰河期相當，約為三十萬年之昔，其工具特徵為謝爾安期。投割技術時代，與第三冰河時代到第三間冰河期相當，約為十萬年乃至十五萬年之昔，其工具之基本模型為冒斯脫利安期。壓削技術時代，與第四冰河期相當，約為四萬年乃至五萬年之昔，這時代的特徵，就是石器已成為多種多樣。以上屬古石器時代。到了研磨技術時代，冰河時代已將終了，即已進入所謂現代，其工具特徵為阿謝爾安期。新石器時代也從此開始了。古代人的經濟狀況，社會組織，精神生活，是恰與這些石器時代相適應的。我們本章所講的原始社會，約當古石器時代，次章要講的氏族社會，約當新石器時代。

其次關於遠古的人類遺骨——化石之發見，最初有爪哇猿人（Pithecanthropus erectatus）約在一千八百九十年與九十一年間，荷陶軍醫杜波瓦（Eugen Duluois）在爪哇中部脊尼爾（Trrinil）地方，從相當於第一冰河時代的地層中所發見。但發見出來的遺骨祇有一個大腿骨兩個臼齒及頭蓋骨的頂邊。所謂猿人是考古學者給它定名的。後來又在德國的海得爾堡附近，從屬於第二間冰河期的地層中發見了人類的下顎骨與齒，時在一九〇七年。因它發見的地名，卽名之爲海得爾堡人（Homo Heidlbergenisis）。在第三冰河時代，又發見了新的人類型。這是一八五八年在杜塞爾多夫（Dusseldorf）的附近之內安得塔爾山谷發見的。所以卽稱之爲內安得塔爾人（Homo neanderthalexsis）。內安得塔爾人的遺骨，在法國比利時及蘇聯等國內，均有發見。石器進到壓削時代，原始技術起了偉大的變革。在這個時期，人類的相貌也發生變化了。在這一時期的地層中發見了頗似現代人的遺骨。這種人類的遺骨，發見在意大利的格林馬第（Grimaldi）洞窟，摩拉維亞的布柳尼（Brunei）之某地，法蘭西的克羅曼箍（Cromagnon）之洞窟。考古學者因名之爲格林馬第人，布柳尼人，克羅曼箍人。但因三者之間的差異很少，於是大多數學者把他們歸到一個類型，總稱爲「發掘出的智人」（Homo-saprence）。這是否卽爲現代的祖先，很是疑問。因據歐洲考古學者的說法，這種模樣的人，已在發展的某階段死滅了。現代人是到冰河時代以後才發見的。

此外北京猿人的發見，就發見的年代說，雖然是最後，但其人體化石的年代，却爲最古。其詳當於本章六節述之。

以上卽爲歐洲考古學者對於勞動工具與人體化石之發見的成績。這對於研究中國史前社會是很必要的。玆綜合上述，列表於左：

代	紀	時代	動物界	人的種類	技術	重要現象	年數
新	第	第一冰河時代	北極濕原地的動物	類人猿	曙石		五00000
		第一間冰河時代	溫暖時代動物羣（阿非利加＝亞細亞模型）的象、馬、劍齒虎				四七五000

生代					
四紀					
第二冰河時代	北極濕原地的動物羣				四〇〇〇〇〇
第二間冰河時代	溫暖時代動物羣（非洲＝亞洲模型）的象、馬犀、河馬、原始象	海得爾堡人	剝削技術（謝爾安，阿謝爾安期）	手槌	三七五〇〇〇
第三冰河時代	嚴寒時代動物羣的象、長毛犀、灰色熊、馴鹿	內安得塔爾人	拔割技術（冒斯脫利安期）	火埋葬	一七五〇〇〇
第三間冰河時代	溫暖時代動物羣，正如第一第二間冰河時代	發掘的智人，格林馬第人，布擲尼人，克羅曼籠種人	壓削技術（奧里格內，梭流特馬格達楞）	洞窟的藝術	一五〇〇〇〇
第四冰河時代	嚴寒時代動物羣，正如以上三個冰河時代				五〇〇〇〇
現代					
冰河時代以後	混合的動物羣，象、馴鹿、野牛、猛熊、原始牛	現代人	研磨技術（阿罪爾安期）	最初之斧	二五〇〇〇

（上表亦可名之爲地質時代的文化，人類及技術發達之比較表。）

五　考古學的對象及中國考古學史略述

以上把歐洲考古學者關於史前社會的成績，已作了簡單的說明。現在來就中國考古學方面說說。中國的考古學，本來祇是一種金石學或古器物學，在有一個時期的人看來，它對於史前社會可以說毫無關係。然而畢竟它對於史前史後的歷史都有極重要的貢獻。因爲它是一種直接史料，有時還能補間接史料所不及，並糾正它的錯誤。茲先就中國考古學的對象加以檢討，然後略述它的歷史。

考古學之在中國，其研究的對象可大別爲四類：一、石類；二、金類；三、陶類；四、骨甲及其他。在中國考古學中，以石類爲最大類。分類存石刻最古的有周宣王（西歷紀元前八二七——七八八年）的石鼓，鼓數共十四，有一毀其半，現存北平孔廟內。其次便是秦始皇時（紀元前二四六——二一〇年）的六個紀功碑，惜均佚失，祇有泰山那塊碑，還存十個大字，放在山頂古廟中。這種石刻主要的又可分爲下列數種。

大別

一、石經　這在漢熹平，唐開成，五代時之蜀，宋嘉祐，南宋高宗，淸乾隆都有。現存者有唐開成時（西歷八三六——八四〇年）所刻十二經，淸乾隆（西歷一七五〇年後）所刻十三經，此係儒經。此外離北平西北七十里大房山有七洞，將五千卷佛經用二千三百餘塊石頭刻成，始於北齊，迄於遼，費時四百年。

二、記功記事碑　這種碑，或記時代，或記功德，或記大建築，或記個人的事業，建碑處往往有一個碑亭保護它。

三、墓誌銘　這是葬禮用的，記墓中人一生事業，埋在地下。

四、造像　這以六朝隋唐間最多，因那時佛教很盛，有一種刻佛像的風氣。

五、石畫　這種畫往往於大建築墳墓中橋梁下見之，大概刻畫一種故事或花紋，以表象徵之意。

上述五種，不過略舉梗概，其他石刻尚不少。

金類包括銅鐵兩項，而以銅爲主體。最古的銅器往往上溯三代，下至秦漢魏晉隋唐都有。主要的部分也可分爲下列數種：

一、鐘鼎文　在殷周之時，有一種鑄造鐘鼎之風。鐘鼎在那時總爲一種重器或祭器，所謂「遷其重器」，所謂「君子雖貧不賣祭器」都是指鐘鼎說的。後代陸續出土的很多，淸代著錄所存，共有二千六百三十五件。這種東西上面的刻文，我們可以根據它推知社會的經濟狀況，及國家的典章制度，並且可以根據它研究古代文字的變遷及其源流。這種刻文，一名金文。因其是殷周之際的古文，所以很難讀，但近由學者的努力鑽研，幾乎全部可通。近六七十年，研究金文的工作比研究石刻更努力，而且研究金文的效用也比石刻大。

二、古錢　這在考古學中本來是附帶的，現在搜羅極豐富，據說不同的錢在七千種以上。中國差不多一時代有一時代的錢，甚至每一皇帝臨朝，即另鑄新錢。我們看了它的質之美惡，量之大小，工作之精粗，各時代的經濟狀況，都可由此看出。

三、度量衡　現存的古度量衡，有秦權，秦量，漢建初尺，新莽始建國尺，晉前尺，漢量，漢鐘，漢鈁，漢斛，就中除權是金石並用外，餘皆爲金屬。我們可以從它們中間看出歷代度量衡的變遷，對於經濟史也是很有用處的。

四、古印　古印有官印私印兩種，現所藏者種類在一萬以上。這對於古代官名可以看出許多（史不載者）地方名有更改者，亦可從古印中看出。

五、古鏡　在無玻璃時都用銅鏡，唐宋銅鏡還很多，元明以後，始漸消滅。看銅鏡的花紋及其所刻動植物，可以看出彫刻風的轉移。

以上五種爲銅器大宗。此外零槃的東西當然還不少。

陶類可以分爲兩大時代，即近代的磁器與古代的陶器。古代的陶器，又可分爲以下數種：

一、古陶　磁器以前的古陶，近來出土者頗多。山東方面，即古齊魯所在地及直隸明州，新出土一種陶器，多屬鐘類（樂器）鐙類（祭器）及壺類（酒器）。但大都破碎。上刻文字與鐘鼎文不類，近人考訂爲戰國時文字，惟還多不能認識，將來如果能完全認出來，一定於考古上幫助很大。此外秦時度量衡，亦有爲陶器者。

二、磚瓦　最古的瓦可以上溯至秦漢，瓦最多上印有年代，一望而知。磚更普通，歷代大建築所用磚都有文字，並標明年代，現搜羅磚瓦，已成為小小專門學問了。

三、模型　古代鑄器的模範，現尚保存一部分。最主要者為鑄幣的範，其他則為最初製活字板的範也有。這種模型，最古者可以上溯至五代，也與磚瓦一樣，有人專門研究它。

四、明器　死者殉葬所用，如俑之類，看俑的形狀及所穿衣服，為研究古代風俗最好資料。

以上我們把石類金類陶類都說過了一個大概，最後就要說到甲骨及其他了。所謂甲骨就是殷墟出土的龜甲獸骨文字。自漢以來，一般人對於三代歷史，率皆模糊不清，各種緯書又多怪誕不經，即書易等六經，亦不免偽託。自有甲骨出土，然後殷代前後史實漸漸明瞭。甲骨是最近出土（光緒二四二五兩年，西歷一八九八——一八九九年）的，對於考古的幫助也最大。甲骨而外，則有所謂竹簡，這是受英人派遣的匈牙利人斯坦因（Stein）往西域考察古物，在新疆及中亞細亞一帶發見的。西域方面，向來是認為沒有什麼文化可說的，自有竹簡發見，然後西域對於中國的關係，也才逐漸認為重要。

這就是所謂考古學的對象。再請略述中國考古學史。

據說考古學在中國成為一種專門學問，起自北宋，約當西歷十十一兩世紀。因為那時中國印刷術已發明，還有一種專門技術——搨本，所以對於古器物的研究得了種種便利，因之那時就有關於考古學的幾部著述出現：一是歐陽修的集古錄（搜羅許多銅器石器刻文）二是趙明誠及其夫人李清照合著的金石錄（體例與歐書相同，搜羅較完備）三是薛尚功的鐘鼎彝器款識（專限於鐘鼎文）四是王象之的輿地記勝（本是地理書，附錄輿地碑目很詳，開後來分地研究古物的先導）五是聶崇義的三禮圖（專畫古器物圖形）六是呂大臨的考古圖（將古代鐘鼎彝器令良工繪製）七是王黼的宣和博古圖（搜集歷代古器物，自鐘鼎至弩機等共七百十七件，鑑一百一十三件，共八百三十件。所收皆天府藏器，由皇帝及精通籀學之士共同討論詮釋。）

從上述各種著述看來，足見北宋時，考古學在中國已很發達。但南宋中葉以後，降至元明兩代，學者趨重玄談，考古學便衰微下去。直到清初才又重新恢復起來。乾隆中葉便有人注意，由乾隆中葉到現在——一百六十餘年間，這種學問乃有很大的進步，而且分科研究愈趨精密。著名學者如阮元，翁方綱，孫星衍，錢大昕，劉心源，吳大澂，王懿榮，端方，徐渭仁，楊守敬，畢沅，王國維，羅振玉，馬衡等，最近則有郭沫若氏，都是很了不起的考古學家。自承繼王羅之後的郭沫若，尤爲絕出，近在日本著有金文叢考，金文餘釋之餘，兩周金文辭大系，甲骨文釋，中國古代社會研究等書問世。此外在這百餘年中，關於考古的著作，不下四百種，不過這類著作，大概仍依照歐趙薛諸人的規模，不會有什麽新的展拓。譬如他們都沒有近代考古學的知識，尤其關於地質學，古生物學的知識，而且並不知道應用新的科學方法，那末，從這一點來說，郭沫若氏也要比他們强許多。

如上所說，在我們所列考古學的對象中，雖然對於史前史後，都有主要的貢獻，但有助於史前的，畢竟很少。那末，要研究中國史前社會，還要努力往下開拓，就是說要努力尋覓古石器時代、新石器時代的遺物，以爲我們研究史前社會之根據。

關於這一部分的遺物——即古石器時代新石器時代的遺物，最近已有相當的發見，我們將於下節詳述之。

再則上述各節，可算是我們研究中國史前社會之預備知識，下節我們便要根據遺物的發見來正式推斷中國的史前社會了。

六　中國始石器時代與古石器時代遺物之發見

據歷史家的公同見解，原始社會的人類，即還停頓在社會發展之第一階段的人類，在現在的世界上是很難找出來了的。然而原始人類爲生活而與自然鬥爭的活動，即爲對付自然所用的簡單工具的遺跡，在近代的考古學上，却陸續有所發見，這在歐洲是以在法國境內所出土的爲最多，如所謂謝爾安（Chellean）石器，阿謝爾安（Achellean）石器，冒斯脫利安（Musterian）石器等，都是在法國出土的古石器。那末，我們要推知原始社會的經濟狀況和社會組織，就祇有專門靠發掘，祇有專門靠所謂直接史料的古石器。中國由於經濟的落後，使得各種學術，尤其所謂考古學，以及與考古學有重要關係的地質學，人類學，古生物學等，也是很遲的才由歐美輸入到中國來，所以重要的考古，尤其是關於古石器時代的考古，簡直如鳳毛麟角，甚至於自梁唐以降，霹靂礔，（註一）霹靂斧，（註二）霹靂楔，（註三）雷公墨，（註四）雷斧雷楔，（註五）霹靂碪（註六）等名，時見載籍；而均不知爲史前社會之遺物，所以在不久以前，一般人還以爲中國史前歷史無從研究，甚至於以爲中國史前無歷史。等到民國十年（西歷一九二一年）十一月，澳洲人師丹斯基（Oizdausky）在河北省房山縣屬周口店採得化石很多，又於民國十五年（西歷一九二六年）在此化石中發見兩個人的牙齒以後，北平地質調查所，才開始發掘，才得到了很多始石器時代的遺物。再則民國十二年（西歷一九二三年）法人德日進（Teilhand de Chardin），李盛特（F. Licent）在北中國寧夏陝西省內，才又發見有古石器時代的遺物。我們對於中國史前原始社會的研究，也才稍有憑藉。茲將這兩者分述如下：

一、周口店的發掘　周口店在北平西南約一百一十里，是琉璃河支路的末一站，主持發掘的機關，是北平地質調查所，發掘的時間，差不多從民國十六年起繼續到民國二十年。所掘得的遺物，我們分爲石器與化石兩者來說：

（1）石器　在所謂第二石英層得二千餘塊，人工痕跡很顯著的石器有數百件。其形狀共分七種：（一）橢圓形，（二）菱形，（三）腎狀，（四）長方形，（五）正方形，（六）三角形，（七）梯形。

（2）化石　有猿人頭骨，牙齒，下顎，犀牛，水牛，象，馬，猪，麛，貓，鹿，犬，水獺，劍齒虎，貂等。

但此外還有骨器，以鹿角爲最多。牛骨，馬骨，象骨，犀牛骨次之，有一鹿角尖端使用甚久已被磨光。並有將鹿角及其他動物腿骨打成堅及刀形，其鋒刃尚銳。有於犀牛骨刻入凹形，有在骨上刻有縱橫深綫，數量約二三千件，與石器同層。

周口店的人類化石有許多部分是與現代人不同的，例如頭骨與現代人及其他猿人皆不同。頭骨之中最有興趣的部分是外耳骨，祇是性質上表示向現代人演變的趨勢。牙齒的構造，僅大致與現代人相同，或者再有進一步的改變，就與現代人的牙齒完全相似了。下顎骨的前部是比現代人向前伸出去的多，即是說與猿猴相似。所以考古學家——北平協和醫學校解剖學教授步達生（Davidoon Black）把他定名爲中國猿人（Sinanth opus Pekinensis），此外斯丹斯基所得之兩齒，則由安特生等公布爲北京齒（Peking Tooth）或北京人（Peking man）。

再則在這裏已經發見人類用火的遺跡，因爲一、有灰，二、有焦骨，三、有燒過的石，四、有木炭。

二、寧夏陝西省內的發掘。　最先發見古石器時代之遺物的，是在寧夏城南的水東溝，鄂爾多斯東南的薩拉烏蘇溝；其次在陝西榆林縣南的油房頭。分述於後：

（1）水東溝所發見的石器，有石鑽，石刮，拳鑿。形式尚完好，略似歐洲冒斯脫利安式。數量約三百公斤。薩拉烏蘇溝所發見的石器特別小，都是用小砂礫做成的。像冒斯脫利安式的石刮已經很少。就中頂大的石刮，才和水東溝的有些類似。出土在第四紀的下層。

（2）油房頭所發見的，也有石刮等石器，時代也是在中國第四紀的土層，並且算是最古的。因爲有人說在中國第四紀的石器中，莫有比這個更古的了。不過當地的地層爲黃土層，礫岩幾乎全部都爲灰質岩球的小圓石塊；但在這裏出土的石器，却都是灰色堅硬的石英岩所成。在這柔軟的土層中却發見堅硬的石器，有人疑爲是由人力從外方運來的。

此外民國九年（西曆一九二〇年）李盛特在甘肅的慶陽縣北境發見灰石英岩破石卵兩片，其式樣和油房頭所發見的差不多；又在眞正風成黃土層上面得有曾經加過人工的石英岩兩件，根據這種情形，有人推測寧夏的水東溝，薩拉烏蘇溝，和陝西榆林縣的油房頭，以及甘肅的慶陽縣，都屬於同一文化時代。那末東起陝西榆林，西到寧夏，南到甘肅慶陽這一帶當已有人類住居過，即應該有使用這些石器的主人。不過卻在這一帶沒有發見過人類化石。這或許是人類化石還待繼續發掘，不能因此斷定那時沒有人類。

在目前所發掘出來的古石器時代的器物，就祇有這些。我們就是想從這些中間去找出中國原始社會的經濟狀況和社會組織來。「人不言石開口，」就正是這個意思。

七　火與原始社會

上述周口店的發掘，關於時代，據北平地質調查所的斷定，是始石器時代（Eolithic Age）距今約二三十萬年。但是在所發見的遺物中，有兩點有人認爲不可解：一是骨器的發見；一是火的發見。

原來在歐洲考古學者的發掘中，還祇在古石器時代的中期，才發見骨器，而周口店的文化，則遠在古石器時代中期以前。關於這一點，有一位文中先生曾經這樣解釋過，他說：「當這種骨質器具發見後，很有人來反對，說周口店的猿人進化決不會到這種地步。發見的東西決不是爲人類故意製作而又應用的器具，大概是人類因採取骨骼中的骨髓爲食品而打破者。這種議論大概完全受了歐洲的考古學家的影響。因爲在歐洲舊石器時代中期，才開始用骨骼的材料來製作用具。歐洲的人士，皆以爲周口店的猿人時代與歐洲舊石器時代中期年代相差太遠，則以爲決不會有骨製器具。然而文化的進步，又何能相比呢？——地域不同，人種有別，文化的進步，自然不同。——」（見所著中國史前文化概略，載香港中興報。）但這個解釋是不充分的，因爲地域，人種，決不能變更歷史發展主要階段的一致性。我以爲周口店石器中的骨器，不見得就是猿人使用過的。

關於火倒有點不同。周口店有使用過火的遺跡倒沒有什麼稀奇。因爲火之利用却不是很遲的事。一般人都推測人類在冰河時代就知道用火。這雖然是推測，但在事實上很有根據。因爲如果在冰河時代人不知道用火，是很不容易生存的。

火的起源並不在有了人類以後，樹木森林觸電後所引起的火，火山噴火口的火，以及荒野中種種燃燒資料，如松枝落葉之類自然燃燒的火，都是原始人類取火用火的來源。並且我們可以說這件事很早就有可能。人類當其沒有脫離樹棲生活時，即人類還是猿人時，往往在深林濃蔭之下，尋取食物，一定很容易發見被森林自然之火所燒死的野獸及其他動物。或許他們初次遇着沒有吃慣的東西，起先是不敢吃的。然而因爲尋取食物不易，受饑餓逼迫的時候，便不得不把燒死的動物拿來嘗試（胡適說自古成功在嘗試）一下。嘗試的結果，燒熟的東西格外適口，從此，便知道火的作用，就開始利用火，這不是很自然的事嗎？因此中國原始人知道用火，我們很可以這樣解釋。不過有一點不能解釋的，是周口店的石器已有很顯著的人工痕跡，而始石器則是未加人工的石器，北平地質調查所把周口店的遺物斷定爲始石器時代，我很懷疑。

但是我們在這裏，却是要說明火對於原始社會的作用，波卡洛夫（L. A. Bo'charov）與雅尼夏尼（A. Z. Yoanishiani）合著的世界史曾經這樣說：「偶然的火之利用，漸漸的變成經常的利用。火之利用，造出了把原始人從動物界區別出來的一個新的境界。借火之助力，人類開始烹調食物，開始獲得新種類的食物，正如他們有了可能開始食用魚類，若干之球根類果實一樣。原始的狩獵者爲要改良勞動工具，也要利用火，例如他們把木製的槍頭在火上燒之，使強固。同時，火又是保護比較無力的人類避免野獸之襲擊的手段。最後，火又能保護原始人使他們不致於吃生冷受寒氣，或睡了潮濕的地方而生疾病。更有一點，火對於人類容貌之變化，能給與以影響。因爲食用發熱的食物，能使頭蓋的面部與牙齒都發生變化。」（見日譯本四八頁）從這段話也可看出火的利用是很早的。譬如這「火食能變更相貌，火的利用造出了把原始人從動物區別出來的一個新的境界，」這都是證明人還沒有演進到現代人的時候就知道用火。再據這本書的推測，火的出現時期，約在第二冰河之終至第三冰河期，那就正是從四十萬年到一十七萬五千年之間，與中國猿人化石出現的年代——約距今二三十萬年前，也正相吻合。

不過人類最初所用的火，一定不是由人工造出來的。人工取火或者還在以後的時代。開始人工取火的方法，大約有二：一是撞擊，二是摩擦。撞擊取火即用燧石之類，互相擊打，使爆炸出火星來，現今布西曼人取火的方法，還是如此。摩擦取火，是用一粗一細的兩個木棒互相摩擦使其生熱而至於燃燒，這兩個棒就叫做取火棒，現在塔斯曼尼亞人取火的方法，還是如此。

我想原始人所感覺最困難的問題，倒不是取得火，而是保持火種。人類崇拜火的習慣，大概與保持火種的困難及火對於原始人的作用大有關係。今試假定我們還是在原始時代，則對於火的熄滅與再造，一定很爲憂慮，爲了保持火種必須派人專門負責。據說看守火種多半是女人的事。這是很有根據的推想，因爲在現在宗教的儀式中，如像聖母像前永久不滅的燈光，以及俗呼女人爲司命火神之類，都可看出殘餘的痕跡來。

但也有人說保持火種不一定是女子，譬如中國的父字，甲骨文寫作這樣——攵，金文寫作這樣——攵，像人手持火把形。中國的王字，甲骨文作天亙，金文作西，像人持干戈以守火形。有人說正因爲古時保持火種不是一件容易的事，故須擇強有力者以守火。守火的人後來在家庭中便變成了父，在國家中便變成了王。茲姑存其說，以待證驗。

至於取火的方法，中國也有兩種傳說。古史考說「太古之初……未有火化，腥臊多害腸胃，於是鑽燧出火，教人熟食——號曰燧人。」這也就是用石撞擊。拾遺記說：「有鳥啄樹，粲然火出，聖人感焉，因用小枝鑽火，號燧人氏。」這大概是用木棒摩擦。

八　原始社會的經濟

在歷史發展的每一個主要階段上，它是不論地域人種都是受一般的歷史法則支配的。社會發展之第一階段的原始社會的經濟，就一般的說，主要是採集經濟。所謂採集經濟就是那時還沒有農業，牧畜的生產技術，人類的生活，祇能靠採集天然的，現存的東西來維持。這時主要的當然就是天然的菓實，植物根，植物葉，幹等，有人把它叫做食果的時期（再進食肉，食穀，）但漁獵也是那時人類生活之重要來源。有人懷疑那時的漁業技術不發達，凶猛的鳥獸常爲人害，人類防之不及，決沒有漁獵的可能。這是把近代的漁獵與古代相比了。殊不知那時所謂漁，不過是近河岸或海濱的人，把河水乾枯海潮退後擱置在沙灘上的魚類，拾來充飢，至多在淺水的地方用手捕魚，或用樹枝石頭之類的東西，亂投於水，使水混魚傷，因而捕捉之。至於獵也不過是伸手向古樹穴中捉松鼠，在狹路中捕兔子，或者乘大獸出去覓食時，偷捕小獸，或拾些鳥卵並捕些小雛，遇着猛獸相鬥，兩敗俱傷的，則拾之以爲食。這還不就是採集嗎？

以上是就食的方面說。然則衣與住怎樣呢？這當然也是很簡陋的。說到穿衣怕還是以後的時代，我們這裏說衣祇算是借用，或是習慣的用法。裸體在原始社會，想是一件很自然的事，當人類在樹居時還是裸體自不待說，有人說在穴居時仍是裸體。這也不奇怪，因爲就令在現在，許多熱帶的民族，都是裸體。至於裸體之歷史的遺跡，自然更多，譬如埃及女神，印度古廟中的神像，均爲裸體，這是人所共知的。中國的國策裏面，也有這樣一句話：「禹祖入裸國。」這就是裸體在中國的傳說。據說：衣服進化的階段，也是可以分作許多時期的。一爲裝飾時期，二爲禦寒時期，三爲遮羞時期，——這樣看來，爲冷與羞而穿衣，還是第二義，最初倒是爲着裝飾。如現在還有斷髮文身，不冷也把狐皮圍在頸上，甚至把鼻耳穿孔塞入金珠等飾物的現象。但冷究竟是唯一穿衣的條件，不過在原始社會，至多不過是披獸皮羽毛之類耳。

住的進化階段也有所謂樹居，穴居，勇居之時期。原始人大概是穴居了，卽住在天然的洞穴，因爲洞居是可以避寒暑並猛獸之襲擊的。

那時的生活，當然是極其勤苦的，因生活的來源不安定，常有殺老人，小孩子以節食的殘酷方法。那時自然沒有分工，至多不過是男女性的分工，大概女子則偏於採集，男子則偏於漁獵。原始社會的經濟狀況，一般說來大概都是如此。爲甚麼？因爲那時的生產技術——古石器所擔負的工作，只能做到如此。

那末就我們上述中國古石器時代的遺物之發見看來，它們也祇能告訴我們這些。根據周口店的獸類化石中有犀牛，水牛，馬，象，豬，貓，鹿等骨，不過在食的方面證明他們已能以動物爲食料，這種動物，或者是自然病死的，或者是互鬥受傷而死的，我們還不敢說他們就能獵獲，其餘大部分的食料，當然不離天然的果實等等。至於衣住等情形，我們祇能推論，推論所及，當然也不能與一般的範圍相差很遠。這我們是可以就中國的許多傳說來證驗的。

莊子盜跖篇說「古者禽獸多而人民少，於是民皆巢居以避之。晝拾橡栗，暮棲木上，故名之曰有巢氏之民。」

禮記禮運說：「昔者未有宮室，冬則居營窟，夏則居橧巢。」

墨子節用中說：「古者人之始生，未有宮室之時，因陵邱掘穴而處焉。」

墨子辭過說：「古之民未知爲宮室時，就陵阜而居，穴而處下。」

易繫辭說：「上古穴居而野處。」

再如「太古之世，披髮卉服，蔽前而不蔽後，辰放氏作，教民搴木茹皮，以禦風霜；絹髮冒首，以去靈雨。於是民知衣皮，而卉服之俗漸脫。」（以上衣）「太古之世，食鳥獸之肉，及草木之實，未有火化，至害衛生。燧人氏作，敎民鑽燧取火，而茹毛飲血之俗漸脫。」（以上食）「太古之世，穴居野處，禽獸逼人。有巢氏作，敎民構木爲巢，而穴居之俗漸脫。」（以上住）我以爲這都是與原始社會的經濟狀況一致的描寫。縱然以上許多書，都是春秋戰國時人寫的，或者是後人的僞作，但都不是毫無根據的。因爲春秋戰國同我們的時代比較總算去古較近，就是後儒僞作，也不見得是憑空杜撰，或者他們也和我們一樣，拿當時落後民族的生活來推論。因爲在中國的四周的，就有許多落後民族，如最早的山戎，犬戎，獫狁，獯鬻，現在的苗傜都是。

九　原始社會的社會組織

「人是製造工具的動物，」這一句話是把人從動物界根本區別出來的；其次「人是社會的動物」這句話，也是把人從動物界區別出來的重要標識。因爲離開了社會就會沒有人。無論是覓食禦侮，或是勞動工具的發明與改良，都不是個人的事業，而是集團的事業之故。

這樣說來，人與社會是分不開的，有人便有社會了。儘管是極小的單位，極鬆懈的組織。說到社會的組織，就是人與人的聯繫，人與人的結合，這種聯繫與結合，當然是建築在經濟上。因生產方法的不同，而經濟的結構亦隨之有差異。原始社會的經濟，前已說過，是採集經濟，這種採集經濟是絕不能把大羣的人結合起來的。據歷史家的推測，那時的人類集團，不過如許多動物羣一樣，這種羣的人數的多少，自然不能很確切的指證出來，可是科學仍可從現今尚存在的落後民族中，抽出一個近似的結論。在菲律賓，澳洲，以及南非洲的土人中，還可看見包含三十人至四十人的羣，也有包含五十人至六十人的，或者更多一點。這大概是以它們所棲息的地帶之出產豐富與否爲轉移。當一處地方有多數可供獵取的野獸，或有大批可作養料的植物，這種羣的人數也有超過一百的。總之包含三十人至四十人的羣，是比較普遍。

這種採集經濟的羣內也不能有什麼顯然的分工。原始羣內之基本的區分，大概祇是由兩性而區分的。羣內的男子，主要的是從事於狩獵，羣內的女子或兒童，主要的是從事於採集，衰老而不能獨立覓食的老人，在這種羣內怕是不能存在的，因爲生活在必須和很艱苦的自然環境相鬥爭中的人，等不到老廢的年齡怕就會死去，有假如還活着，也怕要因生活資料的難得，行使人工節食的方法，爲近親者所殺害。如近代也有人因生活困難而拋棄嬰兒和女孩一樣。

人的發展是經由必不可缺的兩條路綫往前進的，一是生存，二是生殖。因生存而有經濟的組織，因生殖而有性交的組織。上述原始的羣，毫無疑義的是一個生活的經濟的集團，在這個集團內是否有了性交組織，如後世之所謂婚姻制度呢？這在一般人看來，總以爲家庭是最初的經濟單位。實則家庭是在經濟發展到相當的時期，方出現的。就是說經過婚姻的手續而形成的一夫一妻的家庭，或一夫多妻，一妻多夫的家庭，都是好久以後的事。在社會發展的第一階段上，我們推想得到的，是無秩序的亂交之存在。即人類在這個時代的傳種，祇能走親族繁殖的道路。即當時的性交既沒有年齡的區別，也後有尊卑的區別，總之絕沒有習慣律或道德律加以防閑。經過長期的發展，才排除這種無倫次的性交，以及因此而起的紛亂。

第一步是在原始的集團內，構成三級制的性交，即性交有了年齡上的限制。各級的年齡上的差異，是成人，青年，老人。這樣的情形，在澳洲土人中還可看到。現在澳洲土人中，男女孩到性交成熟爲止，組織一個青年集團，中年人——成人則組織第二種集團，第三種集團就是老人的集團，但這裏所謂老人不過是指父親的父親，母親的母親，身體卻還是壯健的。然這種區分卻不是由於什麼聖人或神人的創作，只是由於經濟生活與社會生活的自然過程，即是一種自然的演變。例如在原始羣中有一級的男子是以狩獵和防禦爲主要任務的，有一部分年齡相等的婦女即自然與他們發生關係。其他級情形亦然。然後來因經驗久了，引出了優生學的意義，才對於性交有有意識的限制。

那末，所謂原始的社會組織，主要的如上述生存與性交，都還沒有定型，還是自然的，因此這一社會組織，尚未達到十分鞏固的程度。不待說因生產力的低下，剩餘生產物的缺乏，在原始的漂泊羣中也就不發生所有問題，更無所有上的差別問題。一切的人們爲謀生活而採集，狩獵，是集團的共同的同時，消費也是集團的共同的。

再則原始社會的繁榮期，是壓削技術時代。可是這時代，歐洲的考古學者，曾在洞窟方壁上，或原始人的工具上，發見了很好的藝術，此外已有了原始的魔術——或以之增加生產的數量，或以之制伏暴力——以及製造生產工具的手工業者，這似乎此時已有了美術家，魔術師，手工業者等，即此時已有了明顯的分工。然這還不能算是完全的分工，或者可說是分工的端緒。因爲這時無論是美術家，魔術師，手工業者，同時，仍是採集者，狩獵者。即這些人的個人的能力，還不能使他們從一般大衆分離，但他們却是結束原始社會向氏族社會開拓的先導者。因爲他們已給與了使原始集團往前發展，和使其內部生活日益豐富起來的可能性。

以上便是一般原始社會的社會組織之輪廓。

十　中國歷史上的傳說與原始社會組織

中國的史前社會——尤其是原始社會的遺跡，如前所說，是在最近才發見了少許。我們根據周口店，陝西，甘肅，寧夏等的發掘，才知道那些地方，曾經有過人類的活動與繁殖，再根據所發掘出來的石器，是始石器與古石器時代遺物，那末，我們也就可以推斷那些地方的人類活動，其經濟狀況與社會組織也不過如上述一般的原始的經濟生活與原始的社會組織一樣。然而中國古代的歷史家却不是這樣，他們對於中國的史前社會，是瞎猜的，是妄揣的，間或根據一些傳說，也是神話性的，再不然就是帶着有色的眼鏡，根據自己在有了文化以後所養成的宇宙觀方法論來描寫史前社會的人物，經濟，社會組織，政治制度等，如儒家就把古代帝王寫得像堯舜一樣，五行家則以五行配五帝，道家則以不滿現世，冥想古初，而以三皇之說爲其理想世界之具體化，甚至於以皇帝，王，霸，代表歷史退化之四時期，這都與我們所要研究的史前社會的眞實性無關。反之，在許多不帶主觀性的傳說中，神話中，倒能給我們以與現在所發掘之古代遺物相互證的材料。

中國舊日的歷史，大半是從盤古氏，天皇氏，地皇氏，人皇氏，有巢氏，燧人氏，伏羲氏，神農氏，黃帝有熊氏，陶唐氏，有虞氏起，一直到所謂夏商周三代，除了近人根據甲骨的出土，斷定中國的有史時代祇能從殷起以外，以前差不多都是無定的。例如孔子作春秋，始自魯隱公，漢初尚書成立，便上溯至唐虞，司馬遷作史記，更上溯至黃帝，後來更有人上溯至五帝，三皇，甚至於盤古。那末，若以近代的發掘爲憑，則以前那些皇帝，王，霸的眞實性，便都發生問題了。

不過問題雖有，却也不失爲一種近似的推測。譬如人類曾經巢居，故設想一個有巢氏，漸漸知道用火，又設想一個燧人氏，漸漸由漁獵而進於畜牧，又設想一個伏羲氏，漸漸由牧畜而農業，又設想一個神農氏，這不也很和社會發展的步調一致嗎？這都是我所說的不帶主觀性的傳說。

再關於社會生活的推測，也有許多是富於正確性的。如呂氏春秋恃君覽有這樣一段話：

「昔太古嘗無君矣，其民聚生羣處，知母不知父，無親戚兄弟夫妻男女之別，無上下長幼之道，無進退揖讓之禮，無衣服履帶宮室畜類之便，無器械舟居城郭險阻之備。」

從這段話我們便可以看出下列幾點來：

（1）其民聚生羣處——正是我們上面說的三十人至四十人的原始羣。

（2）無親戚兄弟夫妻男女之別——正是原始社會的現象，與次一階段的氏族社會之已有族內婚的限制而嚴血統之辨者不同。性的關係完全是雜交。

（3）知母不知父——純然的母系。

（4）無衣服履帶宮室畜類之便——無個人的所有。

（5）無器械舟車城郭險阻之備——無國家的組織。

尤其是關於性交的無組織性，以及母系存在這一點，中國書上說得很多。白虎通三綱六紀說：

「古之時未有三綱六紀，人民但知其母不知其父，能覆前而不能覆後，臥之阹阹，起之吁吁，飢即求食，飽即棄餘，茹毛飲血，而衣皮葦。」

商君書開塞說：

「天地開而民生之，當此之時，民知其母而不知其父。」

關於雜交這一點，余友衛聚賢先生謂在中國春秋時尚有遺留的痕跡，他說：「如楚襄老之子黑要烝其母夏姬（左傳成七年，）晉獻公烝其庶母齊姜（左傳桓二十八年）衛宣公爲其子伋娶於齊而自取之（左傳桓十六年）宋人奉公子鮑以因其祖母襄夫人（左傳文十六年）齊襄公與其妹魯桓公夫人文姜通（左傳桓十八年）衛大叔出奔衛人立其弟遺使室其妻孔姬（左傳哀十一年）是在春秋時代尚有祖母與孫，子與母，父與子媳，兄與妹，弟與嫂公開的作正式性交。」（見所著新中國史四頁至五頁）左傳記載春秋時事，大概是不至有什麼靠不住的，這作爲推論原始的雜交之存在，是很有力的佐證。

至於天皇，地皇，人皇之說，亦係秦漢時人對於史前之推測。他們以爲整個的自然界，是先有天，後有地，再有人。春秋命曆序說：

「天地初立，有天皇氏十二頭，淡泊無所施爲，而俗自化，木德王，歲起攝提，兄弟十二人，各立一萬八千歲。地皇十一頭，火德王，一姓十一人，興於熊耳龍門山，亦各萬八千歲。人皇九頭，提羽蓋，乘雲車，使風雨，去暘谷，分九河，人皇出於提地之國，九男九兄弟相似，別長九國，凡一百五十世，合四萬五千六百年。」

這種說法，實極荒誕。然有解之者曰「太古之世，各分部落，不相統一，若干頭之言，頭者人也（路史紀注云：「天皇十二頭，地皇十一頭，人皇九頭，頭者人也，若今數牛魚，古質故爾」）蓋猶後世盜賊分據山林，各擁頭目耳。兄弟一姓之言，蓋鄰近之部落生多，或酋長之遞繼非一耳。至歷年之多，則因古人不知論年，自某時代至某時代，每歸之一著名人物，而其人遂若有非常之壽。考此一說也」（見繆鳳林所著中國通史綱要六一頁）但其大要，則在說明由有天至於有地，由有地至於有人類，不知經過若干變化，以之說實太古歷年之悠久，亦非全屬子虛。

關於盤古的神話，則有三五歷記所云：

「天地混沌如鷄子，盤古生其中，萬八千歲，天地開闢，陽清爲天，陰濁爲地，盤古在其中，一日九變，神於天，聖於地。天日高一丈，地日厚一丈，盤古日長一丈，如此萬八千歲。天數極高，地數極深，盤古極長，後乃有三皇。」

盤古在中國戰國以前的書上是找不到的，據說是在戰國中葉有人將印度的「大人」神話傳入，在山海經中改名「燭陰」，秦漢時以苗民的始祖有「槃瓠」，遂將槃瓠與大人神話混而爲一，改名「盤古」，後人遂奉爲中國開山始祖，而有種種神話與傳說。上面一段話的神話性，當然是百分之百的充分，然「天地混沌如雞子」的說法，也可算得是對於自然界之近似的揣測。我們自然不能把神話與傳說當做信史看，但把比較近似的，拿來與古代遺物互證，却不是與科學不相容的。

同樣，我想把這些純粹神話性的傳說，或在半人半神之間的種種傳說，例如盤古，三皇，有巢，燧人等等，都納之於中國的原始社會這一階段，不失爲科學的較近似之分析。

（註一）任昉述異記：「玉門西南有一國，國中有山，石鑿千枚，名曰霹靂鑿。」

（註二）舊唐書高宗紀「楚州刺史崔侁獻定國寶玉十三枚，十二曰雷公石斧，長四寸，闊二寸，無孔，細緻如青玉。」

（註三）李石續博物志云：「人間往往見細石形如小斧，謂之霹靂斧，或云霹靂楔。」

（註四）劉恂嶺表錄云「雷州驟雨後人於野中得石如黳，謂之雷公墨，扣之錚然，光瑩可愛。」

（註五）沈括夢溪筆談云：「世人有得雷斧者，云雷神所墜，多於震雷之下得之，元豐中，予居隨州，夏月，大雷震，一木折，其下乃得一楔，乃石耳，似斧而無孔。」

（註六）李時珍本草綱目霹靂礁下引唐陳藏器本草拾遺曰：「此物伺候震處，掘地三尺得之。其形非一，有似斧刃者，剉刀者，有穴二孔者，一云出雷州並河東山澤間，因雷震後得者，外似斧，色青黑，班文，至硬如玉。或曰，是人間石造，納與天曹，不知事實。」

【問題研究】

（一）研究史前社會，爲甚麼必須從史前人類的遺物着手？

（二）研究古代遺物，何以必須借助於考古學，古生物學，地質學，人類學等等？

（三）研究史前社會地質時代與生命紀錄，爲甚麼必須並重？

（四）古代遺物中之最重要的是甚麼？我們要知道人類遠祖的體質與技術，除了這種最重要的遺物外，是否有可能？

（五）歐洲考古學者的成績對於我們的研究有甚麼幫助？

（六）中國古石器是否在現代才出土？以前的人們為甚麼把這種石器當做鬼物與雷石？最近出土的石器，在中國甚麼地方？

（七）原始社會的經濟帶着如何性質？我們是否單從生產工具——石器，就可以推定它？

（八）火對於原始人的作用如何？

（九）一般的原始社會組織關於集團的大小與婚姻的關係怎樣？

（十）拿中國歷史上的傳說與中國史前人類的遺物互證，以推定中國原始社會的形態，是不是反科學的？

第二章　氏族社會

一　概說

我們已經敍述了中國社會發達之第一階段，現在就要來敍述中國社會發達之第二階段了。但社會發達之第二階段，是從第一階段孕育出來的，因此我們在敍述一個新社會，例如在敍述中國氏族社會的各種要素或其各種特徵時，便不能把它看做憑空而來或突然發生的，它乃是循着新舊社會要素的矛盾與矛盾的解決，由漸變而達到突變的。

自然，在我們說明每一社會發達階段時，主要的任務，全在說明其經濟的狀況與其社會的組織。但氏族社會是結束史前社會的一個階段。而史前社會的結束，又即爲氏族社會的崩壞。氏族社會的崩壞，又爲私有財產，社會階層，及國家的出現促成的。所以我們除指出氏族社會之一般的特徵外，還不能不說明其崩壞過程，以及中國的氏族社會之發生及其崩壞過程。但中國的氏族社會如何，又須看直接史料與歷史傳說而定。所以又要說到中國的石史及傳說的關係，因之本節的基本任務，不外要說明下列各點：

（1）氏族社會之一般的特徵。

（2）私有制是如何發生的？社會階層及國家又是如何發生的？即氏族社會是如何崩壞的？

（3）中國的直接史料——新石器所告訴我們的是甚麼？傳說與石史的關係如何？

（4）從石史的材料或其他的材料看來，中國的氏族社會應該約略從甚麼時候起到甚麼時候止。即中國歷史傳說的那些部分，我們應把它們歸屬於氏族社會。

二 氏族社會之一般的特徵

關於氏族社會之一般的特徵，分述如下：

一、經濟 主要的是生產經濟，還是從原始社會之採集經濟發展來的生產經濟的時代，農業與牧畜業出現，因農業與牧畜業之出現，給與了人類生活資料之經常的來源，因之又造出了手工業發生的可能，經常的剩餘生產物也出現了，所謂手工業，主要的是陶器業與紡織業，而我們要特別指示出來的，就是這生產經濟出現於新石器時代。

二、技術 主要的是新石器時代的技術，新石器之加工的基本的樣式與舊石器時代差不多，但有一種現象是以前沒有的，這就是開始把工具加以磨製，磨製的工具便有了切斷刀，對於木材的加工就開始有可能了，再新石器時代技術之另一特徵，就是在工具上知道鑿孔加柄，隨着石器的發達，骨器木器也非常發達，骨器主要是用麂角製的，骨器中有大針，小針，短刀，槍頭，釣針，骨梳等，木器中有柄杓，棍棒，木梳，木弓等，因弓的使用增高了狩獵的技術，因木材的使用，一面產生了小舟與筏，增高了漁業的技術，一面增加了交通的能率，從此建築的技術也發達了，於是有了土小屋或水上家屋，新石器時代的技術，經過了若干時間的演進，就達到了銅器與青銅器（銅與錫的合金）的技術，新石器時代的開始約在西歷紀元前一萬二千年，銅器的出現約爲紀元前八千年，青銅器的出現，約爲紀元前五千年，大概工具的製造到了使用青銅器，已是氏族社會的末期了。

三、社會的分工 如前所述，原始社會的分工，僅僅是年齡與性的分工，等到技術往前發展，勞動工具的製造方法就複雜化了，狩獵者與漁業者所用的工具不同，就需要這各種專門製造工具的人們，尤其是從石器推移到金屬器具的製造，便使得分工與專門化更進一層的發達。再則因土地環境之不同，例如或爲草原，或爲森林及河谷，則所謂基本的經濟形態之牧畜與農業，也各個專門化了。即牧畜發達於草原地方，農業發達於森林及河谷地方。再則獨立的手工業，例如陶器業與紡織業也發生了。由於分工的發達，交換亦緣之而起，由於農業與牧畜之發達，社會生活隨之而起變化，男性與女性的關係，也起了變化。即男性在發達的農業與牧畜上面，都占在指導的地位，而曾經在農業方面盡過很大作用的女性，則降低到從屬的地位了。

四、社會組織　圖騰（Totem）成爲經濟的單位。這一單位又是同一血統的人們的集團。每一圖騰即形成一個氏族。氏族又是社會的基礎組織。由若干氏族結合爲宗族，由若干宗族，結合爲種族，更可結合爲種族聯盟。這種氏族關係，就建築在農業與牧畜之生產經濟的基礎上。在氏族裏面，生產手段屬於全氏族員，即土地，家畜，工具等等屬於全氏族所有。因此，氏族的特徵及其限界，即在那裏沒有支配與隸屬的關係存在。氏族的結婚關係，是集團的結婚關係，即男性的集團與女性的集團互相結婚。最初的結婚，是行於一個氏族的內部，即所謂族內婚，亦即所謂亞血族羣婚；其後，則惟允許與近鄰之氏族的成員互通婚姻，即所謂族外婚。族系是由母系氏族到父系氏族。老人在這個時候，因經濟之複雜化，不僅禁止殺害，且成爲富有經濟經驗的長老，而爲社會尊敬的對象了，並且一切都由所謂長老會議支配。但氏族社會的組織原則，却是民主主義的。氏族的長老會議，是由全氏族員選舉出來的。長老只能從會議解決問題，決非個人獨裁。推而廣之，氏族有氏族會議，宗族有宗族會議，種族有種族會議。此其大概也。再則氏族集團的成員間，具有緊密的經濟聯繫，爲擁護自己的共同利益而互相約束。因此對於氏族的每一成員都看做與整個氏族是不可分的。於是有一種血統的復讐習慣。如果有人對於氏族之一員加以侮辱，全氏族都必需爲之雪恥。如果有人殺害了氏族之一員，就認爲是全氏族的衰頹。因爲每一氏族成員對於氏族都等於經濟的價值之故，所以必須以死環死，以侮辱還侮辱。

以上便是氏族社會之各種特徵，這種氏族制度是怎樣崩壞的呢？請於下節述之。

三 氏族制度的崩壞——私有制，社會階層，國家的出現

氏族的崩壞，到處都是由於生產力的發展所引起的。從用鋤的農業轉變到用犂的農業以後，農業經濟便達到更進一層的鞏固，當做統一的經濟組織之氏族也便成爲不必要，更緊密的家族的＝血族的集團便起來把它破壞了。這種更緊密的家族的＝血族的集團，有人把它叫做「大家族」。這就是說在氏族內部有了個人家庭的發生。氏族內部有了個人家庭，便惹起氏族的財產之分割。一切家族都有自已的家畜，都使用自已的土地。但在最初，土地雖歸各家族使用，名義上仍屬於氏族公有，每一年或三年還須由氏族執行再分配，到後來就完全歸於私人家族所有，連名義上的氏族公有都不存在了。

此時家族的首領，已是男性之最年長者，他有處分財產之全權，家族的財產即是這個最年長者的財產。他不僅在氏族的共同體內代表家族，即對於其他家族也把自已看做是一般的家族之財產所有者。各家族之間因種種原因，例如有的豐收，有的荒歉，有的運氣好，六畜興旺，有的運氣不好，人畜都不免受疫病的侵擾，於是便生出財富的差等。有富有的人，有赤貧的人，赤貧者有時不能不求助於富有者，即不能不有借貸之事發生，如因不得已而借家畜，穀物，工具等。但借貸決不是無代價的，漸漸貸付的人就叫借入的人要求利息，而經濟上的賦役就發生了，即借入者以種種勞動的工役來償付貸付者的利息，甚至於因始終不能還本，率同妻子終身沒而爲奴。因此私有財產也就發生了。財富的存在便成爲以後營利及更進一層的蓄積之手段。

私有財產的出現，可以說是因生產力的發達，社會內有了剩餘生產物才完成的，但它不僅與剩餘生產物的出現一事相密結，而且與財產上的不平等之存在，赤貧者向富有者借貸剩餘生產物一事相密結。

社會因爲有了財產上的不平等，於是便有了許多社會階層的對立，例如所有者與非所有者，農民與手工業者，本族人與外族

人。奴隸與奴隸主人。然而主要的對立，開始是奴隸與奴隸主人，總而言之，是所有者與非所有者。這樣，社會階層的對立就出現了。所謂社會階層，即是因對於生產手段的各種關係（財產所有者與非所有者）對於生產上的各種地位（或爲生產上的指導者或爲被指導者）以及對於獲得收入的各種方法（或由個人自已的勞力而得，或由財富之利用的結果而得）而區分之各種社會集團。

然而最初之奴隸的主要來源是什麽呢？一般是所謂戰敗的俘虜，其次即是因不能償債而沒爲奴的。大概在氏族內的農業，牧畜，及手工業發達以後，不僅使人類的勞動成爲更加生產的，而且要求勞動力之大批的使用。最初供給這種勞動力的就是戰爭。戰爭勝利所獲的俘虜，以前是完全殺害的，現在則用之以爲奴隸。這便是奴隸這一社會階層之主要的來源。

私有財產的出現與社會階層的形成，如前所說，都是由於氏族社會內生產諸力之發展以及因生產諸力之發展所引起的分工而起。農業與牧畜的分化是第一次的大分工，隨之手工業由農業分離，是第二次的大分工。這一分工的過程是由石器之被銅器及青銅器所驅逐相並而起的。也就是說與生產諸力的發展相並而起的各種分工的發達，使得各集團各部落間的商業必然要發生，同時，海上貿易也發生了。

此時戰爭的性質也起了變化。以前的戰爭爲的是擴大領土以及氏族的復讐，現在則以財富之獲得與蓄積爲目的。戰爭成爲經常的生產事業，氏族內部的人口日益增加，向外發展的戰爭也日益頻繁，於是由氏族的統一而形成種族，甚至形成種族的聯盟，融合各種族的領土而爲一共通的氏族的領土。然而在這一尨大的領土內既有了奴隸與奴隸主人，富者與貧民，農民與手工業者，特權所有者與無權利者之各種利害不同的社會階層，必會要因利害差等之增大而發生內部的種種矛盾與衝突。爲的要使這種矛盾衝突不破壞社會全體，則緩和這種衝突矛盾的國家就成爲必要，於是國家也出現了。國家是因爲要努力壓制社會的內部矛盾，並努力把這些矛盾抑制到適合於一定的支配階層之利益而發生的。所以國家實不過是這一階層抑制那一階層的一個強有力的機構。

國家形成之古典的例證，是古代希臘的雅典國家，然而在其他國家其形成過程，亦不見得都是採取同一道路。有的是因經濟的原因，氏族或種族的內部起了階層的分裂，當選舉首領之際，財富發揮很大的作用，即財富比個人的勇敢智慧所發生的影響更大，於是氏族集團的首領，便成為少數富有家族所專有的特權。又因為戰爭不斷的結果，產生了專門的軍隊。在戰爭時，可以增加軍事首領的權威，在戰爭以後，對於戰敗者的掠奪，可以增加軍事首領的財富，於是使軍事首領漸與其集團大衆相分離，甚至於長期的軍事行動，就等於軍事首領及其軍隊之長期的支配的意義，於是在某一發展階段，這個支配者就變成經常的支配者，便造成了以軍人及其首領為支配者的國家。

這樣，氏族社會就完全變質而不得不讓位於次一階段的社會，即氏族社會就歸於崩壞了。

四　中國新石器時代遺物之發見

我們於第一章敍述舊石器時代器物之發見的時候，曾說在不久以前，大家都以為中國無史前文化，這等於說中國無石器時代。（註一）但自前述寧夏，陝西，甘肅等處古石器時代的遺物出土後，此說已不攻自破。後經瑞典人安特生（Anderson）在中國考古多年（民國十年至民國十三年——西歷一九二一至一九二四年）東自奉天，中至河南，西及甘肅青海，均發見有新石器時代的遺物，中國北部的新石器時代，於是也確立了。茲分述於左：

一、奉天錦西縣沙鍋屯所得。計有石器，陶器，骨器，貝器等。石器，有石刀，石錐，石鑿，石矛，石鏃，石環，石瑗，石紐，石珠，石圓板，小石斧，及一似貓之石彫刻陶器，單色彩色兼有，惟皆破碎，僅單色的罐，碗，鬲諸器，略可辨識。花樣有席印紋，繩紋，刻紋，黑花紋四種。骨器有骨針，骨錐，小錐針，鑿刀，豕牙之彫刻物，及形如羹匙之長器。貝器有貝環，貝瑗，又得人骨數十具，獸骨十數。時在民國十年，即西歷一九二一年六月，主其事者，北平地質調查所工作重要人員安特生，白萬玉等。

二、河南澠池縣仰韶村所得，也有石器，陶器，骨器，貝器等。石器有石斧，長方石刀，石鑿，石矛尖，石鏃，石杵，石環，石瑗，石針，石鋤，石鑽，石紡織輪等。陶器極多，單色的有足罐，碗，杯，瓶，壺，陶鼎，陶鬲，陶甗，陶爐，及陶紡織輪等。彩色的多碎片，有圓口鉢之半圓球鉢，盤狀淺鉢，深盂，陶罐等，尚能確識其形。花紋彩色種類很多。骨器有骨鏃，骨針，及鹿角製針與斧等。貝器有貝鏃，貝瑗等。又得人骨數十具，時在民國十年，即西歷一九二一年十月，主其事者北平地質調查所工作重要人員安特生，師丹斯基，劉長山，袁復禮等。

三、甘肅青海所得，最著的是齊家坪，朱家寨，馬廠沿，辛店，寺窪山，沙井等處，茲再分述之。

（1）齊家坪，屬甘肅寧定縣。石器有斧，鏃等，陶器皆單色，有形式秀麗之薄肉瓶，骨器有各種尖銳器。

（2）朱家寨，屬甘肅西寧縣，骨器有長方小骨板，上有刻文，有骨刀，無其他器物。

（3）馬廠沿，屬青海樂都縣，陶器有長大之陶甕，上繪人形花紋，有小鉢，滿繪幾何圖案。

（4）辛店，屬甘肅洮沙縣，除普通石骨器外，有牛馬胛骨製之鶴嘴鋤，陶甕之口特大，高者多而低者少，彩繪花紋，多連續之迴紋。又有犬羊馬及人形紋，亦間有鳥紋及車形紋，有銅器，但不多。

（5）寺窪山，屬甘肅臨洮縣，陶器有馬鞍口之單色陶甕，空足之陶鬲，又有銅器若干件。

（6）沙井，屬甘肅民勤縣，有小件銅器無數，內有帶翼的銅鏃，尤爲精工之作。陶器，有精緻的圖案，彩色有紅，黑，紫等色。

以上各處的發掘，時在民國十二年至十三年，即西歷一九二三至一九二四年。主其事者，北平地質調查所，工作重要人員，安特生，白萬玉等再各處所得，除齊家坪無人骨外，其他各處葬地都有，共約百二十具。

據安特生說中國北部史前文化古址，已知的差不多有三十七處了，奉天一，河南七，甘肅二十七，又山西，陝西各一。所以民國十五年西曆一九二六年，李濟，袁復禮二氏考古山西，又發見山西夏縣西陰村遺址，發掘月餘所得石器有石刀，石斧，石鏃，帶槽的石碰，石紡織輪，石環，石球，石墜子及一彫刻之碎石等。陶器無完整的，只有碎片數萬，自粗至精，單色彩色都有。彩色還好像是用筆畫的，各式皆具。其合四三角而成之鐵十字紋，則爲世所初見，李濟氏即定名曰西陰紋。又有陶紡織輪，陶環，陶球及陶製陀螺等。骨器，有骨或鹿角製的錐子，簪子，針及刻環，貝器有貝殼製的墜子，又有琉璃及一半割類絲之穀，極似蠶繭。此外有完整的人骨一，獸骨以豬骨爲多。但陝西新石器古址則至今尚未發見。

安特生氏把在奉，豫，甘，青所得之器物，曾於其所著甘肅考古記中，略分爲六個時期，並估定其年歲。

第一，齊家期，即以齊家坪得名。凡他處所得器物之精粗近似齊家坪者皆屬之。估定其時代約在西曆紀元前三千五百年至三千二百年。

第二，仰韶期，即以河南仰韶村得名。據云：奉，豫器物之全部及甘肅之大部皆屬之，山西夏縣西陰村之所得，李濟氏亦以爲與此期相近。估定其時代約在西曆紀元前三千二百年至二千九百年。

第三，馬廠期，即以馬廠沿得名。陶器花紋顏色與上期稍異。估定其時代約在西曆紀元前二千九百年至二千六百年。但以上三期均無金屬器具發見。

第四，辛店期，即以辛店得名。陶器形式花紋與前各期均異，又略得銅器。估定其時代約在西曆紀元前二千六百年至二千三百年。

第五、寺窪期，即以寺窪山得名。所得銅器較多，估定其年代約在西曆紀元前二千三百年至二千年。

第六、沙井期，即以沙井得名。此時銅器益多，且有極精緻者，都是前期所無的，估定其時代約在西曆紀元前二千年至一千七百年。

以上時代自第一期到第六期，綿延約二千年，他總估定為新石器時代末期與新石器時代到銅器時代的過渡期。

然則他的分期與年歲是拿什麼作根據的呢？考其分期是以器物加工方式之精粗為斷，年歲則是根據以下三者推定的。

一、根據波斯西南之蘇隆的第一第二期，以及裏海西岸之亞諾的第一第二期，來推定仰韶期，即因為蘇隆與亞諾的第一第二期的新石器，考古學者推定約在西曆紀元前三千年，安特生認為仰韶出土的新石器與之相當，故亦推定約為三千年左右。並根據仰韶的年歲來推定仰韶以前與以後的時代。

二、根據孟特流斯（Montelius）分析斯坎狄納維亞之新石器為四個時期，每期約為若干年（第一期約千餘年，後三期不一律，）銅器為六個時期，每期約二百年。安特生也把中國的新石器及銅器混合起來分作六期，並認每期約三百年。

三、根據沙井期的銅器，遠遜殷墟出土的銅器，故斷定其時代當較殷墟銅器為更古。

這種分期與年歲的推定，容有許多錯誤。例如每期相隔年歲，決不能恰恰是二百年，每期出土器物的精粗，也不見得分辨入微。例如同期的器物也往往不同，或此有彼無，或甲多乙寡。但我們拿它來推斷中國史前社會——氏族社會的經濟狀況與社會形態，也可以說是聊勝于無了。

五　從新石器時代遺物所能推知的社會經濟

上述中國新石器時代遺物，僅舉其犖犖大者，實則中國的新石器除安特生氏所發見的以外，還有朱庭祜氏在奉天熱河所採集的石器多種，劉長山氏在河南所得石器數百件，又陸懋德衛聚賢兩氏亦在豫魯及晉各得刀斧等石器數十，各種式樣都有。衛氏並在南京棲霞山附近作過一次發掘，所得器物也不少，再外國人如韓德生（Andeisson）布諾恩（Brown）之在雲南，巴貝爾（Baber）之在四川，威廉（Willims）之在廓州，大衛（David）之在蒙古，高林（Conling）之在青州，鳥居龍藏之在滿蒙，皆會得着石器，足見中國新石器分佈之廣。我們現在就是要根據上述新石器的發見而推知那時的社會經濟狀況。

第一、仰韶發見有石鋤，石耡，我們可以推知那時已有農業。晉豫發見有紡織輪，紡織所用的材料，當然是植物，如苧蔴之類，是那時農業的種植，且兼及苧蔴了。足見農業程度之比較的高度。再定居是農業發達的惟一條件，晉豫甘肅的古址，多爲村落，並且考其範圍之廣，文化層之厚，足證其鄰里之富，居住之久。總之那時不僅已有農業，而且農業已有相當的發達了。

第二、各地所發見的陶器，多有刻紋，刻紋有作犬馬羊形的；又各地都發見有骨器，骨器有牛馬骨製的，這可推知那時已有牧畜業。並且在各處得豕骨最多。這可想見當時畜豕之盛，畜豕的習慣到現在仍盛行於中國，一方面可以推知那時活動的人類，是我們直接的祖先，一方面可以推知畜牧業已達到普通家畜的程度。

第三、晉豫有紡織輪，西陰村有蠶繭，各地所掘古物，以陶爲多，他若陶有布紋，有骨與鹿角針，這可推知那時已有手工業。手工業中的陶器，業不多自粗至精各式都有。河套所得，或與古石器同時，則中國有陶，已數萬年，奧化學名家麥伊伯（Meyersberg）說中國爲陶之母邦，要爲不虛。按歷史發展的軌跡，首爲石器，已爲一般歷史家所公認，而中國章炳麟氏偏持異議，以爲百工始作莫如陶，墟土所在而有，燒冶又易。繆鳳林氏更爲之說曰：烹升出戴，盛濡實乾，需用更廣，故發明甚早也。（俱見中國通史綱要）要亦不爲無故。紡織業的發明，論理當在陶器後。那時除用苧蔴之類的東西紡織外，還有西陰村的蠶繭，似已有絲織，雖未可遽下斷語，然山西夏騾絲織業傳說甚古，卻爲事實，足見那時紡織業的發達也已很有可觀了。至奉豫的貝瑗，甘肅的玉瑗，或爲殉葬明器，或爲生人之佩飾，且純屬美術品矣。

再上述發掘古物中，或有似用以奉神祇物魅的，沙鍋屯出土的人骨多而凌雜，安特生謂或係食人民族之穴居。按歷史上本無所謂食人民族，間有食人亦係經濟來源不充迫之使然，如在前章原始社會因生產方法的幼稚，食物缺乏，因有人工節食之舉，如殺幼兒老人以節食，然目的亦不在食人也。那末，沙鍋屯之多而凌雜的人骨將作何解釋呢？有人斷定或爲當年祭址，因中國古時原有用人作享者，此說近似。其他貝石諸器，脆薄細小，不適佩帶，或亦是用以享神之器。這種原始性的宗教，也是那時經濟形態的反映。至晉豫遺址之一部，甘肅的大部，均爲葬地，隨人骨而見者，多爲明器，以其品物之多，想見其送死飾終之繁，尸骨的位置有定，如仰韶尸多東南首，甘肅則多北首，亦有西首及東首南首者，均未發見所謂棺與槨一類的東西，這當然不是那時技術所能做到的。

此外值得我們注意的，就是在辛店已略得銅器，寺窪山銅器較多，沙井所得銅器益多，這大概已是新石器時代的晚期，亦即氏族社會的末期了。再則發掘之物未見文字，朱家寨小骨板刻紋有作図形的，安特生氏疑爲原始文字，亦非無見；否則殷墟文字，決不會莫之或先也。

以上從新石器時代遺物所反映出的農業，牧畜，手工業經濟，與上述氏族社會經濟之一般的特徵，是相脗合的。

六　新石器時代遺物與中國人種由來問題

中國人種，膚色黃，髮色黑而粗，頭顱略呈圓狀，通常叫做黃種或蒙古利亞人種，他的由來，則除各種推論與神話傳說外，從前歷史家，向未注意此問題。自十七世紀中葉以降，歐洲傳教士到了中國，爲證中西文化的同源，或抬高西洋文化的身價，便倡中國民族也自西來之說，後來日本人也要附會中國民族是從日本來的，於是又倡東來說，此外還有所謂南來說——以為中國民族發祥地，在印度支那半島，又有北來說——以為中國民族起於美洲大陸，由美洲北部渡海而來。這都是外國人的主張。中國人亦有起而和之者。如蔣觀雲氏就是極力宣傳中國人種西來說的（見所著中國人種考）。但那時中國還沒有人類化石的證據，祇好由大家拿毫無科學根據的古時傳說妄相比附。例如楔形文即八卦，巴克即百姓，或盤古，又如薩爾功即神農，烏包即伏犧，但吉即蒼頡，廓特奈亨會即黃帝等等，眞可算得是信口開河了。

不久北京人出土了，然而種系仍不能明白斷定，因此有人說中國舊石器時代的文化，也仍不能斷定為何種民族所遺留。自奉豫甘肅新石器時代的遺物全部出現，就中人骨化石的全部，據步達生的研究報告，幾與現代華北人完全近似。他在所著奉天沙鍋屯及河南仰韶村之古代人骨近代華北人骨之比較一文中說：

「吾人比較研究之結果，頗不易避去沙鍋屯仰韶居民體質與近代華北居民體質同點之結論。」

又在甘肅史前人種說略一文中說：

「仰韶沙鍋屯居民體質，與史前甘肅居民之體質亦相似。蓋三組人之體質均似現代華北人，即所謂亞洲嫡派人種也。惟甘肅所得骨體中有三具頭骨與衆不同，現在暫名此派為X派。」

後來他在甘肅河南晚石器時代及甘肅史前後期之人類骨與現代華北及其他人種之比較一文中則說：

「在甘肅史前人種說略中曾提及三個頭骨，我暫名為X派。此後我把這史前組又詳細的與一大組可以代表現代華北人的頭骨比較研究，我知道我所謂X派的頭骨，不是很清楚的代表晚石器時代人種的一個支派，僅是晚石器時代人種的變異而已。因為這派頭骨與其他大部之區別，在於面部扁平的程度，這樣扁平的程度，在華北所採標本中，已能確定其年齡性別地方及種族者，亦爲常見的變異。故現在我把X派的頭骨列入晚石器時代中系。……由上述河南甘肅史前人種之頭骨與現代華北者之比較研究的結果各系各組的測量的研究，及各系各組的面形關係，我們可以沒有甚麼疑慮的說史前人種的頭骨，在物理性質方面，很明顯的代表的一種東方派的人種。因爲史前及現代華北人種有許多相同之點，我們更可以謂史前人種爲中華原始人。」

以上是步達生氏專就人類頭骨比較研究所得的結論，其他新石器時代的遺物，可以證明中國人種是土著的證據還很多。例如：

一、那時的陶鬲似以後商周的銅鬲，陶鼎似以後商周的銅鼎，這證明那時的陶鬲陶鼎顯然是商周銅鬲銅鼎所倣製的模型，即史後的文化是從史前的文化發展來的。不僅此也，他如瓦甗似銅甗，石環似玉環，石戈近漢之銅戈，石鏃近今之鐵鏃，石刀近今之金圭，陶鉢近年之沙鍋，未可屈指數也。

二、喂猪的習慣，到現在還是中國很盛，而那些新石器時代的遺址中所發見的獸骨，以豕骨爲多，這也是一個有力的證據。

三、蠶絲由中國最先發明，這是世界公認了的。西陰村的蠶繭就證明了這一事實。因此我們更可斷定養蠶的史前人就是我們的祖先。

四、如前所說沙鍋村的人骨多而凌雜，有人認爲是用人祭享的原始宗教。按左傳僖十九年宋公使邾文公用鄫子於次睢之社；昭十年季平子伐莒獻俘，始用人於亳社，這正是由史前遺傳下來的陋習，在春秋時代還被保存着。

從種種方面看來，新石器時代之史前人類，即爲現代人的老祖宗，殆無疑義。雖然這一種史前人類又是從那裏來的，我們還值得去探究（但現在人類學界世界人類發祥於亞洲的學說，却已比較其他學說更爲有根據而可靠，）但中國民族有史以前即已生息於東亞，而有史以後之中國民族，多爲土著，一切文化，均爲吾先祖所自創，至此，差不多已可斷言了。這一問題在社會史上本不佔重要位置，但我們敍述到了這一部材料，不妨連帶的把它解決一下。

七　建立在農業，牧畜，手工業經濟上的社會組織

這一社會組織，一言以蔽之，就是氏族社會。它的特徵如下：一，圖騰——即氏族集團之標識。一個氏族也就是一個圖騰——一個同血統的經濟單位。二，一切生產手段，屬於氏族公有——祇有集團的財產，沒有個人的財產，共同生產，共同消費。三，母系——女子爲一氏族的中心，由母系到父系。四，羣婚——由族內婚漸進於族外婚。這樣的一種氏族社會，在中國的古史裏面，是遺留有很充分的材料給我們的。不過因爲以前沒有地下發掘，那僅僅是一種傳說，又因爲有些歷史家沒有懂得歷史進化的客觀的規律，不能從傳說中找出科學性的材料，故中國古史，就完全變成一種不可靠的東西了。現在我們即根據上述各種特徵，而一一從古史找得材料以互證之。

近人劉師培氏嘗據古孝經緯，言古之部落，不稱國而稱氏。這種「不稱國而稱氏」的氏，以科學的眼光來看，當然就是古之氏族。劉氏說：

「古代之所謂部落者，不稱國而稱氏。古孝經緯有言古之所謂氏者，氏即國也。吾即此語而推之，知古帝所標之氏，指國言，非指號言。如盤古氏，即盤古國也。燧人氏，大庭氏，有巢氏，祝融氏，女媧氏，猶言燧人國，大庭國，有巢國，祝融國，女媧國也。伏羲氏，神農氏，有熊氏，金天氏，高陽氏，即指太昊，炎帝，黃帝，少昊，顓頊之國言也。又陶唐爲帝堯之國，故稱陶唐氏。有虞爲帝舜之國，故曰有虞氏，夏爲大禹之國，故曰夏后氏。又子思子所言東戶氏，亢倉子所言儿遼氏，莊子所稱冉相氏，均即國也。若夫共工氏，防風氏，則

又指諸侯之有國者言也。足證古代之所謂氏者猶言國也。無國則無氏。左傳曰：胙之土而命之氏，此氏之最古之義。是古時之氏，大抵從土得名，無土則無氏矣。」

劉氏生在有國時代，而又未聞新社會學之緒餘，卽不知在史前還有所謂氏族社會，故先橫着一個國的觀念於胸中，又橫着一些天子，諸侯的觀念在胸中，於是硬拿國來釋氏，並謂若者爲天子之國，若者爲諸侯之國。殊不知那時之所謂氏——我們把它叫做氏族，劉氏稱爲國的，考之先秦載籍，實在多至不可勝數，例如左傳有帝鴻氏，縉雲氏，共工氏，大庭氏，御龍氏，豕韋氏，豢龍氏，烈山氏；國語有有蟜氏，方雷氏，彤魚氏；小戴記有伊耆氏，女媧氏；大戴記有西陵氏，蜀山氏，滕隍氏，竭水氏，鬼方氏，有郜氏，有娀氏；管子有無懷氏；莊子有豨韋氏，有焱氏，泰氏，几蘧氏，冉相氏。容成氏，大庭氏，伯皇氏，中央氏，栗陸氏，驪畜氏，赫胥氏，尊盧氏，祝融氏；列子有華胥氏；商君書有昊英氏；呂氏春秋有朱襄氏，葛天氏，陰康氏，史皇氏。其他山海經及緯書等所載，尤爲繁多。韓詩外傳云：「孔子升泰山，觀易姓之王，可得而數者，七十餘氏，不可得而數者萬數。」如果這都是像現在的所謂國，那僅僅一個黃河流域，或如新石器所廣布的地面，怎樣容得下這萬數的國呢？惟有把它看做各個氏族集團——那時同一血統的人們的經濟單位，才能解釋得通。不過劉氏明明說國就是部落，陶唐，有虞，夏后，都祇是一些部落，這是很大胆的。部落，氏族，國，祇要認定它的內容是相同，也沒有甚麼不可以。就中所謂龍，熊，豕，蟜，魚，山，雷，水等氏名，自然就是以他們爲圖騰的了。鍾道銘氏說：「姓就是圖騰的進化，」在現在的姓氏中還找得出圖騰的痕跡，這是極有根據的說法。（見東方雜誌第三十一卷第一號）

次則所謂生產手段的公有。那時的生產手段莫過於土地，其他則爲畜羣，工具等等，描寫中國古時郅治之隆者，莫過於禮運所謂「大道之行也，天下爲公」一段，其次則爲「井田制。」此外追述土地公有之農村經濟者，亦所在多有，例如何休注公羊云：

「種穀不得種一穀，以防災害，田中不得有樹，以妨五穀。還（環）廬樹桑，荻雜菜，畜五母雞，兩母豕，瓜果種疆畔，女工蠶織，老者得衣帛焉得食肉焉，死者得葬。」

「民春秋出田，秋冬入保城郭田作之時，春，父老及里正旦開門坐塾上；晏起後時者不得出，暮不持薪樵者不得入。五穀畢入，民皆居宅，里正趨緝績。男女同巷，相從夜績，至於夜中。」

試看這是一種如何平等互助，公同生產，公同消費的快樂社會！再則老子所說「民各甘其食，美其服，安其俗，樂其業，老死不相往來」的郅治之世，孟子所說「五畝之宅樹桑，按時畜雞豚狗彘，穀與魚鼈不可勝食，材木不可勝用，養生送死無憾」的王道之始，都可以說是氏族社會的實錄。

馬端臨的文獻通考，會言黃帝之時已有井田，他說：「黃帝經土設井，以塞爭端，立步制畝，以防不足，使八家爲井，井開四道，而分八宅，鑿井其中……」許多人都認爲這是一種附會，但井田制本有象徵古代黃金時代的意味，「使八家爲井井開四道而分八宅」的井田雖不見得眞有，但土地公有的農村公社是必然存在着的。或許因氏族集團中已有個人家庭，開始要把氏族的土地分配給個人家庭使用，不能不有一種分配方法，如一年一分，三年一分等辦法，後人便附會爲井田之說。即使是「使八家爲井，井開四道，而分八宅」的辦法，這在一個氏族集團內也不是辦不到的。此點我們留在後面去說，總之一個生產手段公有，平等互助的氏族社會，正是中國新石器時代經濟所必然要反映出來的。有人說：「後之學者每以上古之世寓其郅治之理想，與事實適相反」（繆鳳林氏即如此說，）這是祇看見一面的話，即祇看見了氏族（部落種族）間之爭戰，而忽略一個氏族之內部組織。在每一個氏族以內，却是沒有私產及種種不平等的。

再次則所謂母系制與族外婚制。關於古時社會組織之爲母系制，一般歷史家類能言之。繆鳳林氏在其所著中國通史綱要第一冊一九五頁說：「黃帝以下之帝系，雖不可確考，而古代爲母統（即母系，）則塙鑿可信。」並引劉師培氏之說曰：

「上古之時，婚姻未備，盛行一夫多妻之制，而一妻多夫之制，亦未盡淪，故古代帝王，大抵皆從母得姓，稽之古籍，得六證焉：神農，黃帝同爲少典之後裔，而神農姓姜，黃帝姓姬，則以母姓不同之故耳（神農之母名任似，黃帝之母名附寶，見帝王世紀）其證一。伏犧之姓爲風，而女媧之姓亦爲風（見帝王世紀）則以女媧先妣與伏犧之母同出一源，其證二。國語黃帝二十五子，其同姓者僅二人（同母者僅二人故曰同姓者僅二人也）則以黃帝妃后甚多，子之生也各隨母姓，其證三。大戴禮帝繫陸終氏有子六人，安爲曹姓，曹姓者，邾氏也，季連爲芊姓，季連者，楚氏也，足證同父異母得姓卽殊，其證四。史記秦世家述伯益得姓之始，舉女修而不舉少昊（秦之祖爲少昊氏，而女修爲顓頊之女孫，特其母家，史記舉其母氏而不舉其祖，亦古人從母得姓之證，）其證五。西漢皇子，多繫母姓（如武帝立子據爲太子，以母衛氏，遂稱衛太子，太子之子進爲史良娣所生，遂稱史皇孫，）仍沿古代從母得姓之風，其證六（此六證外，餘證尙多，如堯爲帝嚳之子，帝嚳爲姬姓，而堯爲伊祁氏，則以母姓伊祁之故，故帝王世紀曰堯或從母姓伊氏，舜爲顓頊之後，顓頊亦姬姓，而舜獨姓姚者，亦以舜母姓姚之故，禹亦爲顓頊後，而禹獨姓似者，帝王世紀謂因禹母吞薏苡生禹之故，則亦以母事而得姓矣，推之殷爲子姓，亦同此義。）」

再繆氏又舉「商周人祀祖廟之樂章，亦皆頌其妣而不及其祖，」以證古爲母統之說，他的舉證如下：

詩商頌玄鳥祀高宗也，「天命玄鳥，降而生商，宅殷土芒芒。」

又長發，大禘也「有娀方將帝立子生商。」

詩大雅生民，尊祖也「厥初生民，時維姜嫄，生民如何？克禋克祀，以弗無子，履帝武敏歆，攸介攸止，載震載夙，載生載育，時維后稷。」

詩魯頌閟宮「赫赫姜嫄，其德不回，上帝是依，無災無害，彌月不遲，是生后稷。」

以上足證中國上古之爲母系制。至於族外婚制，繆氏書亦堅緊言之，如說：「因從母得姓，故姓字從女從生。古姓亦多從女旁（如姜，姬，姞，姚，嬀，姒，妘，嬴，燃，敖，姚，媒等。）而父族之同姓者，亦得爲婚。」他這裏所謂「父族之同姓者亦得爲婚，」是在指出母族之同姓者不得爲婚，即古者所謂同姓不婚，是指母族同姓而言，非指父族。因爲在一個氏族以內，都是母族同姓者，那末，男女結婚，便不能不以另一個氏族爲對象，斯即所謂族外婚制也。劉師培氏在所著宗法原始論裏面，更有一段很透闢的說話。他說：

「宗法成立，析爲二期，一爲種人之宗法，乃游牧時代之制度也；一爲族人之宗法，乃耕稼時代之制度也。種人宗法，以神靈首出之一人，爲一種人民之祖，謂人民咸出於一源（其所謂同出一源者，不必信而有徵，不過用此以系聯其宗，使種人之心有所附麗耳。）徵之古籍，得二證焉：一爲五帝三王，咸祖黃帝（證之世本，則名姓出於黃帝者占十之八，蓋黃帝之時，其民皆從黃帝之姓。猶之今安徽等大族，所役之僕亦從主人之姓也。）一爲婚姻之禮，娶女異邦（觀當時之帝王，無一娶本國之女爲后也，如神農母爲有蟜氏，顓頊母爲蜀山氏是也。蓋古人不娶同姓，以同種之人皆爲同姓，故必聘居於異邦。）及人口滋蕃，而譜系之學亦日顯，由是種人之中各推其祖之所自出，而氏族以分。致種人之宗法，易爲族人之宗法，猶之蒙古豪酋，咸以成吉斯汗爲鼻祖，而每族之中，復各自祀其始祖也。」

上述種人宗法，族人宗法，是否符合事實，雖不得知，但婚姻之禮，娶於異邦，豈不是族外婚制的最好說明嗎？我們引了劉氏證明母系制與族外婚制的各種議論，一定有人說劉氏引證之人與事，均係傳說中的「無是公，」「烏有先生，」不足爲據。自然，那些無是公，烏有先生，沒有人親眼看見過，但那些無是公烏有先生的事跡，偏偏與一般歷史發展的軌跡相合，與所謂從科學得着證明了的氏族社會之一般特徵相合，我們又何能一概抹殺呢？

那末，在史前中國也有所謂氏族社會這一歷史階段，已是從種種方面——歷史傳說得着證明了。

八　石史與古史

以上各節，我們已把中國氏族社會的經濟狀況及其社會組織根據新石器時代的發見與古時傳說相互證使它有了一個很清楚的眉目本節還想將古史——各種傳說性的記錄拿來與石史——地下發掘的器物作一次總的檢討如下：

中國近十餘年來由中外學者共同努力的結果關於中國史前時代器物之發見，如前所述，已有（一）始石器時代，（二）古石器時代，（三）新石器時代的各種發見而地域之廣，則涉及河北，陝甘，河套，河南，遼寧，青海等處。此外還有外蒙古各地舊石器到新石器過渡期之發見。按之一般社會歷史的發展，即從世界社會史的發展來看古石器時代約與第一章所述冰河時代相當。那時生活特點，是採集經濟，祇有男女同性的分工，雖然發見了火，却祇能住洞窟避風雨，用毛皮作衣服，或編造樹枝爲巢屋，因經濟來源的缺乏，有殺嬰孩老人以節食或人相食的惡習，而社會組織，不過是與動物相類的原始羣羣的婚姻是亂交，後始漸進於血族羣婚，社會史家把這樣一種社會，按其生產方法，定名爲原始社會。這一階段的社會，略與摩爾甘（morgan）的蒙昧時代相當（註二）還在第一章我們已敘述過了。本章所述的新石器時代，按之一般社會歷史的發展，約從四次冰河以後開始，那時現代人也出現了。其生活特點，已由採集經濟進於生產經濟。其生產技術也由石器向金屬器具開始移行，因之已有農業，牧畜業，手工業（主要爲陶器業，紡織業）等，已有剩餘生產物，已有帶偶然性的最初的交換。既有紡織，則衣服已知用布麻蠶絲等項，而家屋的建築也達於較精巧的程度，除普通家屋外，在歐洲還有所謂「湖上家屋」，而社會組織便是以各種自然物爲標識的氏族團體，即「圖騰」。在氏族內，一切生產手段公有，而婚姻關係，則爲族外婚制。最初爲母系氏族，後乃進於父系氏族。社會史家把這樣一種社會，按其生產方法，定名爲氏族社會，約與摩爾甘的野蠻時代相當。這一社會階段，本章也已敘述過了。並且我們已經根據中國古石器與新石器的發見，與中國古史傳說的互證，把古石器時代看做中國的原始社會，新石器時代看做中國的氏族社會。現在就是要來作一次總的互證。

如我們在第一章所說，照一般的傳說，中國歷史是開始於盤古，盤古之後便爲三皇（三皇還有初三皇——天皇，地皇，人皇，繼初三皇而起的，又有伏犧，神農，黃帝之三皇，）繼三皇而起的爲五帝——少昊，顓頊，帝嚳，帝堯，帝舜，再便是三王——夏禹王，商湯王，周武王了。關於三皇五帝之說，至不一致。例如：尙書僞孔傳序，以伏犧，神農，黃帝爲三皇，三五曆律序，以天皇地皇人皇爲三皇，譙周古史考，以燧人，伏犧，神農爲三皇，春秋運斗樞，以伏犧，女媧，神農爲三皇，白虎通又以伏犧，神農，祝融爲三皇。此關於三皇之說也。再禮月令以太昊，神農，黃帝，少昊，顓頊爲五帝，大戴禮及史記，以黃帝，顓頊，帝嚳，堯，舜爲五帝，帝王世紀，以少昊，顓頊，帝嚳，堯，舜爲五帝，曲禮正義鄭注，以黃帝，金天氏，高陽氏，高辛氏，陶唐氏，有虞氏爲五帝（實六而稱之爲五者，以其俱合五帝座星也。）此關於五帝之說也。總之這都是神話，傳說，我們都以神話，傳說看待它。但這些神話傳說，我們在治古史的時候，却用得着。

第一、我們可以拿傳說的材料與地下史料及一般歷史發展的軌跡相印證。關於盤古，前三皇，燧人，有巢等等，我們把他們歸屬在所謂原始社會那一階段內，從他們的活動所反映出來的社會經濟狀況，在第一章內已有較詳細敍述，茲不贅。關於繼前三皇而起的伏犧，神農，時代的活動與製作，白虎通及易繫辭述之如下：

「始作八卦——作結繩而爲網罟，以佃以漁。」——伏犧。

「制耒耜，教民農作，日中爲市，致天下之民，聚天下之貨，交易而退，各得其所」——神農。

五帝的活動與製作，亦見易繫辭：

「黃帝堯舜，垂衣裳而天下治。」

「刳木爲舟，剡木爲楫。」

「服牛乘馬，引重致遠。」

「斷木爲杵，掘地爲臼。」

「弦木爲弧，剡木爲矢。」

「上古穴居而野處，後世聖人易之以宮室，上棟下宇，以待風雨。」

「古之葬者，厚衣之以薪，葬之中野，不封不樹，喪期無數，後世聖人易之以棺槨。」

「上古結繩而治，後世聖人易之以書契，百官以治，萬民以察。」

五帝中尤其對於黃帝，堯，舜的活動與製作，更爲誇大。據說中國人之繁殖於黃河流域也，原爲多數散處之部落，黃帝時，始以武力併合諸部落，戰勝同族之炎帝於阪泉（今河北涿鹿縣東）擒殺苗族之蚩尤於涿鹿（今河北涿鹿縣）各部落皆屈服，遂推爲共主，黃帝之妃西陵氏發明蠶絲；黃帝之臣蒼頡始製文字。黃帝咨其臣歧伯而著內經爲醫學之祖，黃帝之臣大撓作甲子，推算歲時月日爲曆法之祖。其餘如貨幣弓矢衣裳，舟車，宮室等，無不發明於黃帝之時。至於禪讓，禹的治水，尤其是古史大書特書的大德殊勳。

我們試把上述的古史傳說分析一下，伏羲，神農可以說是新石器時代農業牧畜的象徵。有了農業牧畜自然就有了各種手工業，「刳木爲舟，剡木爲楫，」「斷木爲杵，掘地爲臼，」「弦木爲弧，剡木爲矢」等等，正是新石器時代所必然有的技術。有了農業，牧畜手工業，自然就有了剩餘生產物，因之「日中爲市」的最初期的帶偶然性的交換，「服牛乘馬，引重致遠」的交通也連帶發生了。自然也會有「上棟下宇」（還不過是帶現代性的形容）的宮室，「不封不樹」的埋葬（發見的古址，許多都是葬地，可以證明。）關於黃帝之以武力併合諸部落，正是氏族間因爭奪牧地或農地，及執行氏族復仇所必然有的現象。史稱：「黃帝旣勝蚩尤，黔力日强。披山通道，未嘗寧居，東至於海，西至崆峒，南至於江，北逐獯鬻，合符釜山。」不免誇大一點，但黃帝在那時恐已是併合許多氏族而成的種族的首領，所謂共主是也。不過他是否「咨共臣岐伯而作內經，」是否有蒼頡其臣，始製文字，（註三）却很難證了。至於大撓作甲子，推算歲時日月，倒是農業上必需的。再則西陰村的蠶繭，是否爲其妃西陵氏所遺留下來的，那就只有天曉得了。但蠶絲的發明，在那時却也是可能的。上述種族，原是由許多氏族構成的。成爲氏族統一的種族之發生，據社會史家的推斷：一方是由經濟上及軍事上的聯繫，一方是婚姻的關係，因爲族外婚制能把各氏族集團結合起來。黃帝以後便是堯舜禹，堯爲陶唐氏，舜爲有虞氏，禹爲夏后氏，不待說，仍是一些氏族集團，不過這些氏族集團或許已成爲統一的種族，堯，舜，禹也都是種族的酋長——諸侯的共主。種族的酋長當然是選舉的，又因爲母系制度的束縛，無有傳子，後儒便拿去附會爲理想政治的禪讓。但有人却否定他們的存在，以爲是「無是公，」「烏有先生，」如錢玄同氏也未免過於武斷，因爲堯的「茅茨土階，」舜的「耕歷山，漁雷澤，陶河濱，作什器於壽丘，」禹的「卑宮室而盡力乎溝洫」等等記載，都確是與歷史發展的軌跡很相合的。出土的陶器很多，有人說陶器的發明是堯舜時代重要的事，也很近理。至於禹的傳子，也決不如孟子所說，仍是傳賢之意，或許那時母系氏族已進於父系氏族了。禹治水之事，顧頡剛氏也是否定的，丁文江氏並從地質學上以證實顧氏之說。歷史上的大河流，如埃及的尼羅河，印度的恆河，中國的黃河，揚子江，決不是人力所能開闢的；但有了河便有河患，堯禹之時有河患，禹是平治河患的領袖，均不能斷其必無。禹貢把它一誇大起來，使人禹變成神禹，我們當然不能信它，外國學者甚至把中國後來的中央集權的專制政治，認爲與水利有關，怕也是受了僞禹貢一書的影響，但水利在中國歷史上的重要，却是不可否認的。氏族戰爭，從黃帝以後愈益激烈，尤其是與苗族的戰爭，差不多歷堯，舜，禹而不絕，相傳黃帝滅蚩尤後，曾驅苗族之不率致者至顓頊及堯之時，九黎之苗復先後爲亂，舜乃逐三苗於三危（今甘肅燉煌縣東山名。）既而苗民在江淮之間者又弗率敎，舜命禹征之，於是黃帝以來之苗患始平。戰爭的頻繁，使得酋長之威力日大，使得戰勝者害被私財日多，使得酋長由選舉而變爲世襲，因此引出國家的組織，使氏族組織崩潰（這自然不是氏族崩潰的根本原因，）所以夏禹前後，已是氏族社會的沒落期了。

以上傳說的材料與地下史料及歷史法則，都是很相符合的。

第一，我們拿傳說的材料與石器時代遺物出土的地域相印證，中國歷史上的疆域，春秋以前的情形是無一定說法的。春秋時代，據清顧棟高考其地域，惟得今河南，山東，直隸，陝西，江南，江蘇，安徽，浙江，江西，山西之大半，及四川（重慶，夔州二府，）湖廣（南至長沙）之一部，其中尤多蠻夷戎狄之地。那時所謂中國，通不過豫省大部及秦，晉，燕，魯，皖，鄂之小半耳。因之對於黃帝之「東至於海，西至崆峒，南至於江，北逐獯鬻」的傳說一般人都很懷疑，尤其是顧頡剛氏，但我們看了新石器時代出土的遺物之廣布，則覺得懷疑者的所見之狹。又人類的發生與繁殖，與地理氣候極有關係，大概人類的發生與繁殖，均在熱帶之地，而古新石器的出土，却都在北中國，也不免令人懷疑。這是不明白古今地理變遷的原故。繆鳳林氏說：「中國地域，由石史實至少已經八千萬年（因在秦，豫，晉，魯等地，均發現太古代巖層。）其間山川遷改，陵谷升次者數矣。」他並說：「中國西北之地，土脈厚而水源深，自昔原較東南爲肥沃，戰國後穿渠灌溉，水利益修，故漢唐皆建都其地。」關於此點，蒙文通中國古代北方氣候攷略，言之尤詳。他說：「海岱之間，自昔擅交通地利之便，而黃河流域，於古尤得氣候之和。海東學者有議以長江氣候地利之美，何以不發生文化，因疑苗族爲中國文化之創始者，是未悉中國古代氣候之變也。——泰山之麓，徐兗之間，服枲絲，宜桑麻，則上古之世，黃河流域氣候之和可知，宜文化之遂發生於斯地斯時也。」我們現在來看石器時代人類的遺跡在什麼地方，古史傳說上的人類活動又在什麼地方。如前所述，新石器的出土是在遼寧，河南，河北，山西，陝西，甘肅，青海等處，而傳說上的帝王的活動，也大致在這些地方。例如傳說：伏羲生於成紀，都陳。考成紀爲今甘肅秦安縣，陳爲今河南維陽縣。傳說：神農長於姜水，都曲阜，考姜水爲今陝西岐山縣，曲阜爲今山東曲阜縣。以至黃帝都涿鹿，今河北涿鹿縣，堯都平陽今山西臨汾縣，舜都蒲坂今山西永濟縣，禹都安邑今山西安邑縣，都是在有古器物出土的地方。這如果說是偶然相合，但也算得很奇妙的。實則由地下史料的經驗，古人的傳說決不是全無影子。

第三，我們拿傳說的材料與遺物的年歲相印證。中國古史的年歲也是異說紛紜的。史記以共和元年（即周厲王被逐，周召二公行政，號曰共和之年，西歷紀元前八四一年）爲紀年之始，至今（民國三十一年）凡二千七百八十二年。準此往前推，即由共和元年至帝堯有人推斷爲：都千四百六十有二年，由帝堯再往前推至伏犧則有兩說：最多年代共六一〇八二年，最少年代共一八九七年或一九八一年。如取後說，則與帝堯到共和元年的年歲相加，即從伏犧到共和元年共三三五九年或三四四三年，（西歷紀元前四二〇〇年或四二八四年。）新石器時代的仰韶期，據安特生的推測，約爲西曆紀元前三千五百年，實際上仰韶期便正與神農，黃帝等人年代相當。那末新石器時代的遺物，或許就是伏犧，神農，黃帝，堯，舜等人活動的結果。再按劉大白氏所編五十世紀中國歷年表：神農元年爲西曆紀元前三二一八年，末年爲西曆紀元前三〇八一年。黃帝元年爲西曆紀元前二六九八年，末年爲西曆紀元前二三九九年。少昊元年爲西曆紀元前二五九八年，末年爲西曆紀元前二五一五年。顓頊元年爲西歷紀元前二五一四年，末年爲西歷紀元前二四三七年。堯舜元年爲西歷紀元前二三五七年，末年爲西歷紀元前二二五八年，虞舜元年爲西歷紀元前二二五七年，末年爲西歷紀元前二二〇八年。夏禹元年爲西歷紀元前二二〇七年，末年爲西歷紀元前二一九八年。這也可以證明神農，黃帝，堯，舜等人的活動，是與新石器時代相當的。還有安特生推斷新石器時代的沙井期，約當西歷紀元前一七〇〇年，這在劉氏所編五十世紀中國歷年表上，恰爲商代沃丁二一年，即商代初葉。按之史記裴駰集解根據汲冢紀年說：從禹到桀有王與無王，用歲四七一年，湯滅夏以至於受二十九王，用歲四九六年；自武王滅殷以至幽王凡二五七年。據此推算，自夏禹王到周幽王末年共一二二四年，加上幽王末年到西歷紀元前的七七一年（因幽王末年，正西歷紀元前七七一年）計共一九九五年，是沙井期已是夏后氏的末葉，這與西歷紀元前一七〇〇年為商代初葉之說也相差不遠。並且我們在前面說夏禹前後，已是氏族社會的末期，沙井期，不也正是新石器時代的末期嗎？

以上三點，都證明了古史與石史的相符，即證明了傳說與地下史料及歷史法則的相符。古史的雲霧，不能不說在我們的手上已經撥去幾層了。

九　中國氏族社會的沒落

照上所述，我們是把自伏犧，神農，黃帝，堯，舜，禹，夏初期這一段古史，劃歸氏族社會這一階段的。即在夏初，氏族社會就已經沒落——崩潰了。關於夏商兩代，實際上都是中國文化很高的時代，即是有了社會階層，私有財產，國家組織的時代，間接史料專述夏事的，有甘誓，五子之歌，胤征三篇，今僅存甘誓一篇，史紀夏本紀序禹即帝位後事有四五百言，世家列傳載夏事的也有越世家，匈奴列傳等數十言。此外如夏小正，禹本紀，山海經等，也是傳夏事的。自餘傳紀所稱，以王孫滿之言九鼎，魏絳伍員之述后羿少康，較為完具。以上是關於文字的。再關於器物的，如今世所傳岣嶁碑，（註四）禹篆，（註五）及禹鐘，琱戈，鈎帶（註六）等，雖都是偽作不可信，但也不能根本抹殺殷代文字之傳於今的，書有湯誓，盤庚，高宗肜日，西伯戡黎，微子七篇，詩有商頌五篇，其鐘鼎之文傳世尤多。（註七）而近世發見之甲骨古文，考古學家咸稱為殷商時物，文獻方面已較夏代為多。但春秋時代的孔仲尼仍把它與夏併起來說：「夏禮吾能言之，杞不足徵也；殷禮吾能言之，宋不足徵也；文獻不足故也；足則吾能徵之矣。」自然，夏，商時代的文獻比較缺乏，這不能不說是事實，不過夏初已到了氏族社會的末期，也是事實，因為有殷代可靠的史料，足資佐證。

先就器物方面說，一方可以確證殷代為中國歷史可信的時代；一方可以確證殷代為中國的銅器時代。據羅振玉氏殷墟古器物圖錄所載；西歷一八九九年在河南安陽縣的小屯上所發掘出來的器物，銅器就佔十餘種之多：如彝，尊，壺，觳，斝，甕，敢，甗，鼎：觶，鐘，俎，豐，簪，皿，盂等。足見那時銅器的發達。又一九三〇年春，安陽又有新發見，就中最重要的有三點：一是彫刻品，二是附釉的瓷器三是鑄銅器用的銅模。由此可見殷代使用銅器已經很普遍。再如前述安特生把甘肅青海一帶的史前文化，分為六期。前三期純為石器時代；後三期則已入銅器時代，即銅器時代的初期，安氏又推斷其年代，大約從西歷紀元前三五〇〇——一七〇〇年，而紀元前一七〇〇年，據我們前面的推算，又正當夏代的末葉或商代的初葉，則殷代為銅器時代便更無可疑了。還有在沙井期所發掘的器物中，有帶翼的銅鏃為精工之作，是很精工的銅器在殷前就已存在，到殷便普遍的使用銅器，自無用說。近人董作賓氏在安陽發掘報告第一冊發表了商代龜卜之推測一文，也說「殷商為銅器時代。」安特生雖未明言殷是銅器時代；但他把殷前之齊家期，仰韶期，馬廠期，列為新石器時代的末期或為新石器時代及銅器時代的過渡期；新店期，寺窪期，沙井期列為紫銅器時代及青銅器時代的初期。那末，這也無異默認殷為銅器時代。由銅器普遍的使用所反映出來的社會經濟自然是已超過了氏族社會的。

再就甲骨文字說，也可看出氏族社會已經崩潰的特徵。據羅振玉氏殷墟書契考釋卜辭第六說，就他所得甲骨，取其文字完具可讀者，得分為九類：一，卜祭的五百九十八，二，卜告的三十二，三，卜享的六，四，卜出入的七十七，五，卜出漁的百九十七，六，卜征伐的六十一，七，卜年的三十四，八，卜風雨的百十二，九，雜卜四十七。從這些卜辭看，最多的是卜祭，這可見迷信之重，也就是「國之大事，惟祀與我」的神權政治。次多的是田漁；但其中卜漁的祗有十一，卜出的就有八十六，似乎那時還是牧畜占優勢；但考其實際，那時遊田卻是為的娛樂。殷本紀說殷時「益收狗馬奇物，充仞宮室，益廣沙丘苑台，多取野獸蜚鳥置其中；」周公稱文王不敢盤於遊田，又戒成王毋耽於觀於逸於遊於田，都是以殷為鑑，便可明白。再次多的是卜風雨，卜年，足見農業已是主要的生產了。並且種植的穀類，已經有禾、黍、來、麥等等。再如果專從甲骨刻文已經考釋的字看，可以看出那時已有宮室，有絲裘，有舟車，有弓矢，有衣飾，有網罟，有鐵札，有貝朋等買易媒介物，有天干地支等紀日的字，有祖妣，父母，兄弟，夫妻，姊妹，兒女等倫常，有王公尹史卿事等官制；差不多凡後代所稱述的殷代政教文物在那時都已燦然大備了。這當然不是氏族社會所能有的現象。

更就詩書易來說，如詩有「倬彼甫田，歲取十千；我取其陳，食我農人」的借取制度，「經始靈台，經之營之，庶民攻之，不日成之」的力役之征，（這雖然是周詩，然而却是周初，並且周文王時代還沒有滅商，也可以說是商末。）書有「古我先后既勞乃祖乃父，汝共作我畜民」的奴隸制度，「商其淪喪，我罔爲臣僕」的怕做奴隸的恐懼，易有「噬嗑，利用獄」的監獄，「何校滅耳」，「其人天且劓」的刑罰。這也不是氏族社會的面目。總而言之，到了殷代，氏族社會早崩潰了。但是不言而喻的，無論那一種社會形式，都不是以純粹的形態出現的；不言而喻的，新的社會形式又是從舊的社會形式孕育出來的。

氏族社會的沒落，據其自發展與自運動的規律來說，即前所述，總是由於生產力的發達，使得氏族公社集團內發生了個人的家庭，開始使用公社所公有的土地，馴致私有公社所公有的土地，即發生了私有財產，又因種種關係使個人家庭開始有貧富的差異，貧者不能不向富者告貸，告貸不能無利息無報償，又開始有了以力役當償息報償的賦役經濟，甚至於終身淪爲奴隸，而貧富的差異日甚，社會階層的分裂便益顯。結果使得富者在公社內的種種方面，例如選舉方面，無論是平時首領，戰時首領，都佔着便利。甚至於使選舉的首領制變成世襲的首領制。又因爲生產力的發達，勞動生產性的增大，需要廣擴的地盤與多量的勞動力，而各氏族公社間因開拓地盤，爭取勞力，便不斷的發生戰爭。因戰爭的頻繁，致兵農的分化，並使得軍事首領的權威加强，於是結果氏族的首領成爲國家的皇帝，而一切以前的氏族公務員，也由執行氏族內公共事務的吏員成爲國家的統治者。這樣，社會形式就完全變質了。

殷代的社會形式，也就是這樣由漸變到突變，由量變到質變的。

氏族公社內的家庭之出現使得氏族解體，同時使得母系也變爲父系，卽使得婦女的地位突然降低，但我們不要忘記它的動力還是生產力。家庭的發展是循着兩條路線來分解氏族社會的：一條路線是氏族公社內包括許多個人家庭以後，把原來的公社組織變成國家組織，如我們前面所說的一樣；一條路線是由一個家庭分化出許多小家庭，而各個小家庭仍包括在原來的家庭系統之下，形成一個大家庭，從公社內脫穎而出，各家庭各有家長，而又同時擁戴一個大家庭的大家長，這個大家長也可以說是後來的皇帝。卽由家變成國，由家長變成皇帝。

家長對於家內的動產不動產有完全的處分權，家長對於家內的妻子兒女有生殺予奪之權。老實說：妻子兒女不過都是家長的奴隸，家長的財產。所以易說：「家人有嚴君焉」，嚴君就是父家長。說文：「父巨也，家長率敎者，從又舉杖。」所以周宣王時，吉甫可以擅自放其子，可以擅自殺其妻，所以子婦不能有私貨，不能有私畜，不能有私器，不敢有私人的借貸，不敢有私人的贈與。所以那時家是社會的單位，代表家的便是家長。

以後我們要講的奴隸社會奴隸國家，可以說就是由氏族公社經過家庭的發展，或由氏族公社演變而來的（上述第一條路線），或由大家庭制演變而來的（上述第二條路線）。所以我在這裏預先把它提出來說一下。

（註一）西方學者拉佛爾（Berthola Laufer）日本鳥居龍藏，皆言中國無石器時代，章鴻釗氏初版石雅，猶篤信此說。

（註二）摩爾甘分史前人類進化階段爲蒙昧與野蠻兩時代，而每一時代又各分低級中級高級，玆附表如左：

史前人類進化階段

- 蒙昧
  - 低級：採取果實，形成言語 —— 雜交，血緣結婚 …… 原始羣
  - 中級：發明用火，應用石器 —— 彭那魯亞羣婚 …… 依男女兩性分級的社會
  - 高級：發明弓矢，用新石器 —— 彭那魯亞羣婚 …… 依男女兩性分級的社會
- 野蠻
  - 低級：發明陶器與紡織，東半球飼養動物，西半球栽培植物 —— 對偶婚 —— 女性本位 —— 氏族社會
  - 中級：發明銅器，牧畜種植發達 —— 對偶婚 —— 女性本位 —— 氏族社會
  - 高級：發明鐵器及文字，田野農業的出現 —— 一夫一妻制 …… 男性本位 —— 氏族社會

右彭那魯亞家庭，譯自 Punoluan Family

（註三）蒼頡造字在中國古史上占一大部分勢力。大概戰國時人沒有不知蒼頡造字的，兩漢以後，傳說尤夥。不過對於蒼頡這個人，却有的說他是古代帝王，有的說是黃帝史官。我們以為無論蒼頡是誰，文字決不是個人造的。根據朱家寨出土的長方小骨板上有刻文（安特生歸於仰韶期）看來，也可以說那已是文字萌芽的時期。因為按文字發生的步驟，總是先為圖畫，繼為符號，再有聲音。長方小骨板上的，正是一種象形圖畫之類的東西，仰韶期的年歲，安氏斷為紀元前三千五百年左右，與我們上面推斷的古帝王——伏羲，黃帝等活動的年代也相差不遠。再從甲骨文推尋象形字最多，距圖畫符號期很近（自黃帝至殷縱為千餘年，然在古史上的演變說仍是很近的。）即殷墟甲骨文正是從這種圖畫文演變來的，否則甲骨文不會從天掉下來。

（註四）韓愈詩：「岣嶁山上神禹碑，字青石赤形模奇，」顧炎武金石文字記卷一謂其字奇而不法，調奇而石古，決其非夏代文字。

（註五）淳化閣帖有夏禹篆書十二字。

（註六）薛尙功鐘鼎彝器款識著錄禹鐘，夏琱戈及鉤帶。

（註七）宋薛尙功鐘鼎彝器款識著錄商器二百有九，清阮元鐘鼎彝器款識著錄商器一百七十，雖未可全恃，而多數當爲殷器。至鄒叔勣以貴州紅巖古刻爲殷高宗伐鬼方紀功石碑，然鬼方在西北方。孫詒讓名原序，亦謂鄒氏臆說不足據。

【問題研究】

（一）氏族社會之一般的特徵是什麼？

（二）氏族社會是怎樣崩潰的？

（三）氏族社會與新石器時代有若何關係？

（四）中國發見新石器時代遺物是在一些什麼地方？

（五）中國新石器時代遺物所告訴我們的中國社會經濟是什麼？

（六）中國新石器時代遺物中的人骨，我們是否能够根據它以解决中國人種由來的問題？

（七）中國新石器時代的社會組織是否合於一般社會發展的軌跡？

（八）我們是否可以拿古史上的傳說與新石器時代的遺物相比附，這種比附的結果是否卽爲一成不變的結論？

（九）我們能否把古史傳說的某一部分歸於氏族社會那一社會形式的階段內？

（十）中國氏族社會的崩潰究在何時？

第二编　正史时代的中国社会

第三章 奴隸社會

第一節 夏殷（包括殷前之商）時代（註一）

一 概說

中國正史只能從殷代開始，這是因爲它有了殷墟出土的直接史料，但是間接史料，也不能予以全稱否定。所以夏代雖沒有直接史料出土，但「殷因於夏禮」這句話總不是完全臆說的，况如上章所述間接史料已足證夏代文化之高。再觀夏小正及詩豳風七月之述夏代社會禮俗者，皆以農時爲主而附載其他事業，足徵夏之社會已爲一農業相當發達之社會。周語說：「昔我先王世后稷以服事虞夏」，是周之先祖，在夏實爲主稷世官，而夏代農時之精尤爲度越百王。試看殷商而降，正朔迭改，然農時多襲用夏曆，故周官，豳風，及汲冢紀年，皆載夏正。孔子亦曰：「行夏之時」。沿及今世，且因仍不廢。難道這都是子虛烏有的嗎？本章是把夏殷兩代都作爲中國奴隸社會來處理的，這種見解必有人不同意，但鄙見以爲單把殷代作爲奴隸社會，而殷至周初，約爲西曆紀元前一七六六到一一二二年，所佔時間爲六四四年，代表一個生產方法的時代，決不可能是這樣短，即任何一個社會構成的變革，決不會這樣促。所以斷定殷代的奴隸社會，必有爲之先者。我們斷定殷爲奴隸社會的史料，雖然多根據於殷代的史料，但夏殷在歷史自己運動的規律上，是有不可分的聯繫的。試看近人王國維氏說：「夏殷二代，文化略同。洪範九疇，帝之所以錫禹者，而箕子承之矣；夏之季世，若胤甲，若孔甲，若履癸，始以日爲名，而殷人承之矣。文化既爾，政治亦然……夏殷政治與文化之變革，不似殷周間之劇烈。」（見觀堂集林卷十殷周制度論）這是一個問題。

此外，中國社會自入正史以來，究是一個什麼社會形式——社會構成的問題，迄今還是一個聚訟的問題。例如有人以爲中國入正史以後的第一個社會形式，便是亞細亞的社會，又有人以爲是奴隸社會，或是封建社會。我們在本章是肯定它爲奴隸社會的，然而肯定它爲奴隸社會的根據是什麼，亞細亞的社會，奴隸社會，封建社會各有何種不同的特徵，必需先有一簡單的說明，因此本章所處理的問題，有下列各點：

（一）如何決定社會形式？

（二）亞細亞的社會，奴隸社會，封建社會各具有何種不同的特徵？

（三）奴隸社會在夏殷兩代的史料根據。

（四）從史料決定這一階段的社會形式。

二　決定社會形式的出發點及上述三種社會的特徵

這一問題本來是不應該在這裏提出的，但在本章一開始的說明上感覺十分必要，所以乘便一說。大概現在任何人都公認了物質生活之生產方法，是決定社會形式的出發點，而物質生活之生產方法，就是決定勞動力及生產手段如何聯合的方法。因爲不論社會的生產形式怎樣，勞動力和生產手段，總是生產的因素。不過當勞動力與生產手段不相聯結時，他們僅是生產的可能的因素。如果要行生產，便必需把他們兩者結合起來，這把兩者結合起來的特殊性質及方法，就區別出各個社會結構的經濟時代，即區別出各種社會形式。所謂物質生活的生產的方法，決定社會的，政治的，及精神的生活過程一般是也。由生產方法，即由勞動力與生產手段的結合，即刻就反映出生產手段的所有者對於直接生產者的直接關係，生產手段的所有者對於直接生產者的直接關係，這就是暴露出社會中最高權力者與服從者之間的關係的基礎，即暴露出社會關係之秘密關鍵的基礎，簡言之，即社會形式與政治形式的基礎。所以我們要分析社會的經濟結構，即決定社會形式，首先就要找出它的生產方法，找出生產手段所有者對于直接生產者的直接關係。

如果我們已經懂得了這一個秘密，則亞細亞社會，奴隸社會，封建社會的各種特徵或特質，就都不難把它暴露出來了。

在奴隸社會，是奴隸主人占有一切生產手段，土地，工具，並且占有人——奴隸。奴隸是直接生產者，奴隸主人對於奴隸的關係，即生產手段所有者對於直接生產者的直接關係，是奴隸主人從奴隸身上僭取無報償的剩餘勞動。因此，在奴隸社會，奴隸主人與奴隸之間的矛盾，是主要的矛盾。所以奴隸主人與奴隸的社會關係，階層對立關係，也是主要的關係。從這一點上就確定它是一個奴隸社會。但這是不是說，當時就沒有其他的矛盾，其他的社會關係呢？當然不是的。因爲當時除了奴隸主人與奴隸的主要矛盾外，也還有貴族與平民的矛盾，高利貸者與貴族及平民的矛盾，征服者與被征服者的矛盾，土著與外來民族的矛盾等等。古代希臘，羅馬的社會，就正是這種社會形式。

在封建社會，是封建領主占有一切生產手段，例如土地，工具等等，並且一半的占有了人——農奴（半奴隸。）所以農奴是直接生產者。封建領主對於農奴的關係，也是從農奴身上以超經濟的方法僭取無報償的剩餘勞動。這種僭取無報償的剩餘勞動之主要的經濟形式，便是地租。這種地租，不管是實物地租或貨幣地租，完全沒有區別。因此，封建領主對於農奴之僭取地租的關係，就是生產手段的所有者對於直接生產者的主要關係。不過農奴在封建領主的隸屬下，除了以大部分的時間爲領主工作外，可以余出一部分時間在領主給他的那塊土地上自己工作。在這裏，領主與農奴間的矛盾，是根本的主要的矛盾。領主與農奴間的關係，也是根本的主要的社會關係。但除主要的矛盾外，也還有行會老板與學徒之間的矛盾，城市下層社會與城市制度的矛盾，手工業者，農民，商人，封建主與高利貸者的矛盾。這些矛盾是一根紅綫似的貫穿着歐洲中世紀的全部歷史。但無論如何，這一社會的主要矛盾及其社會關係，祇能拿封建主與農奴的對立為其決定的形式，基本的內容。中世紀的歐洲社會就正是這樣一種社會形式，也可以說中世紀的歐洲社會，是一個典型的封建社會。

在這一節裏，我們主要的目的，可以說尤其是在分析所謂亞細亞的社會，因為亞細亞的社會是否能成為特殊的獨立的歷史階段，中國第一階段的社會是否應歸於亞細亞社會這一範疇，是目前一個紛爭較多的問題。現在先就亞細亞社會的幾個特點來看：一，土地私有之不存在，二，人工灌溉之必要及與此相適應的極大範圍的公共事業組織之必要，三，停頓不進的農村公社之普遍的存在，四，專制政體為國家形式，五，地租與賦稅不分。單看這些特點，還沒有啓發出生產手段所有者對於直接生產者的關係。為的要找出這一關鍵，我們試從農村公社出發，因為亞細亞社會是從它發生並把它作為基礎在它上面發展起來的。所以亞細亞社會之根本的階層的對立，是發生在公社內，因公社發展為國家，國家的公務人員就變成統治者，也就變成生產手段的所有者。因為國家與統治者在那時沒有截然的劃分，所以土地是國有，土地之私有財產不存在。國家是土地和水（基本的生產手段）之最高所有者，主要的經濟之榨取形式是賦稅，但是等於地租，統治階層及國家以賦稅的形態榨取農民的剩餘勞動，即剩餘生產品，這種榨取關係，就是亞細亞社會的生產手段所有者對於直接生產者的關係。但以賦稅——和地租一樣的賦稅榨取農民剩餘生產品的關係，顯然和奴隸社會的榨取關係相接近，因此，亞細亞社會實不過奴隸社會之一變態，中國歷史第一階段的社會形式，是表現為一種初期國家的奴隸制度，即是一種初期種族國家的奴隸制度，亦即帶有亞細亞特徵的奴隸制度。那末，也可以說：亞細亞的社會，

是希臘羅馬以外的其他國家——中國的奴隸社會。（註二）

三　夏殷兩代是否出現了脫離生產勞動的特殊階層

我們在上章只肯定殷代銅器使用的普遍性，至多也只能肯定殷代爲青銅器時代。但有權威的歷史家例如莫爾甘在其所著古代社會一書中所指出國家組織的出現，需以鐵的發明爲前提，後來恩格斯又根據古代中亞細亞及地中海沿岸各國家成立的過程加以確認。在直接史料中夏殷沒有鐵器出土，然則夏殷的奴隸國家是建築在什麼生產力及其生產關係上面的呢？然而我們必需先打破一種成見，卽那時代的地下沒有某種東西出土，那時代就沒有使用過某種東西。何况中國的鋤土考古學，在現在來說，還是極可憐，而出土的東西還極少。這里的問題，不在銅器青銅器所代表的生產力是否能產生夏殷的國家組織，而是在那時的夏殷是否有了脫離生產勞動的特殊階層。

我們從殷墟出土的甲骨文字、易卦爻辭、書盤庚各篇看，脫離生產勞動的特殊階層業已存在。如集其表現特殊階級之單字及名詞，則可有如下三個系列：

一、天子、帝、王、公、侯、大人、君子、卿史、御史、巫、邦伯、師長、吏……等；

二、武人、邑人、行人、旅人、商、幽人、萬民、庶、衆、畜民……等；

三、小人、刑人、臣——小臣、奴、奚、妾、役、牧、僕、御、宦、侑……等。

以上第一系列，顯爲當時的貴族，第二系列爲其種族內的自由民和市民，第三系列則爲被支配階級的奴隸衆。不過在貴族一系列中又包含着三種不同性質的因素：一爲僧侶貴族，如史、巫、御史、卿史之類，殆皆由從事占卜書契等文化工作，以及過去氏族公社內之司符咒魔術者轉化而來的；一爲世俗貴族，爲王子、公侯、父師、少師、師長、吏之類，殆皆由過去公社內的管理人，以及軍事的組織者轉化而來的；一爲統治異族的代理人，如邦伯師長之類，他們或者就是過去氏族公社內的氏族長，在征服異族以後，他們即以國家代理人的資格而出現。在這一點上說，他們也是貴族。以上三種貴族——僧侶貴族，世俗貴族，統治異族的貴族，就構成爲奴隸所有者諸階層，即構成奴隸的主人。然這三種貴族都在名義上或事實上，從屬於那時最高的軍事政治領袖——天子、帝或王，而爲其屬僚。

再則關於上述第三系列之奴隸階級，其主要來源，都是戰爭的俘虜，與希臘羅馬奴隸社會，毫無二致。試看甲骨文字所載：其奴隸中有弇奴、鄙人、羌人、人方、牧、土方牧、臣、呂方、邶奴、……等，均冠以被征服種族之族名；然亦有不冠以族名而僅爲普通稱謂者，如耤臣、小臣、僮、漁、有衆，以及易卦爻辭中之小人等。那時在殷代國境周圍，異族是很多的。例如甲骨文字所載，有呂方、土方、羌方、人方、井方、馬方、羊方、洗方、林方、鬼方、二封方、三封方、下勹、芋、邶、鄙、奄、雷、蜀、尸……等等。由戰爭所獲的奴隸，殷人把它編爲奴隸隊伍，其使用的範圍是非常之廣大的，我們之所以肯定夏殷爲奴隸社會，其根據完全在此，這留待後面再說。

四　夏殷奴隸社會的經濟基礎

「向着支配階級和被支配階級之社會的最初的大分裂」，「奴隸所有者和奴隸，便是最初的巨大的階級分裂」，這兩句名言，一面表示奴隸制度爲任何民族歷史發展之必經的途徑，一面表示奴隸社會爲階級社會之最初出現。然而階級的產生，決不是偶然的，換言之，即必具有其一定的經濟基礎。殷代——或者說夏殷，產生奴隸社會諸階層的經濟基礎是什麼呢？我們試就農業、畜牧業、商業、手工業各方面略述之。

如前所述，夏的史料是較少的，關於殷代的農業，象徵農業的文字，在甲骨文中有：農、田、疇、井、疆、甽、圃、囿、畯、藝、禾、黍、麥、粟、米、稻、嗇、來、秊、芻、果、樂、秀等字，還證明主要的穀物，在當時都已知道種植，耕地的區劃在當時已經存在。再從甲骨文占卜記事的種類看，除卜遊畋與戰爭的吉凶外，殆以卜雨、卜年、卜禾的爲最多。例如：

「己酉，卜黍年，出有足雨。」（殷虛書契前編卷四，四十頁，第一片）

「癸卯卜，今日雨，其自西來雨，其自北來雨，其自南來雨，」（卜辭通纂，天象，七八頁）

「今二月，帝不令雨。」（鐵雲藏龜，一二三頁，第一片）

「壬申貞，求禾於夋。」（據董作賓獲白麟解）

「癸卯卜，亘貞我受黍年二月。」（通別二七頁，揭田中藏甲一四）

「甲辰貞，其登黍。」（新獲卜辭，一四三片）

以上所載求禾、登黍、受黍年等記事，我們決不能根據它而斷定殷代農業還是芻料的種植，只能說它是一種正規的農業經營。而且關於農業的祈禱告問，在那時迷信的習慣上已定爲政府的一定儀式，郭沫若氏說：周人三社之禮，亦始於殷代，甚至謂周代「藉田」之禮，在殷代亦已存在。（見所著卜辭通纂）再則商書盤庚篇，有「若農服田力穡，乃亦有秋，」「隋農自安，不昏作勞，不服田畝，越其罔有黍稷，」商頌有：「自天降康，豐年穰穰，」「稼穡匪懈」等關於農業經濟的記載。周書無逸有：「自時厥後立王，生則逸，生則逸，不知稼穡之艱難，不聞小人之勞，惟耽樂之從，」這也是說殷代先王如何看重農業生產，知稼穡之艱難，後來立王生則逸不知稼穡之艱難，以至於亡國的情形的。

此外關於勞動工具方面，我們雖斷定殷爲銅器或青銅器時代，但誠如繆鳳林氏所說：「觀甲骨文字之小者，不及黍米，而古雅寬博，則古人技術之工妙，更邈於楮墨；且甲骨至堅，作書之契刀，非極鋒利不可，則殷人鍊金之術，亦已極精矣。」繆氏所謂鍊金之金，似指鐵言，因爲作書契刀，似非鐵不足以任之。果爾，則鐵耕農作亦不能斷其必無。

關於殷代的牧畜業，從甲骨文字的記載看，可以說現代所有家畜的種類，在殷代便都已存在了。但牧畜業的發達，正足以證明殷代的牧畜業已讓位於其農業。在當時犧牲的數目，據郭沫若氏在卜辭中的舉例，每次所用犧牲有多至三百或四百者，如：

「百牛用祭，」「夏之于王亥□三百牛。」

但以這樣大量的家畜用做犧牲，這正反映出來那時家畜的肉類和乳類，已不是那時人類所依賴的主要生活資料，即已轉移到以農業生產爲其生活資料的主要來源。而且這種大量家畜之集中於奴隸所有者，是以他們之集中有大羣奴隸爲前提的。

關於殷代商業，我們可以先從其都市的存在而觀察之。原來都市的存在，可以象徵古代狹義的商業存在及其發展程度。試從易經及甲骨文中不難找出城、郭、國、京、邦、邑、鄉、鄙等字，固然我們不能拿現代意識去理解它，但殷墟遺址的發見，已能確證「殷墟」就是包括有十平方英里左右的一個都市。這種都市，不但是手工業製造的中心，而且是商業的中心，包括有各種市肆，例如盤庚篇中有「以遷肆，」「用永地於茲新邑肆，」等文句。當時商業交通的地域，已經很廣，東至海濱，東南達到今日之浙江，西南達到今日之四川，南到今日之皖，鄂一帶，西北達到今日之陝甘，東北達到古營州，北方似已到河套。這也是根據出土甲骨文字考定的。在奴隸社會，商業上主要的即是家畜和奴隸。試看殷代把奴隸作爲商品在買賣過程中去進行的，如次的記載，表現得很清楚：

「旅即次，懷其資，得童僕，貞。」（易旅卦六三）

「旅焚其次，喪其童僕，貞厲。」（同上，九三）

關於交換的媒介物，殷代曾以牛和勞動工具充任過，後乃由海貝取而代之，海貝不足，又用人造骨貝，玉貝來補充。貝在殷代的商品流通中，充分具有貨幣的機能，它可以充作買賣奴隸的支付手段，它可以作爲財產的儲蓄之用，例如：「巽在床下，喪其資斧，」

再觀甲骨文中有「貯」一字，其義自明。此外甲骨文中之「貸」字，卽表示以貝爲貸付手段者。

從甲骨文和其他文字可以看出殷代手工業之種類及其分工的程度，例如從邑、宗、宮、室、宅、家、門、庭、牖、戶等字，可以斷定當時已有知道版築建築的土木工程存在，而且已具備城郭宮闕之規模。從絲、帛、衣、裘、巾、幕、旒等字，可以斷定當時已有專門化的縫級工業存在。從革、韋、鞶、帶等字，可以斷定當時已有皮革工匠的存在。從舟、車、輪、輻、輿等字，可以斷定當時已有專門化的製車工匠存在。從床、梘等字，可以斷定當時已有普通木工存在。從冶煉遺跡的發見和所可考知的冶煉技術程度，可以斷定當時手工業已表現着相當高等的專門化。從金矢、黃矢、金弦、七鬯、斧、樽、機弩等字，可以斷定當時已有專門化的兵器製造工的存在。此外殷代出土的陶器，彫刻器，骨製用器，骨製裝飾品等，製作均甚細緻精美，可以推知其一般工具之進步程度。而製成此進步工具之材料，起碼非有相當硬性的金屬不可，老實說，卽非靑銅器不可。此蓋從甲骨文之鐫刻與甲骨片之錯治可證也。

以上殷代農業牧畜業商業手工業之發展實況，構成殷代（夏殷）之經濟基礎，而夏殷之奴隸制度，卽建築於此經濟基礎之上。

五　財產所有關係，國家的形成及其所表現的公權力

夏殷兩代土地屬於國家所有，這是亞細亞的特徵之一。其國有土地的形成，一是由氏族所有轉化爲國家所有，一是把被征服異族的土地收歸國有。而被征服的異族既已降服，則成爲征服者之代理人或收稅吏，並不變更其原有關係，所以甲骨文中有旣破而又封之的記載。但多有把被征服的異族人民俘虜以爲奴隸，其土地則在收歸國有的原則下，把它再賜給本種族內的貴族或自由民，而使用奴隸（卽降服人民）以耕種之。其形態仍重組爲農業公社，所以甲骨文中又有作邑或封邑的記載。在這種形態下的

國有土地本質上便是種族公有下的種族財產。除土地而外，其他一切生產工具和消費資料，皆變成國家所有物，亦即統治者，天子，帝王，及各種貴族階層，亦即奴隸所有者諸階層的所有物。不過這些階層，多分是在以家族爲單位的父家長的身分發展出來的。因爲氏族發展到一定階段，家族與氏族就形成對立，前者就把後者腐蝕。這在易卦爻辭中，有「子克家」「開國承家」「王假有家，」諸說可以證明。

國家的出現，從歷史的一般規律說，都是由於農業生產力的發展，引起氏族公社內家族之分化及成員間貧富之分化，因而發生土地的原始飢荒，使得各氏族不得不爲擴張耕地而戰爭。但由於生產力的發展而引起的氏族內在的矛盾，不只是擴張耕地所能解決的，而是要求把氏族所有土地，轉化爲國有土地。夏殷之際，在這一點上不能有例外。因之所謂氏族內在的矛盾或對立，即是氏族所有土地與國有土地的對立，國家便是在由這兩種形態的對立而達到對立之鬥爭的統一的形勢下出現的，在這一點上，夏殷國家也沒有例外。

殷代國家（或夏殷）包含着許多不同的社會階層，這在上節已分析言之。社會階層的存在，爲國家最本質的特徵之一。因之國家最本質的另一特徵之一，就是那和大衆分離的公共的強制權力，亦即公權力。夏殷的統治者，具有這種公權力，在盤庚篇中表現得十分明白。例如：

「嗚呼！今予告汝不易：永敬大恤，無胥絕遠，汝分猷念以相從，各設中於乃心。乃有不吉不迪，顚越不恭，暫遇姦宄，我乃劓殄滅之，無遺育，無俾易種於茲新邑。往哉生生！」（中篇）

「汝不和吉言於百姓，惟汝自生毒。乃敗禍姦宄，以自災於厥身。乃既先惡於民，乃奉其恫，汝悔身何及？相時憸民，猶胥顧於箴言。其發有逸口，矧予制乃短長之命！汝曷弗告朕？而胥動以浮言，恐沈於衆，若火之燎於原，不可嚮邇，其猶可撲滅？」（上篇）

「予告汝於難，若射之有志汝毋侮老成人；無弱孤有幼各長於厥居，勉出乃力，聽予一人之作猷；無有遠邇，用罪伐厥死，用德彰厥善。邦之臧，惟汝衆；邦之不臧，惟予一人有佚罰。凡爾衆其惟致告：自今至於後日，各恭爾事，齊乃位，度乃口，罰及爾身，弗可悔。」（上篇）

「古我先王，亦惟圖任舊人共政。………遲任有言曰：人惟求舊，器非求舊，惟新。古我先王，暨乃祖乃父胥及逸勤；予敢動用非罰？世選爾勞，予不掩爾善。」（上篇）

這可以證實殷代國家强制的公權力之充分的表現，即當時的統治者是把奴隸的生命自由都放在其公權力的任意支配之下的，同時，把國家的行政用人之權也絕對的放在自己的掌握中。殷代的氏族社會論者，如不能否認上述事實，即不能否認殷代的奴隸國家。

六　奴隸制度的本質或根據

決定一個社會形式是否為奴隸社會，是要看它担當主要生產事業者是否全部為奴隸。這在中國奴隸制度否定論者，就是說中國歷史上沒有一個時期的主要生產事業是全部由所謂奴隸担當的。雖然中國歷史上的每一時期都有所謂奴隸。然一按諸事實卻不盡然。夏殷農業生產上的直接担當者，尤其是殷代，從甲骨文中所發見的都是奴隸。試看甲骨文如下之記載：

「丙午卜、𡆥、貞㕯衆黍於口。」

「己亥卜、口、令吴耤臣。」「己亥卜、貞令吴小耤臣。」

「丙子卜、乎耤受年。」「貞叀小臣令衆黍。」

「戊寅卜、宕貞王往以、絜衆黍於二囧。」

由此可見殷代奴隸參加農業生産，已不是作爲一種補助勞動形式在參加，而是農業生産之主要担當者。

殷代牧畜業也是由奴隸勞動在担當，如甲骨文字所記載：

「戊午卜、大占奴。癸巳卜，令牧冡。」

「戊午大占奴、卜令牧坐。」

此外還有「雀人芻於牧，」「土方牧，」「人方牧」等記載，都可證明。

再則商業及交通運輸勞動，也是主要由奴隸在担任。例如：

「反復其道，七日來復。」（易復卦）

「三人行，則損一人。」（蓋指奴隸逃亡）（易損卦六三）

「弗損益之，利有攸往，得臣無家。」（易損卦上九）

「旅焚其次，喪其童僕，貞厲。」（易旅卦九三）

以上各種卦爻辭，都是說明商業及交通運輸勞動，是由當時奴隸担任的。

在殷代，不僅農業勞動，牧畜業勞動，商業及交通運輸勞動，都是主要由奴隸担任。據甲骨文所記載，捕漁和統治者的遊畋，也使用着奴隸勞動，例如「漁亡其從，」「王田于口，小臣令口從。」其他下賤之役，當然更要奴隸來担任。郭沫若氏云：「古奴隸字多從辛，童字從辛，此僕（根據卜辭中之「僕卜」二字加以考釋——著者註）亦從辛者，猷剮之象形文，古人施黥以之。童、妾、僕之從辛者，亦黥其額也。此僕負賤役，頭上有辛，而尻下有尾，足徵古人之虐待奴隸。」（卜辭通纂，一七一）

再則供統治者們的「白粉勞動」者，也可以證明是奴隸。例如甲骨文有「王其又侑於小乙羌五人，王受又祐。」「伐十人。」「又伐於上甲九羌，」「又伐上甲羌五。」羅振玉氏釋伐爲「武舞，」郭沫若氏謂爲「干舞」，卽是一種古代歌舞由奴隸扮演者也。此外還有以奴隸用作犧牲之形跡，如易萃卦六三，有「孚乃利用禴」句。

至於使用奴隸之參加戰爭，見於甲骨文者，不勝枚舉。例如：

「貞亩，王往伐呂，乎多臣伐呂方，貞勿隹王伐呂。」

「貞勿乎多臣伐呂方。弗[受]又祐。」

「戊寅，貞多射往由亡囚又囚。」

郭沫若氏說：「以多臣多射從事征伐，用知商人以奴隸服兵役矣。此與古希臘羅馬同。殷辛之前途倒戈，蓋由於奴隸背叛。」（卜辭通篡，一〇四）。

在殷代末期，還發見奴隸作公務人員之現象。試看易師卦上亦有：「大君有命，開國承家，小人勿用」之說。這本是在防止用奴隸作公務人員，但已證明過去奴隸曾充當公務人員。

奴隸所有者和奴隸，爲奴隸社會之主要的階級對立。但在殷代也同其他奴隸制度一樣，其階級對立，有貴族，自由民，奴隸諸階層。不過在殷代那種種族國家的奴隸制度時代，自由民和貴族，係屬同一種族，他們對於奴隸或異族來說，因其種族關係表現爲同屬支配者的地位，而且在經濟上表現爲同屬榨取者的地位，但在種族財產形態下而貧窮化了的自由民，對於貴族是不免有利害上及權利義務上的分配不一致的，所以也表現爲貴族與自由民的對立。不過在奴隸制度向上期，自由民有受奉養於國家之權利，也有受奉養於國家之經濟上的可能。所以盤庚中篇對其自由民說：

「予豈汝威，用奉畜汝衆，予念我先神后之勞爾先，予丕克羞爾，用懷爾然。」

「古我先后既勞乃祖乃父，汝共作我畜民。」

自由民與貴族的對立，雖在奴隸制度的向上期，可以藉經濟上的餘力，畜養貧窮化的自由民而得到解消，但殷代的奴隸制度一到其將近崩潰的時候，由於社會經濟的衰落，貴族對於自由民奉養之無力，就引起了自由民對貴族的反抗，所以殷之亡國，其所統治的異族是必然參加周代的革命運動的，殷代的自由民亦曾參加過。

七　夏殷奴隸社會的崩潰

任何奴隸制度的崩解，都是由於上層貴族統治者們的腐敗，及本族人口的減少，又由於奴隸來源的缺乏，奴隸主對於奴隸加緊其榨取，致促速奴隸的死亡率，形成奴隸勞動力之益加缺乏，使社會的生產事業不能不陷於停頓，因之形成社會經濟之急遽崩潰，這又往往促速其軍事戰鬥力的衰落，使掠奪奴隸的戰爭無法繼續，因以自速其亡。這在殷代奴隸制度的崩潰也是這樣的。

如前所述，圍繞在殷代周圍的，是很多異族，殷代征服其周圍的異族後，即使用作奴隸。等到殷代社會經濟衰落，軍事統治鬆懈，統治者爲維持國家的財源及私人的奢侈消費，對於異族奴隸的榨取更甚，必然更加擴大異族與本族，奴隸與貴族的矛盾，因而展開其反抗運動與背叛運動。試看那時殷之屬領在其西北部的，如：庸、蜀、羌、髳、微、盧、彭、濮各族；便開始反叛，便團集於較強大的周族的周圍（請參考周書牧誓），發動對於其主人——殷代奴隸所有者的鬥爭，因此，異族，亦即奴隸，反抗便促進或加速了夏殷奴隸社會的崩潰。

再則由於對異族和奴隸榨取的來源枯竭——社會經濟的衰落，對於貧窮化的自由民集團，自然也再不可能由國家收入加以奉養因此自由民與貴族間的矛盾，也會因之展開，也會要參加反抗奴隸主貴族的運動，至少在他們生活無着，窮途末路的時候，也會馬上發生嚴重的社會問題，不是搶刼就是竊盜，這在當時是的確發生過的問題。試看微子說：

「殷罔不小大好草竊姦宄，——今殷民乃攘竊神祇之犧牷牲用以容將食」（商書微子）

這裏所謂「殷民」，即是自由民集團的自由民。如微子所說那就是靠盜竊爲生，而且所盜竊的，還是祀神的食品。這在泰誓也說過：「犧牲粢盛既於凶盜」。因此，不能不展開或擴大自由民對貴族的鬥爭，釀成社會內部之空前的混亂。試看那時：「寇攘式內，侯作侯祝，靡屆靡究。如蜩如螗，如沸如羹，小大近喪」（詩蕩篇）「小民方興相爲讎敵，今殷其淪喪，若涉大川，其無津涯。」（商書微子）這種內亂的情勢，也是促進或加速夏殷奴隸社會之崩潰的。

還有，在殷代之末，由於社會經濟的衰落，軍事統制的無力及社會內部的混亂，因而又發生了百廢不舉，尤其是關於神權政治的祀典的怠荒，令反抗者作爲藉口以攻擊之。古者「國家大事惟祀與戎」，祀典的怠荒的確就是統治動搖的徵兆。試看周書牧誓責備紂王說他「昏棄厥祀弗答」。多士亦說「誕淫厥泆，罔顧於天顯民祇」。微子謂「屛棄典刑，囚奴正士，郊社不修，宗廟不享」。

夏殷奴隸社會在以上所述矛盾集結的狀況下，已形成其必然滅亡的途徑。因此殷之宗族巨室及那時頭腦明白的人看出了這種危機，便不禁慨乎言之：「商今其有災，我興受其敗，商其淪喪，我罔爲臣僕」。（商書微子）這是說商已到了存亡危急之秋，如果商一亡國，我們就要替人家當奴隸，或者當奴隸都不可能。

而在這時，殷的繼承者——周族，却隨其社會經濟的發展及其軍事政治的進步，利用殷代內外之階級的矛盾與種族的矛盾，把反抗殷族的各屬領爭取到自己方面來，而厚集其勢力，論語所謂「文王三分天下有其二」，就是指的這種事實。

這種事實的形成，便產生出歷史上所稱道的「武王革命」，而由於最後一次的武裝衝突，便把殷代打倒，而安定了自己統治的天下。試看周書武成篇說：

「既戊午，師逾孟津；癸亥，陳於商郊，俟天休命。甲子昧爽，受率其旅若林，會於牧野，罔有敵於我師，前徒倒戈，攻於後以北，血流漂杵，一戎衣，天下大定。」

所謂「前徒倒戈」就是郭沫若氏說的奴隸背叛，所謂「一戎衣天下大定」就是說他完成了他歷史的任務，而中國的社會又獲得了更進一步的發展。

（註一）商自盤庚遷殷後稱殷，但多有只稱殷以概商者，如孔子說「殷因於夏禮」即是明證。

（註二）呂振羽氏說「……現在讀到古代印度史和古代中亞細亞各國史，始恍然於卡爾之所謂『亞細亞的』，不外是一種種族國家的奴隸制度，這從人類史之發展的過程說和所謂『古代的』希臘羅馬式的奴隸制度在歷史的階段上雖屬是相當的，然就希臘羅馬史說，在時間上卻又是相次的。因而在全人類史之奴隸制度這一階段，像古代希臘和羅馬採取卡爾所意義着的『古代的』過程；像古代俄國印度巴比倫中國等，便採取卡爾所意義着的『亞細亞』的過程。」這一意見，著者很表贊同。

【問題研究】

（一）奴隸制度的特徵是什麼？

（二）奴隸社會的生產力究應以何種性質的工具來體現——銅器，青銅器，抑鐵器？

（三）在某種歷史時期所未出土的工具，是否即可斷定在某種時期未使用過？

（四）夏殷奴隸社會諸階層的構成如何？

（五）夏殷奴隸社會的經濟基礎如何？

（六）夏殷奴隸社會所表現的公權力如何？

（七）夏殷奴隸社會是怎樣崩潰的？

第四章　封建社會

第一節　周代——西周至春秋戰國

一　概說

殷之末季，奴隸社會，由於上述種種原因——主要由於社會經濟的衰落，奴隸來源的缺乏，因而加緊對於各屬領的榨取，使得各屬領的異族，奴隸，自由民，都紛紛想從原統治者的壓迫下解放出來，並紛紛投到殷的反對者——周族的周圍，使得較強大的新興的周族，得了新的屬領，又獲得大量的稅納，經濟，政治文化各方面都有了突飛的進步，表現為一個具有龐大的政治權力和軍事力量的集團，因而展開對殷鬥爭的局面。據信史考證，他們對殷代最後一次的戰爭，為紀元前一一二二年。殷代奴隸所有者國家，就在這一次戰爭壽終正寢了。周在這時，一面把原來的奴隸解放；一面把殷代國家的土地所有宣佈為周天子所有，周天子又以這種土地去酬庸其左右扈從，和隨同去伐殷的各屬領的氏族酋長，這種扈從和酋長，又相次地把所得土地去酬庸其自己的左右。於是他們便轉化而成了各級的土地所有人，從而開始把殘存的農村公社轉化為莊園，或即就農村公社的形式——所謂井田制，來分田制祿，奠定封建榨取的基礎。

在夏殷是把土地的氏族所有轉化為土地的國家所有，或即利用原來的氏族公社形式去建立奴隸制的榨取關係。周代則把殷代國家的土地所有；宣佈爲周天子所有，或利用殘存的農村公社，即井田制的形式，去建立封建制的榨取關係。

奴隸制和封建制，在其所具的經濟基礎上，以及其使用的勞動工具所代表的生產性上，似乎不能具體指出若何區別來，但很顯然的，奴隸制的勞動力，是被看成爲工具的全無人格的奴隸所提供，而封建制的勞動力，則是具有一半人格的農奴所提供。所以在生產力的提高及生產技術的改良方面，封建制都較奴隸制爲優，因之封建制比之奴隸制，在歷史上是一種進步，封建社會較之奴隸社會，是較高級的社會階段。

這是就一般的歷史規律說，由於中國歷史之特殊性，夏殷奴隸社會，自與希臘羅馬的奴隸社會不同，而周代的封建社會，也須與中國的井田世祿宗法，聯繫起來說明。因此本節要指出的是下列各點：

（一）封建社會的特質。

（二）封建與土地占有關係。

（三）封建與井田。

（四）封建與宗法。

（五）封建的義務如何？

（六）春秋戰國時代社會經濟的變革。

（七）春秋戰國時代的社會經濟和封建。

二　封建社會的本質及其所表現的各種形式

我們在上節既說明了理解各種社會形式的關鍵，並指示了各種社會——亞細亞社會，奴隸社會，封建社會的特質，本來對於封建社會的特質一問題已用不着辭費了。然而儘管我們對於封建社會之本質的理解已確定，究不能限制對於封建社會之概念上有許多不同的解釋。試舉其主要者如下：

大英百科全書解釋封建制度說「封建制度之關係，以封土（Fief）爲基礎。所謂封土，通常皆屬土地，然亦有他物爲分封之資者，如職位也，金錢貨物之收入也，徵稅之權利也，開設磨坊之權利也等是。受封土者隸身於其主人而爲其附庸。……附庸之能保有其封土而享其權利者，卽在誠實履行其稱臣時所允負之義務。彼果能踐其義務，則彼及其子孫，永得以封土爲其財產；而同時對於其所屬佃戶又不啻爲實際上之地主。稱臣受職之儀節爲封建制度契約之起點，兩方所負之義務，普通無特別規定，但就當地之慣例決定之。」

由上面這段文字裏，我們可以看出封建制度幾個特徵：

「第一、封建制度，主要是以封土爲基礎。

第二、受封者對於其主人，保有一種從屬關係，且負有一種必須履行的義務；如爲主人謀利益，爲主人守祕密，爲主人防衞堡壘等等。

第三、領受封土時，須經過一種稱臣受職的儀式。這種儀式乃受封者對於其主人之服從關係的開始，同時也正是對於其領有關係的開始。

第四、受封者得以封土爲財產，永遠傳授於其子孫。

第五、封建制度最注重等級，首長之下有附庸，附庸之下又有從者，從者對於附庸的從屬關係，一如附庸對於其首長的從屬關係，其發展形式，如金字塔然。」（以上見王亞南封建制度論。）

「諸侯分封給他臣屬的土地叫做封地（Fief）拉丁文曰『Feudum』；『封建制度』（Feudalism）的一個字，便是由這個字變化出來的。中古時候的社會階級，差不多都以封地爲標準，除了苦力佃奴之外人人都能在這個微分積析的階級制度中找到一個地位。他們有的是站在最高峯，不在任何人的脚下的，這便是皇帝和國王以及幾個大主教。有的是但屬於國王的，這便是諸侯——包有官吏教士及長老。有的是上侍諸侯下令武士的，這便是諸侯的臣屬。而凡能自備戰馬戰具，有微田可以自活的人，都可以成爲武士（Knights），都可以歸入這個階級中來。」

「這些諸侯，在名義上雖屬於國王，但在實際上，大都是獨立的。他們又常常能使國王給他們免稅免役的種種特權（privileges），這些特權，到法國革命時，還存留在法德各國的社會間。法國革命的第一件大事便是剷除這些不平等的特權，使貴族與平民，同分國家的担負。」（以上見陳衡哲西洋史上冊）

「西洋封建制度的特徵，大致如下：

一、農民是土地的附屬品。土地爲地主所有，所以農民也爲地主所有。封建制度下的農民是農奴，農奴有守土的義務。

二、土地所有權和統治權是連帶的，地主對於居住他的土地上的農民有統治之權（土地統治權。）

三、農民對地主有種種義務的力役。

以上三條是主要的條件，此外還有：

四、農民須向地主納種種之租稅。

五、農民往往須使用地主的度量衡器，市場，磨坊，烤爐等而納一定之租金。

六、地主時常有在鄰近農民的田地上狩獵之權。」（以上見公孫愈之農民與土地問題一文）

此外還有許多說法，例如說封建經濟有下列四個先決條件：

第一、自然經濟的獨霸。這是說封建經濟是一種自給自足的經濟，即這種經濟體系與外界很少結合，與市場很少發生關係。

第二、封建經濟的封建主要求直接生產者準備生產工具耕種自己領有的土地，並附屬於土地。因此，封建主取得剩餘生產物的方法，恰與近代資本主義經濟相反。前者的方法是建築在生產者附屬于土地上；後者的方法，是在使生產者從土地上解放出來。

第三、封建經濟的前提是農民對領主的私人隸屬關係。因爲地主對於農民如果沒有這種直接支配權，就不能強迫農民替自己耕作。所以這就是一種超經濟的壓迫。這種強迫的形態和程度，可以有許多種，從農奴制起一直至對於農民的閒閱特權限制爲止。

第四、封建經濟，畢竟是技術的程度較低，而發展的過程，也是較停滯不進的。因爲這種經濟的經營，畢竟是小農經營。

又如說總而言之，封建社會之生產方法與僭取形態之特徵如下：

（1）封建的大土地所有（即土地屬於特權的封建領主）

（2）對於在人格上從屬于封建領主的直接生產者——農民分配以生產手段（土地，森林，農具家畜）再從這些直接生產者——農民，僭取剩餘勞動——地租，並且緊縛他們于土地上。

（3）帶有閉關性的，與其他經濟集團少結合的自給自足的經濟，佔支配的主要的地位，即自然經濟之支配與獨霸。

（4）農民的經濟經營，是在小地面上的獨立經營，技術程度畢竟很低。

（5）大土地所有與小生產的結合。

以上對於封建社會的許多解釋，除了最後的兩種解釋外，可以說都是從其本質所反映出來的某種形式所下的解釋。如果那樣解釋起來有多少形態的封建社會便會有多少的封建概念。例如中國人還這樣解釋封建：「封建者，封爵封國百里，六十里——之分土是建，謂建君公侯伯子男之列爵是。」這種解釋便更加是偏重形式了。自然我們要知道，無論封建社會的形態有多少複雜，要皆爲決定其本質的生產方法之反映。如果從物質生活的生產方法，即勞動力與生產手段之結合的方法，更進一步從生產方法所決定的生產手段所有者對于直接生產者的關係來解釋封建社會，那末，封建社會就是封建地主（生產手段的所有者）以超經濟的強迫對于農民（直接生產者）僭取剩餘勞動——地租的關係所形成的一種社會的經濟結構。上述各種封建社會的形式，都可以說是由這一本質所反映出來的。

但在大體上，上述最後的兩種解釋，可以說是對于封建社會之本質的解釋，即是從生產方法與僭取關係兩者所下的解釋。我們以下要說明的中國封建社會，在形式上固然不會與上述種種完全相合，然在本質上說來總是能歸於同一範疇的。因此，我們所理解的封建社會，是從本質上理解它。祇有本質與形式的統一，決不容本質與形式的混一。

三　從歷史材料所看出的西周的社會經濟

如果根據生產方法來決定社會形式這一認識是正確的，則我們在理解每一歷史階段——社會經濟結構的時候，便必需注意那時的勞動力與生產手段結合的方法，也就是說必需注意那時生產力發展的程度，以看取那時的生產關係，社會關係。在前於奴隸社會的氏族社會那一歷史階段中，它的生產力已發展到了農業，畜牧，手工業，但農業生產在人類生產過程中還不會站着主要的地位，因此土地也還不是主要的生產手段，人類對於土地的關係也還不會結成緊密的聯繫。例如牧場所佔領的土地，等到牧草食盡後便不能不隨時放棄它，而粗放的農耕，其勢也不能長久固定在一塊土地上。在封建社會這一歷史階段中則不然。農業的生產便成爲主要的生產，土地便成爲主要的生產手段，人類對於土地的關係也緊密的聯繫起來了。因此這時在生產過程中，土地的占有關係，便決定各種社會關係，而所謂法制，政治，意識形態等，也是由它決定的。總而言之，龐大的封建社會的一切，就是建築在這土地占有關係，農業生產的社會經濟基礎之上的。那末西周的社會經濟，是否爲農業生產的社會經濟呢？本節的任務就是要解答這一問題。

關於周代農業發展史料已經很多，試看繆鳳林氏說：「周代文字之傳於今者，書有牧誓，洪範，金縢，大誥，康誥，酒誥，梓材，召誥，洛誥，多士，無逸，君奭，多方，立政，顧命，康王之誥，費誓，呂刑等十八篇，其逸者復存數十篇；詩之存者幾三百篇；易則有卦辭，爻辭，而禮經十七篇，周官五篇，尤爲典制之淵藪；其鐘鼎之文，諸家著錄定爲周器者，無慮數百種；岐陽石鼓，論者亦多認爲周代石刻。自餘史家所記，諸子所述，及漢儒所傳之逸經古記，尤夥。較之夏商之文獻不足者，不可同日而語也。」這裏如果要把上舉各種文獻都引證出來，在事實上是做不到的。茲僅就比較可靠的周書周詩兩者，引證如下：

（1）洪範——「土爰稼穡。——歲月日時無易，百穀用成。」

（2）金縢——「秋大熟。——歲則大熟。」

（3）大誥——「厥父菑，厥子乃弗肯播，矧肯穫。——若穡夫，予曷敢不終朕畝？」

（4）酒誥——「純其藝黍稷。」

（5）梓材——「若稽田，既勤敷菑，惟其陳修，爲厥疆畎。」

（6）康誥——「乃別播敷，造民大譽，弗念弗庸，瘝厥君。——汝乃其速由茲義率殺。」（播敷二字，分見上列大誥與梓材乃別播敷，疑是怠棄耕種的意思。此條應在酒誥之前，爲解釋便利起見，列此。）

（7）洛誥——「茲予其明農哉，彼裕我民，無遠用戾。」（案王國維訓農爲勉，以爲明農猶明勉。案此實無須改訓，下文「彼裕我民」之「彼」即承農而言，文王猶卑服即田功者，周公亦正好以明農爲其理想。）

（8）無逸——「先知稼穡之艱難，乃逸。……相小人，厥父母勤勞稼穡，厥子乃不知稼穡之艱難，乃逸乃諺既誕。」

（9）多方——「今爾尚宅爾宅，畋爾田。……尚永力畋爾田。」

（10）立政——「帝欽罰之，乃伻（使）我有夏，式商受命，奄甸萬姓。」（甸者井牧其地，什伍其民。）

以上差不多篇篇都是記載農業生產的文字，可見那時農業經濟已很發達了。（見中國古代社會研究一二四——一二五面）

周詩關於農業經濟的描寫，第一是大雅生民篇，根據這篇詩，可知周代農業狀況，其詩爲：

「厥初生民，時維姜嫄。生民如何？克禋克祀，以弗無子。履帝武敏歆，攸介攸止，載震載夙，載生載育，時維后稷。……蓺之荏菽，荏菽旆旆，禾役穟穟，麻麥幪幪，瓜瓞唪唪。誕后稷之穡，有相之道，茀厥豐草，種之黃茂。實方實苞，實種實褎，實發實秀，實堅實好，實穎實栗，即有邰家室。誕降嘉種，維秬維秠，維穈維芑。恆之秬秠，是穫是畝；恆之穈芑，是任是負，以歸肇祀。……」

第二是大雅綿綿瓜瓞篇，根據這篇詩，可知周時因農業的發達，才漸有國家刑政發生，其詩爲：

「綿綿瓜瓞，民之初生，自土沮漆。古公亶父，陶復陶穴，未有家室。古公亶父，來朝走馬，率西水滸，至於岐下。——周原膴膴，堇荼如飴，爰始爰謀，爰契我龜，曰止曰時，築室於茲。迺慰迺止，迺左迺右，迺疆迺理，迺宣迺畝，自西徂東，周爰執事。……」

第三是大雅公劉篇，這詩把原始國家的形成敘述得非常親切，其詩爲：

「篤公劉，匪居匪康，迺埸迺疆，迺積迺倉，迺裹餱糧，于橐于囊，思輯用光。——篤公劉，既溥既長，既景迺岡，相其陰陽，觀其流泉，其軍三單，度其隰原，徹田為糧，度其夕陽，豳居允荒。——涉渭為亂，取厲取鍛。——」

周詩裏面專詠農事的詩，更有許多篇，例如豳風，豳雅，豳頌。豳風有七月一篇，豳雅有楚茨，南山，甫田，大田諸篇，豳頌有思文，臣工，噫嘻，豐年，載芟，良耜諸篇。從周詩所看出的農業用的工具，又有如下幾種：

「三之日於耜。」（七月）

「以我覃耜。」（大田）

「寺乃錢鎛，奄觀銍艾。」（臣工）

「有略其耜。」（載芟）

「畟畟良耜。」——「其鎛斯趙，以薅荼蓼。」（良耜）

以上四種農業工具，曰耜，曰錢，曰鎛，曰銍，三種從金；耜字上邊又有犀利的形容詞，曰覃，曰略，曰良，大約這時的農業工具，已經採用金器了。但是怎樣的金屬呢？中國古代社會研究的作者，認為是鐵，因為他除看重上述三種從金的農業工具外，又特別注意篤公劉篇「取厲取鍛」一句詩。他說：「最可注意的是那取厲取鍛的『鍛』字，毛傳雖然訓為石，但已經說了厲，為什麼又要說鍛呢？鄭箋云『石所以為鍛質，』則正是鐵礦。」所以他又說：「鐵那發見，論理應該是在周初，不然，那農業發達的原因，便無從說明。」周已入鐵器時代，這絕不僅是論理應該，却是事實如此。因為在周末，即在春秋戰國時代，用鐵便已普遍了，愈是古代，技術的進步愈遲緩。假若周初還不知道用鐵，試問經過了一個短時期，周末鐵器的普遍使用，為什麼突然能實現？關於周末鐵器之盛行，史料很多。越絕書風胡子對楚王說「當此之時，作鐵兵，威服三軍。」呂氏春秋：「吾兵鳩衣鐵甲，操鐵矛以戰。」孟子：「許子以釜甑爨，以鐵耕乎？」王宜生說：「周末農業最為發達，其原動力有二：一是使用鐵製農具，一是使用畜耕。鐵製農具中有鐵犂及鐵耜。普通農家無家畜耆用鐵耜，有家畜者用鐵犂。孔子弟子冉耕字伯牛，司馬耕字子牛，都是用畜耕的證據，許子以釜甑爨，以鐵耕乎，即是使用鐵製農具的證據。」（節錄勞大論叢王貞生講演中國農業經濟問題的過去）虎子說：「春秋時代正是中國初入鐵器時代的時候，古書中最早見到「鐵」字是在左傳昭公二十九年（西歷紀元前五一三），說晉國以鐵鑄刑鼎，那時已經用鐵去鑄鼎，可見鐵的使用已長久了。然而記載仍然很少，鐵的使用，大概還不甚普遍，到戰國時候（西歷紀元前四八〇——二四七）情形乃大改變。所有日用器具以及兵器等等都用鐵鑄造。墨子書中關於鐵的記載也異常衆多。墨子備城門篇有「鐵鍱，」「鐵鈇，」「鐵鍇，」「鐵纂，」」諸藉車皆鐵什，」備穴篇有「鐵鈇，」「鐵鉤鉅，」「鐵鮫，」備蛾傅篇有「鐵鍱，」雜守篇有「鐵鉀，」孟子滕文公篇有「鐵耕，」荀子議兵篇有「宛鉅鐵鉇，」韓非子南面篇有「鐵殳，」內儲說上七術篇有「積鐵，」「鐵室，」八術篇有「鐵銛，」五蠹篇有「鐵銛矩，」呂氏春秋貴卒篇有「衣鐵甲操鐵杖以戰，」戰國策韓策有「鐵幕。」管子上記載更多，海王篇說：「今鐵官之數曰，一女必有一鍼一刀，若其事立；耕者必有一耒一耜一銚，若其事立；行服連軺輦者，必有一斤一鋸一錐一鑿，若其事立；不爾而能成事者天下無有。——」輕重乙篇，齊桓公說：「衡謂寡人曰：一農之事必有一耜一銚一鐮一鎒一椎一銍，然後成為農；一車必有一斤一鋸一釭一鑽一鑿一銶一軻，然後成為車；一女必有一刀一錐一箴一鉥，然後成為女——」可見鐵器在當時社會上所佔地位的重要。所以當時鑄鐵業盛行，所發見的鐵鑛既多，採鑛術也有相當注意。……因為鐵器的發明，耕牛的使用，自然而然促進農耕技術的改良，最顯然的就是農地的深耕，戰國時的作品中有許多地方可以見到關於深耕的記載。例如莊子則陽篇：「昔予為禾稼而鹵莽之，則其實亦鹵莽之而報予，芸而滅裂之，其實亦滅裂之而報予；予來年深其耕而熟耰之，其禾繁以滋，予終年厭飧。」孟子梁惠王篇：「深耕易耨。」管子小匡篇：「今夫農羣萃而州處，審其四時，權節其用，具備械器，……——以待時乃耕，深耕均種疾耰，先雨芸耨，以待時雨，時雨既至，挾其槍刈耨鎛，以旦暮從事於田野。稅衣就功，別苗秀，列疏遬，首戴苧蒲，身服襏襫，沾體塗足，暴其髮膚，盡其四肢之力，以疾從事於田野。」深耕的有利於農作物，大家知道，不用我多說。它不但能使農作物的根生得深，容易吸收養料，並且可以使雜草的根完全除掉；灌溉時水容易引入，已引入的水容易保存，這於農產上自然有極大的影響。」（見虎子中國商業資本社會的原始一文）這雖然說的戰國周末時的情況，但這種情況必然是慢慢發展來的，不是突然來的，所以我說鐵的發見在周初，不僅是論理應該，而是在事實上周初已有鐵的發見與使用。

那末，周代的生產力已很明顯的發展到了農業生產的高峯，在農業生產的過程中，因為要使生產技術不斷前進，尤其因主要的生產手段，土地之占有關係，必然要產生人類歷史中的封建領主，就是說必然要從奴隸社會跨進封建社會。

四　主要生產手段（土地）的占有關係

在前述氏族社會時代，土地的占有，完全是為一個部落，圖騰，氏族所公有。氏族內的分子，共同在這公有的土地上工作，所獲得的生產品亦按照大家需要而行分配。所謂「土地如水火，不是屬於個人的。」其所以然的原因，仍是由於生產力的幼稚，土地在生產上和人類的關係，並沒有怎樣密接起來。即農業生產並不占主要地位。但待到氏族公社的農業生產漸漸發展，便由氏族公社而進於農村公社。在農村公社裏面土地占有還是保存着公有的形式。但也不過是一種形式而已；因為此時由於生產力的發展，人口也跟着增加，在公社的生產過程中，遂發生人數過多，許多人在一塊地面上耕作的困難！並且因住所的便利，兒童的撫育，早已在氏族公社中發生了許多家族的集團，即整個的氏族中有了分裂的各個家族；於是土地也就隨着家族的分裂而分裂使用了。其辦法是氏族把它公有的土地，按期均分於各家族去耕作，各家族在一定期間內得專有這塊土地的收益（自然要抽一部分出來供公社的費用，）這種期間初為一年，繼為數年，期滿則再行分配。這就是所謂農村公社的土地占有形式，這種土地占有關係，即這種農村公社，在日耳曼民族中稱爲馬克（mark），在俄羅斯稱爲密爾（mir），在我們中國就是傳說中的井田制度實在這種農村公社，在印度，祕魯也存在過並且印度的農村公社是著名的存在得很久的。它們的具體組織如何，我想引證數段說明如下：

「他們分配的形式和手續是將一村之公地分爲許多長而狹的片段，配合幾片爲一份每家各得一份。片段雖有肥瘠的區分，但配合時務求其平均每家所得耕地的面積大概是佔有一對牛耕種兩日的大小。每個村落除分配給各家族外，還留着一片公地由大家公同耕作作公共消費之用後則變爲租賃分配的主持者是各村的長老會議，當分配土地時，由長老會議召集各家族的代表來抽籤抽着那一份就得那一份。候期滿後又再舉行抽籤的分配。至若牧場，森林，水道，漁獵區域，以及其他公衆需要使用的都不分配，留爲全村公衆使用。自然在這種形式之下絕不會有土地的買賣和私有。」（見張霄鳴著中國歷代耕地問題）

以上一段話是簡單的說明俄國之密爾的。還有關於馬克與印度農村公社的簡單說明：

「這種馬克經濟的基礎是凡在它的界限內的森林草原小溪川河池塘湖沼田園道路和橋樑等，都爲公共的所有物。它的界線是依森林山脈，河流及湖沼的自然形勢而構成的。每個家庭對於土地所首先分得的是建築住所的地方，每個人可以隨意選擇他所中意的地方做住所。關於土地的耕種，最初是經營野草的田園經濟，後來才發展爲三田制經濟，卽將一切農地分爲三大分，在一年之中一分定爲夏季的播種，一分定爲冬季的播種，一分留着不用以舒地力（這就所謂換耕制——編者。）這種三田制的編制出現於德意志，俄羅斯，瑞典，丹麥和法蘭西等處。在俄羅斯的大部分地方，此制至今仍保存着，（指未革命前說——編者。）在德意志當十九世紀過了許多時候，它仍是蓬蓬勃勃存在的。每一種田又依照馬克中所住的家數再分爲若干小分，用抽籤的方法分配每家應有的農地。自從日耳曼時代以來，我們得着「籤配地產」這個名詞。這是住所及應有的農地。因此有一個人能够比別個人長久享得肥沃土地的利益，或靠近住所的土地的利益，每年是要用籤重新分配土地的。所以這種地方的一切家庭是輪流享用一切農地。馬克的耕地經過這種劃分，變成無數縱橫方格形的小農地，即所謂錯綜的地形。鄉村的農場至今猶表現這種圖形。德意志的大部分地方近來才被所謂「成圍運動」把這些小塊廢除了」（見萊姆斯著社會經濟發展史）

「此外印度也有很顯著的村落社會（即農村公社——編者），據印度總督梅特加夫（Metcalf）一八三二年的報告：印度的各村落社會都是一些小共和國，他們都能生產他們所需要的東西，幾乎完全脫離外界而獨立，無論朝代怎樣變換，革命怎樣頻仍，但村落社會還是屹然不動。有了危險的時候，他們也武裝起來，並築堡自衞。遇着敵人的軍隊要橫過國境，他們便把家畜關在屋子裏讓敵人過去以免招惹。假若敵人對於他們大肆刦掠不可抵抗，他們便速速逃走，俟刦掠過了又回家來，雖然這種慘變連續不斷，把他們的村落和家屋破壞不堪；但一旦可以回去，他們便要立刻謀恢復的。」（見拙著社會進化史綱）

「此等公社（指印度的農村公社——編者）構成一種自足的生產整體，所佔的生產區域當一百英畝到幾千英畝。生產物的主要部分是爲供給公社直接的需要而生產，不是作爲商品而生產。——只有剩餘生產物才變成商品。然此中一部分又首先落入國家手中，從不可記憶的時代起，即有一定數量的生產物作爲地租送給國家。印度各處有各種形態的公社。公社在簡單的形態中，是共同耕種土地而分配生產物於各社員，同時每個家庭從事於紡紗織布等作爲家庭的副業。」（見讀書雜誌二卷二三期合刊）

以上是關於馬克，密爾，印度農村公社之簡單的說明。按以上的說明看來，中國傳說中的井田，不也是同馬克，密爾的組織及共性質一樣的東西嗎。但井田的有無，在現在似乎還是一個論爭之點。我們必須解決了這個問題——井田之有無及其根本性質的這個問題，才能決定西周對於主要生產手段（土地）之占有關係的問題。

關於這個問題——井田問題，據王伯平氏說：「有三種意見：（A）否認的，完全否認歷史中有井田制度的事實。如胡適先生認爲井田制度乃戰國時代的烏托邦。郭沫若研究了金文之後，得結論說：『周代自始至終並無所謂井田制的施行。』俄國學者薩發洛夫也認爲井田制度的存在一點證據沒有。井田制度本身，完全是儒家的設想。這一種意見，完全忽視歷史發展的事實。（B）肯定的，確認井田制度是歷史的實在。胡漢民，廖仲愷，朱執信，都是肯定井田制度存在過的。俄國的普列哈諾夫也認爲井田制度是歷史的實在，即是亞細亞的生產方法。（C）與上述二種意見不同，認爲井田制度即是氏族公社瓦解後的農村公社，與德國之馬克，俄國之密爾，印度之集產公社，是一類的歷史事實。作者便是這樣主張，德國的考茨基亦是這樣主張，拉狄克的基本思想亦與此無異。」（見所著中國古代社會研究發微一文）

王伯平氏像這樣解決井田問題，似乎我也可同意。因爲我也是把井田與馬克，密爾等等一樣看待的。但王氏認農村公社是氏族公社瓦解以後的產物，似乎有把氏族公社與農村公社對立起來看做兩種社會形式的嫌疑。實在農村公社在初形成時與氏族公社並無質的不同，即雖然氏族公社進爲農村公社，氏族社會並未曾瓦解，至多不過是氏族社會末期的階段。必需再進一步，到了公社的統治權威日大，即公社變成了國家以後，氏族社會才會瓦解。這是要很愼審的分辨出來的一個問題，必需把這一問題分辨明白了，我們才能從井田之動的形態上，肯定它的存在，肯定它存在於中國的時代，並且肯定它在某時代還是氏族社會之發展形態，在某時代才成爲封建之土地占有形態。

這樣來理解問題，我們就發見胡適，郭沫若之否認井田制度的存在，其錯誤是在僅從考據學上理解它，例如胡適把關於井田制度的傳說，依出現的先後，排成一種井田論的演進史：

（1）孟子的井田論很不清楚，又不完全。

（2）漢初寫定的公羊傳只有「什一而藉」一句。

（3）漢初寫定的穀梁傳說的詳細一點，但只是一些望文生義的注語。

（4）漢文帝時的王制是依據孟子而稍加詳的，但也沒有分明的井田制。

（5）文景之間的韓詩外傳演述穀梁傳的話，做出一種清楚分明的井田論。

（6）周禮更晚出，裏面的井田制就很詳細，很整齊，又很煩密了。

（7）班固的食貨志參酌周禮與韓詩的井田制，併成一種調和的制度。

（8）何休的公羊解詁更晚出，於是參考孟子，王制，周禮，韓詩的各種制度，另做成一種井田制。

因此，他就得着這樣的結論：井田制完全是根據孟子幾句無根據的話做成的，這豈不是僅從考據學上去理解井田制嗎？至於郭沫若氏因爲周金中無井田字，便說周無井田，也感覺着過於機械，實在我們要理解井田制，不但要從考據學上去理解它；更重要的是要從物質的生產過程，社會經濟史的發展上去理解它。再則肯定井田制的，如胡漢民，廖仲凱，朱執信諸先生，雖然知道以社會經濟史的眼光去看井田制，而最大的錯誤又在把周代的井田看做仍是氏族公社或初期的農村公社一類的東西，即把它看做共產公社。因此不承認周代井田是分田制祿的辦法。這仍然是把井田制機械的理解了，即未曾理解井田的根本性質及其動的過程。

總而言之，我們僅僅肯定井田制的存在是不够的，還要追究它存在於何種時代，它在這一時代的性質怎樣，另一時代的性質又是怎樣？因此我認爲農村公社式的井田，中國在西周以前，毫無疑義的，是普遍的存在過，不過在西周以前，它是農村公社的初期，是氏族社會的發展階段；在西周時代，它便變質了，它的土地占有形式便變爲封建社會的土地占有形式，它的存在也不普遍，然而它確實存在過，也是毫無疑義的。試再加說明如左：

一、通考曾言：「黃帝經土設井，以塞爭端，立步制畝，以防不足。使八家爲井，井開四道，而分八宅，鑿井共中。一、不洩地氣，二、無費一家，三、同風俗，四、齊巧拙，五、通財貨，六、存亡更守，七、出入相同，八、嫁娶相媒，九、有無相貸，十、疾病相救。」玉海引李衛公問對，也說：「黃帝始立邱井之法，井分四道，八家處之，其形井字，開方九焉。」通考，玉海二書之言黃帝時已有井田，它是根據什麼文獻，雖不可知。但如前所說黃帝時已是氏族社會末期，氏族公社進於農村公社，即由公有土地公用土地，進於公有土地，私用土地，這是很適合於歷史發展法則的。在氏族公社內已發生了個人家庭，氏族把它的公有土地拿來用井田式的辦法分配於各家庭使用，這是最有可能的，在現在要把幾萬方里的土地劃成豆腐乾塊（胡適語）的井田，當然不可能；但在人羣組織以氏族爲單位的古代，在一個氏族公社內，把土地劃成豆腐乾塊後，再分配給各家庭使用，不惟可能，而且是惟一的辦法，胡適沒有歷史的眼光，所以用今視古；前代一切均田論者，主張恢復井田制者，卒歸失敗，也是由於沒有歷史眼光，所以用古視今。總之井田式的土地分配，在古代是最有可能的，俄國的密爾制，「是將一村之公地，分爲許多長而狹的片段，配合幾片爲一份，每家各得一份。」日耳曼的馬克制，是把「每一種田叉依照馬克中所住的家數再分爲若干小分，用抽籤的方法分配每家應有的農地。」中國的井田制，即是把氏族公社的土地，劃爲井字形，「使八家爲井，井田開四道而分八宅，」這在古代豈不都是輕而易舉嗎？所以豆腐乾塊的井田，在古代決不是辦不到的，黃帝時已「經土設井，」也正合着歷史發展的軌跡。雖然有人說黃帝以後，井田制度忽而杳然。（註一）但夏后氏五十而貢，殷人七十而助，周人百畝而徹，却正是說的井田制度。這距黃帝時也不算遠，這並且什麼東西都是發展來的，沒有殷周以前的井田制，西周決不會突然有井田制出現。所以我說農村公社式的井田，在西周以前是普遍的存在過。通考，玉海之說，雖不知其根據何種材料；殷以前的中國歷史雖然算不得信史。但在理論的思考上，古人的想像力正也幫助了我們的推論。不過西周以前的井田，還是氏族公社之發展階段，是一種公有土地私用土地的氏族社會，即那時的土地占有並不曾成爲僭取手段，不曾把社會組織分裂爲利害相反的階層。試看「同風俗，齊巧拙，通財貨，存亡更守，出入相同，嫁娶相媒，有無相貸，疾病相救。」是何等諧和而平等的社會。

二、西周的井田，已變質爲封建的土地占有形式，其存在也不是普遍的。請先言殷制。王制「古者公田藉而不稅，」鄭玄曰：「古者，謂殷時。」孔穎達曰「此王制多是殷法。」孟子：「殷人七十而助，助者藉也」與公田「藉而不稅」之說合。朱熹註孟子之說曰「商人始爲井田之制，以六百三十畝之地，劃爲九區；區七十畝，中爲公田。其外八家，各授一區。」這都可以作爲殷有井田之證。再則據柳貽徵氏說「周之田制，凡三種：一畫地爲井而無公田者，一畫地爲井而以其中百畝爲公田者，一不畫井而但制溝洫者。」第一種說法是根據周禮，如周官小司徒「乃經土地而井牧其田野。九夫爲井，四井爲邑，四邑爲邱，四邱爲甸，四甸爲縣，四縣爲都，以任地事而貢賦。」第二種說法，是根據詩大雅大田。如「公田之制，周官未言，惟詩大雅大田曰：『雨我公田，遂及我私。』孟子據以爲周有公田之證………」第三種說法又是根據周禮。如周官遂人「凡治野，夫間有遂，遂上有徑。十夫有溝，溝上有畛。百夫有洫，洫上有涂。千夫有澮，澮上有道。萬夫有川，川上有路，以達於畿。」柳氏既述周之三種田制，復爲之結論曰：「論周制者，必先知周代之田有此三種區別，而後知周制有因襲前代者，有因地制宜者，並非舉全國方萬里之地，限以一種法制，務令整齊畫一，不得稍有異同也。迂儒論古，第知有所謂井田，並不細心讀書，漫以爲周代普天之下，皆爲井田；好爲新奇之說者，又據古書一二異點，傅以臆見，直謂古者初未嘗有井田，此皆一偏之論也。」（見所著中國文化史上冊一七八——一八一頁）周代的井田，既不是普遍的存在，則在殷代想亦不甚普遍了。至於王制，周禮二書，其可信程度如何，雖有問題（註二）然亦決不能一概抹殺，因其中有許多事實爲不能僞造者，即係僞造，亦必有所本也。

至於西周井田，具土地占有形式，已不是初期的農村公社，而其質已變爲封建的這一點，我們最好是根據孟子所說來下判斷。因爲根據胡適與柳貽徵兩氏所說，最先講到井田的是孟子。所以在這裏我們必須把孟子所說的井田究竟是什麼性質的東西認清。茲將其關於井田的全文錄出於次：

「使畢戰問井地。孟子曰：子之君將行仁政，選擇而使子，子必勉之。夫仁政必自經界始。經界不正，井地不均，穀祿不平。是故暴君汚吏，必慢其經界。經界既正，分田制祿，可坐而定也。」

「夫滕壤地褊小，將爲君子焉，將爲野人焉。無君子莫治野人；無野人莫養君子。」

「請野，九一而助，國中什一使自賦。」

「卿以下必有圭田，圭田五十畝。餘夫二十五畝。」

「死徙無出鄉，鄉田同井。出入相友，守望相助，疾病相扶持，則百姓親睦。」

「方里而井，井九百畝，其中爲公田。八家皆私百畝，同養公田。公事畢，然後敢治私事，所以別野人也。」

「此其大略也，若夫潤澤之，則在君與子矣。」

照上述頭一段話看來，孟子是希望滕君能復行井田制度，因此，也反證出來那時已沒有井田制度。但孟子所說的井田是什麼呢？它是正經界，平穀祿的，有了井田經界便可正，分田制祿，也可坐而定。這當然已不是初期的農村公社，而是封建的農村公社，即封建階層——土地占有者藉農村公社（井田）的原來區劃來榨取地租——賦稅，來分田制祿。滕君就正是一個典型的封建諸侯。

第二段已明白說出「無君子莫治野人，無野人莫養君子。」

第三段也說井田不是普遍的存在，「野」行井田的助法，「國中」用「什一使自賦」的貢法。

第四段是說卿大夫士等貴族除受公田之所入以自供養外，還有圭田五十畝，庶人的餘夫也得受田二五畝。

第五段所說「死徙無出鄉，」大與歐洲中世紀農奴固定於土地不能自由遷徙相類「出入相友守望相助，疾病相扶持，則百姓親睦。」則是孟子告訴封建地主安輯農民的辦法。

第六段是說井地的具體組織爲「方里而井，井九百畝，其中爲公田，八家皆私百畝，同養公田。」並且明說，「公事畢，然後敢治私事，所以別野人也。」這又不正與歐洲中世紀的農奴要先耕了領主的土地，然後敢耕領主所給與自己的土地一樣嗎？

最後是孟子說他所說的井地制度，不過是一個大略，如何因時制宜，使經界正，井地均，穀祿平，還待滕君與畢戰自己斟酌。

這種井田制度，即孟子所主張的井田制度很明顯的是農村公社已發展爲國家組織，即父家長或氏族長，部落酋長，已變爲皇帝，已變爲有權威的統治者。而某一統治者的皇帝或諸侯，已併吞了許多公社，許多部落，而在事實上，不曾也不能把以前的各個公社（各個井田區劃）各個部落打破或改組，即就其原來區劃，徵取地租，賦稅以自養，照孟子的說法，就是「分田制祿。」這樣一來，農村公社式的井田，就只剩下一個軀殼，一個形式，一個遺跡，而內容，而性質却完全變了。即以前氏族社會的土地占有關係，便變成封建社會的土地占有關係，氏族社會的土地占有者是大衆，而享受土地的生產物者也是大衆；封建社會的土地占有者是封建領主（以中國來說在名義上土地占有者是國家）而享受土地的生產物者也是封建領主。大衆却變成了爲封建領主服役的農奴，即因土地，生產手段的占有關係，而把人與人的關係，變成封建領主與農奴的對立關係。這種人與人的關係，即社會關係，生產關係，自然又是受生產力決定的。因此，我們可以斷定存在於西周的井田，不過是井田的形式，軀殼，遺跡，而內容，性質，則正如孟子所說是一種野人養君子的平穀祿的辦法。貴族是生而爲貴族的，所以貴族的穀祿也是世祿。這種分田制祿的井田在周初是行過的，所以孟子在別處曾說：「昔者文王治岐，耕者九一，仕者世祿。」他在這裏對畢戰也說：「夫世祿，滕固行之矣。」滕祇不曾行過井田。而世祿與井田是有緊密的聯繫的。要維持世祿，最好是恢復井田。這還不够明白嗎？所以僅在考據學上否認井田制的是一種錯誤，而不能從動的形態上，從時代性上理解井田制的存在的也是一種錯誤，德之馬克俄之密爾相傳也是在德俄存在得很久的中國的井田，經過夏殷奴隸社會也不會破壞。但以後的存在，却不過是形式，軀殼，遺跡，即以後的馬克密爾，變成了土地占有者之僭取農民的便利手段。

這樣說來，古代的井田，也值不得留意追慕，爲什麽此制既廢，後世還謳歌不已，其魔力直支配了中國土地政策幾千年？這是由於封建經濟初期的封建地主與農民大衆的關係，本來還是一種較良好的關係，譬如說八個農人假若眞眞各個受田百畝，而祇共耕百畝以供封建領主，豈不是也能過很好而安定的生活嗎？以今例古，那的確還是值得留戀，追慕的黃金時代。不過那種黃金時代，怕在中國歷史上也是曇花一現而已。因爲從其他的史料看來，那時農民的負擔並不是那樣輕鬆的。而且關於土地占有，有所謂「普天之下，莫非王土」的頌辭，這樣，天子便等於一個大地主；而諸侯也有、不純臣之義，即諸侯在其自己所有封地內，却又是自爲地主；卿，大夫，士，家臣，在其所領采邑內，也各是主人。庶人就是爲天子，諸侯，卿大夫士耕種土地的，所受私田，祇有使用權而無所有權。這種土地占有是等級的，是互相隸屬的，晉語所謂「公食貢，大夫食邑，士食田，庶人食力」，左傳所謂：「王臣公，公臣大夫，大夫臣士，士臣皁」……等，都是這種等級占有互相隸屬的說明。列表明之則如下：

天子——諸侯——大夫——家臣——庶人。

但天子，諸侯，大夫，家臣，他們總是主要生產手段（土地）的占有者，他們在生產關係中總是處於同一關係之下的一個集團，即他們都是貴族地主；庶人則是不有生產手段的農民。這樣一種土地占有關係，是封建的，西周的土地占有關係，正是封建的占有關係。

五　土地的占有關係與封建

我們既說明了西周的土地占有關係，這裏所謂封建不過是這一土地占有關係的上層組織，即物質的生產力發展到了以土地爲主要生產手段的程度而土地的占有成爲一切的占有之基礎，於是土地占有關係便反映出土地主人與農民對立之社會關係來，建立在這種社會關係上的政制就是封建的。就封建二字的外表看，正如前述是有各種形式的，中國人直說「封謂封國，建謂建君，」這就是指占有大量土地的人，又把他的土地分封給他的伯叔兄弟或其屬從之事而言。封建二字的由來或亦始於此。但封建的內容，却不俟有封國建君之事而後充實，祇要某一部落集團的領袖，酋長，藉土地占有而行支配與僭取，則封建的實質便成立了。這一點，從中國舊史家所說也很能看得出。例如繆鳳林氏說：

「封建之制，儒者以爲起於王者之公天下，然遂古之諸侯，皆自然發生之部落，非出於帝王之封建。封建之起，其勢亦由下而上，出於事之不容已。——部落時代，酋長各私其土，各子其民，有大部落起，勢不能取諸部而一一平之，故撻伐與羈縻之策並行。凡舉部族以從號令者，即因其故土而封之，使世襲爲侯國，要荒之國，僻在邊疆，政教有所不加，刑戮有所不及，則亦因仍舊俗，自主其國，即受封於天子者，亦由其行義德化，足以孚信於一方，子孫因之，遂君其地，而古代氏族，遷徙無常，隨其所居，皆成國邑，名曰封建之諸侯，實則疆土無定，興滅無恆，天子徒建空名於其上，非眞能建置之而統治之也。」（見所著中國通史綱要）

繆鳳林氏又說：

「周興，封建制度乃集其大成，周崛起西土，自文王伐崇，受命稱王，周公相武王，誅紂以定中原，伐奄（東方大國）以奠東方，天下畢定。乃封太公於齊以表東海，封召公於燕以臨其北，封周公於魯以處其南，以三公鎮東土，以紂子武庚爲殷後，三分其地置三監封叔鮮於管，叔度於蔡，叔處於霍，以三監鎭殷墟。自餘先聖王後昆弟功臣，亦以次受封。及武庚之叛，周公克殷救亂，又建康叔於衛，以鎭殷墟。其餘蔡郕郜雍曹滕凡蔣邢茅諸國，非置於殷之畿內及其侯甸唐虞夏商之諸侯，率因部落之舊。同姓者尤屈指可數；周則國多新建，而同姓著者特多。「周之子孫，苟不狂惑者，莫不爲天下之顯諸侯」（荀子儒效篇語）矣。太史公言「魯衛地各四百里，齊集五侯地，」（漢興以來諸侯年表）齊魯衛三國以王室懿親，並有勳伐，居蒲姑商奄故地，爲諸侯長，封土之廣，尤前此所未有。夏殷以來古國方之蔑矣。孟子言武王周公誅紂伐奄，滅國五十。周書作雒篇則言「凡所征熊盈族十有七國，俘維九邑。」世俘篇又言：「太公望禦方來，呂他伐越戲方，侯來伐靡，集于陳，百弇伐衛，陳本伐磨，百韋伐宣方，新荒伐蜀，百韋伐厲，武王遂征四方，凡憝國九十有九國，馘磨億有萬七千七百七十有九，俘人三億萬有二百三十。」由其所滅者多，故得封建若斯之衆，而同姓占地幾得其半也。牧誓大誥皆稱諸侯曰「友邦君，」君臣之分猶未全定，卽宗周之世，邊裔大國尚有沿夏殷遺俗而稱王者，然新建之國多其功臣昆弟甥舅，本周之臣子，由是天子之尊，非復諸侯之長，而爲諸侯之君。其在喪服，則諸侯爲天子斬衰三年，與子爲父臣爲君同。蓋天子諸侯君臣之分又定于此矣。成康以降，同姓猶時有封國（如鄭封於宣王）無封國者則公卿大夫皆使食畿內之邑，不世位而世祿，而外諸侯亦得自置附庸，其卿大夫士亦皆有封地，卿大夫之家，又各分子弟以采邑（桓二年左傳晉師服曰：「天子建國，諸侯立家，卿置側室，大夫有貳宗，」禮運「天子有田以處其子孫，諸侯有國以處其子孫，大夫有采以處其子孫。」）封建之制，自是通乎內外上下，而建國以屛藩。前之起于事勢之不容已者，今乃因之以爲藩蔽之衞，本根之輔矣。」（見所著中國通史綱要第一冊二〇七——二一〇頁）

觀上所述，封建之制，至周大備，而其所以爲此封建者，無非厚植勢力以保政權，所以武王明對太公望說：「五侯九伯，汝實征之。」其封土大小，列爵等級，及其具體組織，據孟子，王制，周禮所載，可考者如左：

一、列爵共五等：曰公，侯，伯，子，男，其下有附庸。
二、分土公侯百里，伯七十里，子男五十里，附庸不足五十里。
三、置軍大國三軍，次國二軍，小國一軍。
四、置監方伯之國三人，大國置三卿，其二卿命於天子；次國置二卿，其一卿命於天子，皆監之類也。
五、定等級上公九命，侯伯七命，子男五命，其宮室車馬，衣服等禮制，皆以其數爲節，不得僭踰。
六、定黜陟五年天子巡狩，集諸侯於方岳之下，以行黜陟。諸侯於天子，比年小聘，三年大聘，五年一朝。

以上六者，非限制卽防閑，皆所以爲穩定政權計也。但這都是上層建築卽由其土地占有關係所形成的上層建築。沒有封建的土地占有關係，是不會有上述之封建的上層建築的，這就是說這種封建的上層建築，是由那種「分田制祿」「均井地，正經界，平穀祿」的土地占有關係形成的。我們在上面已經說過農村公社式的井田，周初已不是普遍的存在；但我們要知道：農村公社式的井田固然是封建的土地占有形式，其他非井田的土地占有形式，當然也是封建的。總之是由那時的土地制度或土地占有形式，構成政治上的封建制度，同時，還構成宗法的社會組織（下節詳述。）而基本的經濟結構，是自天子，諸侯，以至於卿大夫士，都有爲其世祿的土地，以自供養並以贍養其族人，只有庶人是爲天子，諸侯，卿大夫士等耕種勞作，藉以食其賸餘的。因爲這時的社會經濟，還是純粹的農業經濟，自然經濟，天子，諸侯，卿大夫，士，總而言之，地主貴族的享受爲自然的條件所限制，卽雖有餘粟而食量有限，所以對於庶人勞動農民的僭取，並不酷虐。一時也顯出一個上下相安的黃金時代來，爲後世史家所歌頌追慕，殊不知那僅是那時農村經濟（封建經濟）自給自足的現象。但那時的土地占有關係，其本質是以直接生產者的農民爲僭取對象，所以那種黃金時代極易於消失，等到交換經濟開始活動，上者就會要「取於民者無制；」下者就會要受苦不堪了。孟子那時（戰國時）勸滕文公恢復井田，亦由交換經濟發達，封建僭取加深，思有以拯拔之，其用意亦等於後世均田限田論者之呼號耳。

六　土地占有關係與宗法

言中國封建社會者必言宗法，所謂宗法，亦土地占有關係之上層建築耳。但中國史家之釋宗法者各異其說，請先略介諸說，然後闡明宗法與土地占有關係。

「世謂吾國自古迄今，皆在宗法社會中（嚴復社會通詮序），而所謂宗法，實成立於此時（指西周時——編者）。宗爲祖廟，宗法者天子諸侯大夫各自有其祖廟之法。諸侯別有其祖廟，不得入天子之廟，所以防諸侯之爲天子也；大夫亦自有其祖廟，不得入諸侯之廟，所以防大夫之爲諸侯也。故宗法雖非由於封建而有，然因封建制度之影響，宗法遂益臻完密，而其功效亦益顯。天子爲天下之宗主，天子封子姓爲諸侯，由宗主封爲大宗；諸侯用子姓爲大夫，由大宗封爲小宗。所謂封建政治實亦宗法政治（劉師培宗法原始論論此甚詳，錄參考中）。由其合天下諸侯公卿大夫嫡庶男女以共宗於天子，故能以尊祖敬宗之說，維繫上下，而身修家齊之效，其極至於治國而平天下。」（見繆鳳林氏著中國通史綱要第一册二二五——二二六頁）

「——宗法者世襲制度之起源也，亦階級制度之權輿也。故貴族平民，尊卑互異，而同族之中，亦有貴賤之殊。試即三代之宗法考之：一爲帝王之宗。天子爲王室之宗子，天子封子姓爲諸侯，諸侯用子姓爲大夫，大夫以子姓爲家臣，以服制之遠近，判爵位之崇卑。天子兼操宗子之權。故公劉之詩曰「君之宗之」，且當此之時，視父猶君，視君亦猶父。觀帝堯之殂落，百姓如喪考妣；而後世以降，人民亦爲天子服喪，足證君主政治悉由家長政治而推。小宗屈服於大宗，故臣民即受制於天子。諸侯以降，凡庶子有祿位者。亦得爲別出之宗。特受氏雖殊。仍爲大宗所統轄。即晉師服所謂天子建國，諸侯立家，卿置側室，大夫有貳宗也。一爲庶人之宗。古代之時，天子按畝授田，行畫井分疆之法。故每夫授田百畝。轄農民者爲主伯；務農事者爲亞旅，故亞旅統於主伯。亞旅長子，世成父業，即大宗之制度也；亞旅次子爲餘夫，即小宗之制度也；餘夫長子世承父業，而次子亦爲餘夫，即羣宗之制度也。父必傳子，子必紹父，餘子必尊其兄，而農宗以立。即晉師服所謂士有隸子弟（杜注云：士卑自以其子弟爲僕隸，）庶人工商各有分親，皆有等衰也。蓋當世之民，上使之統於君，下使之統於宗。故宗有常尊（荀子，）以宗子爲保家之主，故有統治一族之權。……卜」（揭前書二二七——二二八頁）

「考我國宗法社會，自黃帝至今，可中分之爲二期：秦以前爲一期；秦以後爲一期。前者爲粗，後者爲精；而爲之鈐鍵者厥維孔子。孔子以前之宗法社會，沿自古昔，至孔子時，已與時勢不相適。故當時環瑋之士各思以其道易之。顯學如林，而孔墨爲上首，墨子尊賢貴義，節葬兼愛，皆革宗法社會之勁者，然與習俗太戾而不行。孔子之說遂浸淫而成國教。孔子之術，其的在於君權，而徑則由於宗法。蓋藉宗法以定君權而非借君權以維宗法。然終以君權之藉徑於此也，故君權存而宗法亦隨之而存，斯託始之不可不慎矣；」（見夏曾佑氏序嚴復譯社會通詮）

「宗法制度。是指禮記上所述『別子爲祖，繼別爲宗』的制度。這種制度的作用：第一是尊祖，第二是敬宗，第三是收族。而其特質是父系，父權，父治。其系統在直的方面，是嫡長子繼承；在橫的方面，是『以弟事兄，以兄率弟。』至其精神則在『尊尊，親親，男女有別。』」（見陶希聖著中國社會之史的分析二〇頁）

「宗法要下一個定義，便是父系，父權，父治的氏族制度。」（前揭書一九四頁）

「宗法的經濟基礎在世祿，世祿的制度，是封建時期的制度。由這一點看來，宗法理論是古代宗法組織和後來封建制度

中貴族的法律地位之混成體」」（前揭書二〇〇頁）

以上關於宗法的各種說法，繆鳳林氏與劉師培氏的意見是一樣的，他們都把宗法與封建的關係看得極緊密，「所謂封建政治，實亦宗法政治」，所謂「足證君主政治悉由家長政治而推」，所謂「上使之統於君，下使之統於宗」，都是說明封建與宗法的關係之密切的。但宗法也與封建組織一樣，都含有厚植勢力以保政權的意義在內，所謂「故能以尊祖敬宗之誼，維繫上下，而身修家齊之效，其極亟於治國而平天下。」夏曾佑氏遂把宗法看做完全是定君權的手段，並且把它看做完全是孔子之術，孔子之教。我以為這未免離事實太遠。但繆劉二氏雖說明了宗法與封建的關係，要亦知其然不知其所以然，即不能理解它們同是由土地占有關係所形成的上層建築，也就是說他們不曾理解宗法與封建的經濟基礎。陶氏除為宗法制度下了若干定義外，還指出「宗法的經濟基礎在世祿」，殊為難能可貴，但世祿的經濟基礎又是什麼？他並沒有說出來，尤其他把宗法定義為父系，父權，父治的氏族制度，他就根本沒有理解宗法與土地的占有關係，因為氏族制度是土地公有，根本用不着這種分別嫡庶長幼的繼承法——宗法。宗法是必需在封建的土地占有關係之下才有的。何以故？試再申言之！

我們前面說過氏族公社內發生了個人家庭後，公有土地便須分配給私人使用，久之公有土地便變成私產（名義上還是公有）這時氏族社會便開始崩潰，或是由原來的氏族首領統轄發展於氏族內的各個家庭而演變為有公權力的皇帝或諸侯，或是由發展於氏族內的家庭演進而為大家庭，更由大家庭演進而為國家，而父家長即變為那一國家的皇帝或諸侯。可是不管怎樣，那時的氏族制度便已崩潰了。即那時的社會組織不是以氏族為單位，更不是以個人為單位，乃是以家庭為單位的，而代表家庭的便是父系，父權，父治的父，但這一父系，父權，父治的父，決不是一個空的人格或身分，乃是一個經濟體的主權者，或是一個主要生產手段（土地）的占有者。所以那時代表家庭的父死了，便必須有人來繼承他的地位，毋寧說繼承他的財產。這時假若沒有一定的方法，必然是要弄出許多亂子來的。（現在有親屬法，繼承法之嚴密規定，仍然鬧亂子。）就是說要動搖社會組織。所以這一家長地位繼承的問題，其重大幾等於國君繼承的問題。這種繼承法就是所謂宗法。若在貴族就是劉師培氏所說的帝王之宗，若在平民就是劉師培氏所說的庶人之宗。如果專就繼承這一點來講，關於平民的，古史中不曾有具體的記載，現在只好拿古代帝王繼統的辦法來說。說帝王繼統的辦法，在殷周已經是信而有徵。但殷制似乎是兄弟相及的多，即凡一個帝王的兒子，不論嫡庶長幼，都有依次繼統的資格。（嚴格的說，殷代並沒有宗法。）周制則只有嫡子才有繼統的資格。所謂嫡子即是嫡夫人的兒子。若嫡夫人無子，才臨到庶夫人的長子。若嫡夫人有子，則無論他年歲大小，必須由他來繼統。再如果有子皆嫡，則以長，如果有嫡有庶，則立貴，有子皆庶亦立長。此即所謂「立嫡以長不以賢，立子以貴不以長」也。像這樣的宗法，顯然是起於農業生產成爲主要的生產，土地成爲主要的生產手段，因土地占有關係而定出來的。再分析言之，宗有「大宗，」「小宗，」大宗爲始祖之後，百世不遷，小宗則五世而遷。小宗既遷，則向以小宗爲宗之人，皆由大宗收恤之，故有一大宗之乙，則其始祖之後，皆能固結不散。小宗之子分封者，對其本國雖爲小宗，而在其所封之國，則爲大宗。如周公在周爲小宗，在魯則爲大宗是也。諸侯更以其地分封其大夫亦是這樣。周制諸侯有封國，這種因受封而得國土（土地——主要的生產手段）的權利，父王死後，當然由嫡子繼承；對於庶子只好另給以土地，讓他自成一家，這就是上面所說諸侯更以其地（田邑土地）分封卿大夫士的由來。這種自成一家的，就是所謂「別子爲祖；」別子之產當然仍由別子的嫡子繼承，即所謂「繼別爲宗；」別子的庶子又自成一家，即所謂「禰，」而禰的嫡子，便是所謂「繼禰爲小宗」了，不過這樣一層一層的分離分出，遇有祭祀從戎等大事，小宗仍須統於大宗，由宗以統於國君，由國君以統於天子。凡同姓之國，便稱宗國。所以魯公稱晉爲吾宗，滕君稱魯爲宗國。各同姓之國又互相宗，以上統於天子。若以略圖示之，則如下：

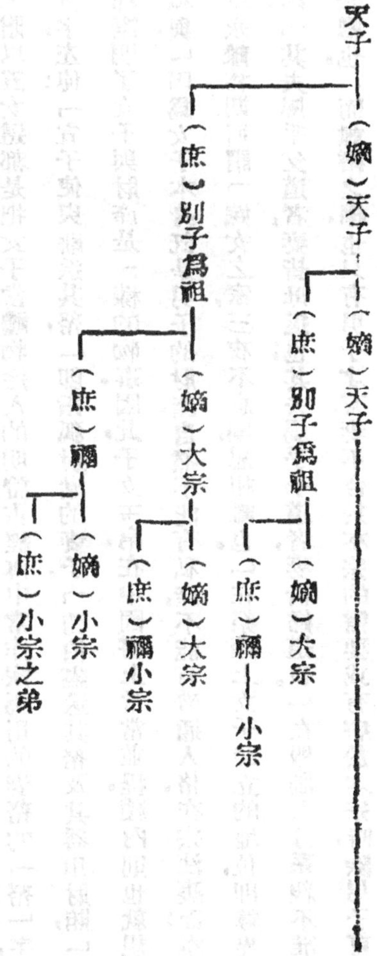

總之這樣的繼統法——宗法是土地占有關係的上層建築。這就因爲宗法的本身，原是從分田制祿產生出來的。試問宗法在繼承上爲什麼要嚴嫡庶之分呢？這就因爲他們所繼承的，不是空空洞洞的家族系統，而是在家族系統內包含有一定生產手段的分配，即包含着生產手段占有權的移轉。而這一生產手段占有權，便是土地占有權的原故。有人說，周代宗法與周代井田制有密切關係，似乎井田存則宗法存，井田廢則宗法廢。這也不爲無因。例如秦蕙田五禮通考說：

古者有井田，有世祿。井田法行則人無兼併，世祿不絕則宗無侵奪。有世祿者，皆卿大夫也。……卿大夫則有圭田以奉祭，有采地以贍族。蓋其祿受之於君，傳之於祖，故大宗百世不遷。——若後世……兼併勢成，人皆自食其力——非若繼別之大宗，有世祿之可守，如是而責大宗之收族，其勢必不能。」

這樣看來，宗法的基礎在世祿，而世祿的基礎在祿田。無祿田則無世祿，無世祿則無宗法，這還不够明白嗎？所以我說宗法也與封建一樣，是土地占有關係之上層建築。因此中國的封建社會之質與量的兩方面，就是土地在名義上是國有的，而實際上天子等於一個大地主，天子封土地給諸侯，諸侯封土地給卿大夫士，他們都利用土地的占有關係向農民取得世祿。這就是所謂封建；而宗法的作用，則在使世祿之家得以有秩序的繼承其世祿之家的地位，於是形成一種土地占有，封建，宗法三位一體的組織。

這樣說來在封建社會底下，惟一被壓迫被榨取的就是農民大衆了；但我們要知道：那時除農民大衆外，還有值得為之扼腕慨嘆的另一人羣，這便是女子的奴隸地位。因為在以家為社會單位，以父系父權父治的父作為家的代表時，一家以內的事都是由父來支配。妻子兒女便不啻父之奴隸，父之財產。尤其是女子在家庭中的地位，完全是男子的奴隸，男子的附屬品。宗法裏面的嫡庶之分，很明顯的是多妻制的產物。多妻制的產生過程，我以為是經過兩種步驟的：第一步驟中的多妻，與其說是性欲上的動機，毋寧說是經濟上的動機。因為女子既是奴隸，既是財產，便愈多愈好。後來才由經濟的轉變為性欲的享樂的。女子既是奴隸，便可强搶豪奪。婚姻史上的掠奪婚姻，證明了這一事實。春秋時，狄人伐廧咎如，獲其二女叔隗季隗，可以說還是掠奪婚姻的遺跡。女子既是財產，便可當禮物送人或買賣。狄人伐廧咎如，獲其二女叔隗季隗，以之贈晉公子重耳；重耳自取季隗，將叔隗轉贈趙衰；重耳後來到了秦國，秦又贈以五女。這都是把女子當禮物送人的明證。古經傳中常作家屬用的妻帑的「帑」字，與說文釋為金幣所藏的「帑」字，是一個字，左傳：「宜子使與駢送其帑，」即指狐射姑的妻子。「荀伯盡送其帑及其器用財賄，」即指先蔑的妻子。禮中庸：「樂你妻帑，」都證明了女子與財產是一樣的物事。因此，子女玉帛在中國書上常常並提。禮內則也就規定：「子婦無私貨，無私蓄，不敢私假，不敢私與，」因為女子本身既是男子的財產，自然不能有私產，不能有普通人格。在宗法裏面本宗女子出嫁以後，便與本宗無關。出嫁便以永離相期，所謂「嫁女之家，三夜不息燭，思相離也。」在祭禮上女子坐立的地位，即尊卑的次序，一以夫的次序為標準。禮大傳所謂「其夫屬乎父道者，妻皆母道也；其夫屬乎子道者，妻皆婦道也。」在服制上母系親不准穿重要服。儀禮喪服傳所謂「外親之服皆總也。」而離婚之權，也只有男子才有。妻不合於本宗的需要或有害於本宗時，除男子可以納妾外，並且不問妻有無過失，都可以離婚。因此乃有「七出」之說。大戴禮本命說：「婦人七出；不順父母，爲其逆德也；無子，爲其絕世也；淫，爲其亂族也；妒，爲其亂家也；有惡疾，爲其不可與共粢盛也；口多言，爲其離親也；竊盜，爲其反義也。」諸如此類對於女子的壓迫，不勝枚舉。這大概就是宗法上的「男女有別」吧！因爲這都是封建社會的社會關係之組成分，所以贅述於此。

七　封建的權利與義務關係

這裏所謂封建的權利與義務關係，是指封建領主對於農民（農奴）有什麽權利，同時有什麽義務；反之農民對於封建領主，又有什麽權利，同時有什麽義務。實則在所謂封建社會，權利義務都是片面的，卽農民盡片面的義務，封建領主享片面的權利。而本節的主要任務，卽在說明中國西周時代封建領主對於農民之榨取關係如何，——農民對於封建領主所盡之片面義務達到了何種程度。

農民之封建的義務，有時是多至不可勝數的，然主要的義務是繳納地租，在土地國有的名義之下，是繳納賦稅——等於地租的賦稅，因爲土地占有的作用，卽在憑藉土地的占有以榨取農民的剩餘勞動，卽土地占有是土地稅法的憑藉，所以在中國無論是貢助徹，或是租庸調，或是兩稅法，都不外是農民依土地而納租稅，或出勞力以供給國家——實際上卽是供給封建地主。關於所謂三代之時的土地稅法，據孟子所說是：「夏后氏五十而貢，殷人七十而助，周人百畝而徹。……」但中國信史始於殷代，我們姑且就周代來說。

土地占有既是土地稅法的憑藉，則土地稅法的種類及其榨取程度的深淺，是要依土地授受形式（那時土地國有，土地是由國家授與人民，三十授田，六十歸田）來決定的。我們在前面已肯定井田制在周初是存在過，則必然有按井田授受形式（也可以說土地分配形式）來課稅的；可是我們說井田制在周初已不是普遍的存在，這就是說周初的土地授受形式除井田制外還有非井田制與之並存，則必然又有按非井田的授受形式來課稅的。前述非井田制的有兩種：一是畫井無公田，且稅夫，例如周官小司徒云：「九夫爲井，四井爲邑，四邑爲丘，四丘爲甸，四甸爲縣，四縣爲都，以任地事而令貢賦。」這是明言一井九區之地而有九夫，雖畫井，無公田。二是不畫井而但制溝洫，例如周官遂人云：「凡治野，夫間有遂，遂上有徑；十夫有溝，溝上有畛；百夫有洫，洫上有涂；千夫有澮，澮上有道；萬夫有川，川上有路，以達於畿。」這明明與井田大不相同。因爲井田以一方里之地畫爲九區，此則以十進，不從九。像這種非井田的土地授受形式，課稅也就不同了。

大概井田用助法，因爲據孟子滕文公章中說：「惟助爲有公田。」又說：「方里而井，井九百畝；其中爲公田，八家皆私百畝，同養公田。」非井田用貢法，所謂貢，是按每畝土地數年的生產數量，定一平均數量，在這數量中抽出什分之一的租稅納於地主。雖年有豐歉，而租額不變。因爲據孟子所引龍子的話這樣說：「治地莫善於助，莫不善於貢。貢者，貢也，較數歲之中以爲常，樂歲粒米狼戾，多取之而不爲虐，則寡取之；凶歲糞其田而不足，則必取盈焉。」這樣看來，周代的土地授受形式是複雜的，即有井田與非井田；而稅法也是複雜的，即有徵取九一的井田稅法，又有徵取什一的非井田稅法。這就是孟子所謂百畝而徹。從此又可看出那時授田的單位，大體上總是百畝，如孟子說：「百畝之田，勿奪其時，數口之家，可以無飢矣。」王制說：「制農田百畝，百畝之糞，上農夫食九人，其次食八人，其次食七人，其次食六人，下農夫食五人。」又孟子對北宮錡問：「耕者所獲，一夫百畝。」荀子說：「故家五畝宅，百畝田。」周禮遂人說：「上地夫一廛，田百畝。」漢書食貨志記魏李悝說：「今一夫挾五口，治田百晦（晦即畝）。」這都是證明授田是以百畝爲單位的。然而亦有不以百畝爲單位者，這是因爲人口有多寡之殊，土地亦有肥瘠之不同，不得不相較以期其平均。例如周禮小司徒：「上地家七人，可任也者家三人；中地家六人，可任也者家五人；下地家五人，可任也者家二人。」周禮地官大司徒：「不易之地家百畝。一易之地二百畝，再易之地三百畝。」這都是按人口多寡，土地肥瘠來分配的，實則仍以單位百畝爲標準。那時農民除受田百畝外，還有宅地，宅地大概是五畝。孟子數言五畝之宅。如梁惠王章，孟子說：「五畝之宅，樹之以桑。」盡心章孟子說：「五畝之宅，樹牆下以桑。」荀子大略篇也說：「五畝宅，百畝田。」百畝田，如上所說，是或用井田的助法課稅，或用非井田的貢法課稅，這便是所謂「粟米之征。」宅地怎樣呢？卽五畝宅也是否要課稅呢？當然要課稅的。那時每家歲收絹布若干，宅不毛者有罰，地宅之稅也。這便是所謂「布縷之征。」此外尙有「力役之征，」卽所謂歲用民力以供百役。如詩所謂：「經始靈台，經之營之，庶民攻之，不日成之，經始勿亟，庶民子來。」又所謂：「上入執宮功，」「王事靡盬，不能蓺稷黍，」「天子命我，城彼朔方，」是指這種供役說的。書所謂「惟三月哉生魄，周公初基作新大邑於東國洛，四方民大和會，」（康誥）「太保朝至於洛，卜宅，厥既得卜，則經營越三日庚戌，太保乃以庶殷攻位於洛汭。——厥既命庶殷，庶殷丕作，」（召誥）又所謂：「王曰：告爾殷多士，今予惟不爾殺，予惟時命有申。今朕作大邑於茲洛，予惟四方罔攸賓，亦惟爾多士攸服奔走臣我多遜。」（多士）「公曰：嗟！人無譁，聽命——魯人三郊三遂，峙乃楨幹，甲戌我惟築，無敢不供！汝則有無餘刑非殺！」（費誓）也是指這種供役說的。這種供役是完全的義務，沒有什麼工資可得的。這樣看來，中國西周時代農民對於封建領主所盡的義務——也可以說是賦稅制，是有上述三種，卽：粟米之征（田畝稅，）布縷之征（宅地稅，）力役之征（人口稅。）然無論賦稅的種類有多少，都是從土地占有關係來的。卽土地占有是土地稅法的憑藉，也可以說是一切稅法的憑藉。此外還有兵役，卽農民還有當兵的義務。那時，兵制：「民卽兵，官卽將。其居鄉者：五家爲比，比有長；五比爲閭，閭有首；四閭爲族，族有師；五族爲黨，黨有正；五黨爲州，州有長；五州爲鄉，鄉有大夫。其居遂者：五家爲鄰，鄰有長；五鄰爲里，里有宰；四里爲酇，酇有長；五酇爲鄙，鄙有師；五鄙爲縣，縣有正；五縣爲遂，遂有大夫，此皆平日之民也。至於治軍，則每家各出一人，比鄰之所出爲一伍，伍有長，卽在朝之下士也。黨鄙之所出爲旅，旅有師，卽在朝之下大夫也。州縣之所出爲師，師有帥，卽在朝之中大夫也。鄉遂之所出爲軍，軍有帥，卽在朝之賦也。天子六卿，故有六軍，此編制之法也。至於徵調，則方里而井，井有八家；四井爲邑，四邑爲邱。四邱爲甸，邱出戎馬一匹，牛二頭，甸出戎馬四匹，兵車一乘，牛十二頭，甲士三人，步卒七十二人，運輜重者二十五人。周時謂兵爲賦，意蓋因此。」（見王桐齡中國史第一編二四七——二四八頁）這樣看來，兵役也是賦稅之一種。農民除當兵外，還要供給牛馬，兵車。又據王桐齡氏說：「人民服兵期限，自二十歲到六十歲止。王畿之民，半歲一更替，一生中僅就役一次；諸侯之民，一歲一更替，一生中就役亦僅兩三次。——」其然，豈其然乎？我們不要遠引，祇就周公東征時，東山破斧兩詩來看，就知道那時兵役之苦。東山之詩曰：

我徂東山，慆慆不歸，我來自東，零雨其濛。我東曰歸，我心西悲。制彼裳衣，勿士行枚。蜎蜎者蠋，烝在桑野。敦彼獨宿，亦在車下。

這段詩是服兵役的農民說隨周公東征，久不想歸，等到歸時，又在路上遇着濛濛零雨，令人興悲。在家裏做的衣服，也在戰爭中毀了。彼蜎蜎然桑中之蠋蟲，還能安然處於桑野，而我們行役之人，則獨宿在兵車之下。

我徂東山，慆慆不歸，我來自東，零雨其濛。果臝之實，亦施于宇。伊威在室，蠨蛸在戶，町畽鹿場，熠燿宵行。不可畏也，伊可懷也。

這段詩是說久征之人不知家中荒落了到什麼地步，等到回家時，果然果臝（蔓草）之實也掉在屋宇下，伊威（鼠婦）在家中亂跑，蠨蛸（蜘蛛）在門口牽網，町畽（菜園）變成了野鹿徵逐之場，螢火在夜間閃閃發光，這眞是死氣逼人，不可嚮邇的景況。然而久征歸家之人，却不覺得可畏，還覺得很值得懷念。

我徂東山，慆慆不歸，我來自東，零雨其濛。鸛鳴于垤，婦歎于室。洒掃穹窒，我征聿至。有敦苦瓜，烝在栗薪。自我不見，于今三年。

這段詩是說久征之人，總是記罣着自己不知存亡的黃臉老婆，然而上天保佑，却還沒有死。他回來時，剛好鸛鳥在土堆子上叫，黃臉老婆在長吁短歎打掃屋子，而苦瓜呢却仍然掉在栗薪上。這種情景相別以來不知不覺已三年了。

我徂東山，慆慆不歸，我來自東，零雨其濛。倉庚于飛，熠燿其羽。之子于歸，皇駁其馬。親結其縭，九十其儀。其新孔嘉，其舊如之何？

這段詩是說戰後歸來落得滿眼荒涼，却又遇着婚嫁最多的春天倉庚鳥飛得熠燿其羽，新嫁娘騎着皇駁之馬，妝奩既富儀式尤多，你們這些新婚的人當然很好，我們戰罷歸來的舊人將怎樣呢？

再看破斧一詩，則更顯得是兵士從征太久——打了三年仗，弄得斧破斨缺，發生出來的一種怨望。其詩云：

既破我斧，又缺我斨，周公東征，四國是皇，哀我人斯，亦孔之將。

既破我斧，又缺我錡，周公東征，四國是吪，哀我人斯，亦孔之嘉。

既破我斧，又缺我銶，周公東征，四國是遒，哀我人斯，亦孔之休。

讀了東山破斧兩詩，很顯然的知道那時兵役之苦。但那還是西周盛時的情況；以後諸侯互相兼併，爭城以戰殺人盈城，爭地以戰，殺人盈野，那就更不堪問了。降至春秋戰國，兵爭之烈，見於經傳者，更是駭人聽聞。據春秋時代，都計二百四十二年中列國兵爭便有兩百多次，秦晉用兵十八次，晉楚用兵二十二次，吳楚用兵二十四次，吳越用兵十次，齊魯用兵三十五次，魯邾用兵二十五次，魯莒用兵十二次，齊楚用兵三次，宋齊用兵三次，宋楚用兵四次，宋鄭用兵五十二次，齊晉用兵三次，吳齊用兵二次。所以隗竊有「左氏直相砍背耳」之嘆。至楚莊王之圍鄭圍宋與楚子期之焚屍而戰，尤可想見那時兵爭之慘狀。(註三) 戰國時，兵爭之烈，又遠過於春秋。二百數十年間，用兵可考者二百二十有二次：魏趙用兵四十八次，魏韓四十九次，魏秦七次，魏楚二次，魏伐宋鄭中山各二次，伐翟燕齊各一次，韓秦用兵二十一次，韓伐齊鄭各三次，伐宋二次，救魯一次，趙秦用兵二十次，伐燕一次，燕伐齊趙各一次，齊伐魏九次，伐魯燕各三次，伐邾莒各一次，楚救鄭伐鄭各二次，攻魯三次，伐燕齊秦各一次，秦伐楚九次，伐齊伐燕各三次，伐蜀三次，五國伐秦二次，三國擊秦二次，五國擊秦一次，四國擊楚一次，三國伐楚二次，三國救趙一次。那時蘇秦張儀之徒，游說諸侯，均盛稱諸國之兵，據說燕趙韓魏齊，皆帶百數十萬，楚秦則百餘萬。那時又由車戰變爲騎射，（註四） 所以兵禍之烈，至此時而極。觀史表載秦斬首之數，眞令人不勝其戰慄之情也。——六國表秦惠文王十三年，庶長章擊楚，斬八百萬，武王四年，拔宜陽城，斬首六萬。昭王七年，擊楚斬首五萬。十四年，白起擊伊闕，斬首二十四萬。二十七年，擊趙，斬首二萬。三十三年，伐魏，拔四城，斬首四萬。三十四年，白起擊魏華陽，斬首十三萬。四十七年，白起破趙長平，殺卒四十五萬。斬首如是之多，那被斬首的，難道不是服兵役的農民嗎？王桐齡氏說，「諸侯之民，一歲一更替，一生中就役亦僅兩三次。」觀此，則更不足信矣。總之，單以兵役一項來說，那時農民負担之重，已經是難以言說了。

那末，我們就上述農民的義務，即所謂粟米之征，布縷之征，力役之征，兵役等等，就可看出那時封建領主對於農民的榨取達到了何種程度。那時農民因不堪壓迫與榨取，發出了什麼呼聲，試再以詩爲證。豳風，七月流火一篇，有如下幾首：

七月流火，九月授衣。一之日觱發，二之日栗烈，無衣無褐，何以卒歲？三之日于耜，四之日舉趾。同我婦子，饁彼南畝，田畯至喜。

七月流火，九月授衣。春日載陽，有鳴倉庚。女執懿筐，遵彼微行，爰求柔桑。春日遲遲，采蘩祁祁。女心傷悲，殆及公子同歸。

七月流火，八月萑葦。蠶月條桑，取彼斧斨，以伐遠揚，猗彼女桑。七月鳴鵙，八月載績。載玄載黃，我朱孔陽，爲公子裳。

四月莠葽，五月鳴蜩，八月其穫，十月隕蘀。一之日于貉，取彼狐貍，爲公子裘。二之日其同，載纘武功，言私其豵，獻豜于公。

五月斯螽動股，六月莎雞振羽。七月在野，八月在宇，九月在戶。十月蟋蟀，入我床下。穹窒熏鼠，塞向墐戶。嗟我婦子，曰爲改歲，入此室處。

六月食鬱及薁，七月亨葵及菽。八月剝棗，十月穫稻。爲此春酒，以介眉壽。七月食瓜，八月斷壺。九月叔苴，采荼薪樗，食我農夫。

九月築場圃，十月納禾稼。黍稷重穋，禾麻菽麥。嗟我農夫，我稼旣同，上入執宮功。晝爾于茅，宵爾索綯。亟其乘屋，其始播百穀。

二之日鑿冰沖沖，三之日納於凌陰。四之日其蚤，獻羔祭韭。九月肅霜，十月滌場，朋酒斯饗，曰殺羔羊。躋彼公堂，稱彼兕觥，萬壽無疆。

以上是七月流火那篇詩的原文，如果翻譯成近代文字，則是如下所說的話：

七月暑氣退了，九月便要加衣，正月的風很冷，二月更冷，既沒有衣，又沒有布，怎樣過年啊！三月修理農具，四月赤脚耕地，老婆兒子，都要到田裏去，還要預備酒飯，招待那監種的官吏。

七月暑氣退了，九月便要加衣，春日和暖，倉庚鳥在叫了，少女們也攜着竹筐去採桑了。可是春日遲遲，採蘩祁祁，女心悲，怕爲豪紳公子強拖而歸。

七月暑氣退了，八月便有了蘆葦，蠶月就要整理桑葉，還要拿着斧斨，以伐遠揚的桑枝，並繫着那女桑，七月鵙鳥一叫喚，八月就要紡績了。紡出來的絲，或玄或黃，紅色的更佳，好爲公子做衣裳。

四月葽草發秀了，五月蜩蟲也鳴了，八月可以割稻，十月草木之葉都衰落了，這時便要獵取狐狸，爲公子做皮裘。如果還獵獲了小豬大豬，祇能留着小的自己用，大的便要獻給王公。

五月斯螽之蟲搖動其股，六月莎雞之蟲振刷其羽。有些蟲七月在田野，八月在堂宇之下，九月則在戶牖之內；到了十月蟋蟀就入我床下了。大寒將到，老鼠把我的屋子也打了許多洞，爲防冷氣，祇好用泥土塞塞，用柴火燻燻啊！老婆兒子，就是這樣過冬吧！

六月食鬱及薁，七月烹葵及菽，八月剝棗子，吃十月就可收穀了。穀做成酒，便拿到公家去上壽。七月是吃瓜的時候，八月是吃胡蘆的時候，九月是叔苴的時候。然而我們農人吃的，卻祇是苦菜與惡薪。

九月築場圃，因爲十月就要納禾稼。禾稼之中，黍稷重穋，禾麻菽麥，樣樣都有。我們農事既畢，本可以休息了；可憐那裏能够，禾稼既同，還要上入執宮功。白天砍茅草，夜裏搓繩索，忙着把屋子一修好，不又要開始播百穀嗎？

二之日鑿冰沖沖，三之日便要把冰藏在陰涼處，四之日的早晨，又要獻羔祭韭，這都是爲的禦寒。可是駒光易逝，忽爾又是九月肅霜了。十月把穀子收到禾場上，便又是大家備酒饗神，且殺羔羊，還要升到公堂上去，爲王公們酌酒上壽，喊着「萬壽無疆」的頌辭。

這篇詩很顯明的是當時被壓迫農民的呼聲。我們從這篇詩也更能看出那時農民對於封建領主的許多義務，例如爲封建領主耕田，是不待說的，還要爲他們養蠶，紡絲，釀酒，打獵，做工，上壽，祭神等等，這篇詩是農民生活的描寫；反之，那時封建領主的生活怎樣？我們也從詩中去找材料，試看小雅楚茨篇：

楚楚者茨，言抽其棘，自昔何爲，我蓺黍稷。我黍與與，我稷翼翼，我倉既盈，我庾維億。以爲酒食，以享以祀，以妥以侑，以介景福。

濟濟蹌蹌，絜爾牛羊，以往烝嘗，或剝或亨，或肆或將，祝祭于祊，祀事孔明。先祖是皇，神保是饗，孝孫有慶，報以介福，萬壽無疆。

執爨踖踖，爲俎孔碩，或燔或炙，君婦莫莫，爲豆孔庶，爲賓爲客，獻醻交錯，禮儀卒度，笑語卒獲，神保是格，報以介福，萬壽攸酢。

我孔熯矣，式禮莫愆，工祝致告，徂賚孝孫。苾芬孝祀，神嗜飲食，卜爾百福，如幾如式，既齊既稷，既匡既敕，永錫爾極，時萬時億。

禮儀既備，鐘鼓既戒，孝孫徂位，工祝致告，神具醉止，皇尸載起，鼓鐘送尸，神保聿歸，諸宰君婦，廢徹不遲，諸父兄弟，備言燕私。

樂具入奏，以綏後祿，爾殽既將，莫怨具慶，既醉既飽，小大稽首，神嗜飲食，使君壽考，孔惠孔時，維其盡之，子子孫孫，勿替引之。

這篇詩我們也把牠翻譯爲近代文字如下：

一切楚楚之茨，都把它的刺蔾抽掉了。爲什麼？因爲要種黍稷。我黍與與，我稷翼翼，我的倉既盈滿了，我的庾也上了億，這些却可以做酒食，借祭祀以祈福。

到了祭祀時，就濟濟蹌蹌的把牛羊牽來。不管多祭秋祭，或剝皮，或烹肉，或陳肉於俎，或奉持而進。於是主祭官（祝）就祈求先祖之神於門內（祊），祀事既妥，先祖與神保都要來饗宴，也就要報孝孫以大福，而使之萬壽無疆了。

在爨祭肉時，執爨者要很恭敬的拿着柴燒。裝祭肉的俎要很大，祭肉不是燔了就是炙了的。料理籩豆與祭肉的主婦，自然要莫莫然必恭且敬。每碗（豆）都要盛得滿滿的，因爲祭祀之後還要款待賓客。在款待賓客時，大家要相互敬酒，要盡其禮儀，盡其歡笑。這樣神保才自天而降，報酬我們以大富大貴，萬世不衰。

我們雖然很疲乏了，但祭祀是沒有什麼錯誤的。主祭保告訴了神祖，神祖就要賜我們以福祿。這種福祿是卜以百卜以千，並且很快的就會來到。祇要我們能整齊嚴肅，誠正愼固，那神所賜給我們的福祿，就更要卜以萬卜以億了。

祭禮既定，鐘鼓都響了之後，於是主客都就位，把神送出去。主婦便趕忙撤祭肉，伯叔兄弟便可退居私室說笑無礙了。鼓樂吹打到裏面去，後來的福祿也就安定了。擺出酒殽來，個個都歡喜。既醉既飽之後，小大還互相稽首以稱謝，並且都說神很高興的吃了祭祀的飲食，自然要使你壽考。很好很好！說不盡的好！子孫萬代，都是這樣好！

這篇詩正是描寫富人貴族的生活，這與「無衣無褐，何以卒歲」的七月一詩，是恰相對照的。在這一對照之下，一方面是終歲勤苦而不獲一飽，一方面是四體不勤，而「我倉既盈，我庾維億，」所以朱子註此詩時，也說這詩所敍述的是「公卿有世祿者之家」。從此我們就可看出那時公卿有世祿之家與爲公卿有世祿之家耕種祿田的農民，其生活之懸隔到了什麼程度了。然這種生活的懸隔從那裏來，當然是從農民之封建義務來。不過在封建的初期，農民的封建義務，還爲自然經濟所限制，所以這種懸隔還沒有什麼了不起。到得後來就不然了，即到了春秋戰國時代，自然經濟日趨於商業經濟，封建諸侯衝破了自然經濟的限制，慾望日大，兼併愈烈，對於農民的僭取也日深，於是封建貴族與農民生活的對照，就成爲孟子所說的，「庖有肥肉，廐有肥馬，民有饑色，野有餓事。」就成爲顧頡剛氏所說的「蓋其時貴族，徵發則算盡錙銖，享受則用如泥沙。庶民饑欲死，貴族飽欲死。故雖秉持溫情態度之儒家，亦替其時君爲強盜罵萬章曰『今之諸侯，取之於民也猶禦也。』」（見顧著先秦諸子學說前編載中大文明之路月刊）這眞把封建的榨取農民的壓迫形容得淋漓盡致而活畫出了一幅封建社會之不平等的畫圖。

但這裏有一個問題要附帶的說一下。即有人認西周是奴隸社會。把上述的不平等看做是奴隸與奴隸主人的不平等。歷史上強大民族征服了弱小民族，把被征服民族當做奴隸，這是事實。周民族征服殷民族以後，把殷之遺民叫做「庶殷」「殷頑」而役使他們作土木工程事業，如前引康誥召誥多士費誓諸篇，都是很好的例子。中國古代有過奴隸這一社會人羣，夏殷即是奴隸社會，也是事實。試看劉師培氏說：「……至奴隸起源，其故有三：一緣兵爭。洪荒之世，爭戰日繁，種與種競，國與國爭，俘虜之民，取以供食；及生事稍疏，民知肉食，而係纍之衆，不服鼎鑊之誅，使之躬操賤役，以從事於生財，男子爲虜，女子爲奴。觀民字古文作𠬝，象械足之形，是太古之世，民即俘囚。又黃帝有云：主失其國，其臣再嫁；然則亡國之民，降爲臣妾，益可徵矣。故成周之世，夷隸列於周官；降及東周，仍以敵民爲俘虜，此可考者一也。一緣刑法。虞夏之民，躬罹重罪，恐行孥戮之誅（甘誓）；及刑法稍寬，漸廢族誅之典，然身罹重辟，並籍家族爲奴。又皇古刑律，民罹薄罪，金作贖刑，若罰鍰之數未盈，亦得爲奴以贖罪。故與僚台僕，咸爲罹罪之人；而僮僕奴隸之名，咸由罪人而立。漢儒解周禮，亦曰：今之奴婢，即古之罪人。此可考者二也。一緣財政。昔匈奴名奴婢曰資財產奴隸，語無區別，中國古代亦然。失所之民，生計日艱，鬻身爲奴，以投身于貴族。觀周禮質人掌民人之質劑，此古代鬻奴之確證。又觀戴記曲禮篇，謂問大夫之富，曰：有宰食力，宰即家臣。則三代之時，視奴隸亦爲財產之一矣。秦漢以還，相沿未革。此可考者三也。」（見所著階級原始論）據此即謂西周爲奴隸社會，則與社會發展法則不能合致，因爲夏殷奴隸社會至此已崩潰了。不過夏殷奴隸社會的殘存或遺跡，是一定還存在的。

八　春秋戰國時代的社會經濟和封建

我們在上面已肯定了西周時代是封建社會，並且肯定了西周至秦都是封建社會。因為這個時期的歷史材料是與我們上述封建的本質相合的。但一到了春秋戰國時代，無論社會經濟政治組織意識形態的任何方面都發生了許多新的現象。例如井田制遺跡的澈底破壞，宗法的漸次陵替，商業經濟的勃興，王室的陵夷，諸侯的兼併，戰爭的頻繁，貴族的沒落，士貴而王不貴，（註五）學術思想之自由發展等等。一般人都以為中國的封建制度就在此時開始破壞了。一般舊史家往往把它劃成另一歷史階段來記述，並且以為它是中國歷史上的一大退步（比較他們所想像的唐虞三代）。例如漢書食貨志說：

「周室既衰，暴君汚吏慢其經界，繇役橫作，政令不信，上下相詐，公田不治。於是上貪民怨，災害生而禍亂作。陵夷至於戰國，貴詐力而賤仁誼，先富有而後禮讓。王制遂滅，僭差亡度。庶人之富者累鉅萬，而貧者食糟糠；有國彊者兼州域，而弱者喪社稷。」

又漢書貨殖傳說：

「周室衰，禮法墮，諸侯刻桷丹楹，大夫山節藻棁，八佾舞於庭，雍徹於堂；其流至於士庶人，莫不離制而棄本，稼穡之民少，商旅之民多，穀不足而貨有餘。陵夷至乎桓文之後，禮誼大壞，上下相冒，國異政，家殊俗，耆欲不制，僭差亡極。於是商通難得之貨，工作亡用之器，士設反道之行，以追時好而取世資。偽民背實而要名，姦夫犯害而求利，篡弒取國者為王公，圉奪成家者為雄桀。禮誼不足以拘君子，刑戮不足以威小人。富者木土被文錦，犬馬餘肉粟，而貧者短褐不完，含菽飲水。其為編戶齊民，同列而以財力相君，雖為僕虜，猶亡慍色。故夫飾變詐為姦軌者，自足乎一世之間；守道循理者，不免於饑寒之患。其教自上興，繇法度之無限也。」（註六）

實則這並不是退步，正是物質生產力的進步的一種表現。就人心說，就人與人之相互間的關係說，春秋戰國時代的人的確不如他們所說唐虞三代時人的忠厚，猶之資本社會的人不如封建社會時人的忠厚一樣，但不能說資本社會較之封建社會是退步了。古代社會發展的軌跡是由石器時代到銅器時代，由銅器時代到鐵器時代。我們在前面說周初已開始鐵器的應用，加以西周征服殷代統治中國北部肥沃的黃土層以後，在經濟條件上有充分發展的蘊藏，在政治組織上，有封建，宗法爲之維繫，休養生息數百年，自然要加速生產力的進步，卽在自然經濟的統治內，必然要孕育出交換經濟。實則卽使在自然經濟盛行時，也需要交換經濟爲之補助，因爲無論那一個封建的經濟區——封建莊園，封建城堡，都不能將所有必需品獨自生產出來，例如鹽鐵等項，就決不是各經濟區都有的。所以一到春秋戰國交換經濟——商業就繁榮起來了。

第一那時各國已有著名的特產。例如鄭之刀，宋之斤，魯之削，秦之廬，荊之幹，燕之函與角，吳越之鑄，劍與金錫。第二是那時已使用近代式的貨幣。關於中國使用貨幣的開始，舊歷史家往往上溯到很古的時代，例如庖犧氏的時代，這當然不足信，漢 許叔重說：「古者貨貝而寶龜，周而有泉（錢）至秦廢貝行錢。」足見周已用錢了，此外史載周景王時（約當西曆紀元前五二四年）鑄大錢，當時單穆子還說過什麼「母權子而行」的貨幣的話，足見那時不但有貨幣，而且已有主幣輔幣了。因爲母便是主幣，子便是輔幣。這已是春秋後半期的事（中國春秋時代約爲西曆紀元前七七〇年至四〇四年，凡三百六十七年，又一說爲西曆紀元前七二二年至四八一年，凡二百四十二年。）後來還有齊刀莒刀的發見，給我們以實物上的證據。第三就是那時商人地位已很高，例如秦伐鄭，鄭商人弦高路遇秦軍，便以自己的名義，用乘韋先牛十二犒勞秦師，暗示鄭已有備，晉荀罃被楚所虜，鄭賈人居然想把他藏在楮中帶出楚國，這都可見春秋時商人力量之大，地位之高。他如孔子之徒子貢，經商於曹魯之間，他可以結駟連騎，和各國諸侯卿大夫分庭抗禮；至於戰國，陽翟大賈呂不韋，簡直有力量爲莊襄王謀復國。

商業的勃興，交換的發展，必然要引起新城市的發生。西歐城市的發展，起於西曆紀元十世紀，而中國城市則在西曆紀元前。所謂戰國時代就發生了（戰國時代爲西曆紀元前四〇三年至二二二年，凡一百八十一年。）試看蘇秦述齊都臨淄狀況說：「臨淄之中七萬戶，——其民無不吹竽鼓瑟，彈琴擊筑，鬥鷄走狗，六博蹹鞠者。臨淄之途，車轂擊，人肩摩，連袵成帷，舉袂成幕，揮汗成雨——」越絕書記：「吳大城周四十七里二百一十步二尺，——吳郭周六十里六十步。」孟子說：「城非不高也，池非不深也——」固然這是指的城堡，但古時商場，即多在城堡及軍營附近。他如史記貨殖列傳所列舉的邯鄲，陶，睢陽，壽春，吳，廣陵，江陵等都市，都是很繁榮的都市，就中雖有的是秦漢間的都市，但陶這個都市，固早爲范蠡所認爲可以致富的地方。「范蠡既雪會稽之恥，乃喟然而嘆曰：『計然之策七，越用其五而得意，既已施於國，吾欲用之家，』乃乘扁舟，浮於江湖。變名易姓，適齊爲鴟夷子皮，之陶爲朱公。朱公以爲陶天下之中，諸侯四通，貨物所交易也，——」既爲貨物所交易，難道不是一個商業都市嗎？

在城市裏面，包括各種的人，大小商人，手工業者，諸侯，地主，遊客說士，農人也是有的，而商人及手工業者就造成封建時代特別盛行的各種會社，商人則有商會，手工業者則有行會。歐洲的行會，在意大利始見於第九世紀，法蘭西見於十一世紀，英與德見于十二世紀。據說由十二世紀至十四世紀，是西歐手工業及行會發達極盛時代，當日手工業者皆在某一城市的範圍內，按照很狹的職業聯合而組織各種行會。這在中國說來，即如現在還存在的什麼裁縫幫，木匠幫等等。中國的行會究竟起于何時，舊史家沒有說過。但這在有了城市以後，手工業以後，是一定要發生的，春秋戰國時代的商業經濟與城市，俱經發達，則行會必然就在此時出現。我以爲管仲治齊，定民之居，成民之事，四民勿使雜處；制國爲二十一鄉，工商之鄉六，士鄉十有五等，即爲中國行會之權輿。各個行會時時都想消除內部的競爭，建立它自己在市場上的統治，所以公同規定物產的價格，數量，質量，及每一手工店舖，（行會會員）僱用夥計的人數，和工作的時間；甚至會員私人的生活，亦受行會的支配。即凡是會員都要過同樣的生活，信同一的神（如中國裁縫幫供奉軒轅皇帝為神，木匠幫供奉魯班為神）等。這就另一方面說來，行會的規則，是妨礙新興工業的發展的；然它的本身，却是封建經濟較發達以後的組織。

自封建的自然經濟的胎內，孕育着商業經濟之後，必然是要把由純自然經濟所反映出來的土地占有，及對於農民的僭取，都有多少改變的。在自然經濟統治時，生產品純為供給自己需要，並不出賣，即無可交換，所以封建諸侯的享受與對於農民的僭取，終為其本身的需要所限制。這即所謂「領主的消費量，形成對農民僭取的程度」。但一旦有了交換經濟，有了交換的媒介物——貨幣，封建領主就可以此為憑藉，即有可能擴大他的享受，加深他的僭取。原來的土地占有，例如所謂井田式的占有，就會不能供給他們無限的欲求，於是他們便想擴大地盤，這就是孟子所說的「暴君汙吏必慢其經界」的緣故。於是更要加深對於農民的僭取，這就是孟子所說的「今也制民之產，仰不足以事父母，俯不足以畜妻子，樂歲終身苦，凶年不免於死亡」。也就是孟子之徒萬章所說的「今之諸侯，取之於民也，猶禦也」的緣故（這種情形，到秦漢時代更厲害，並以之形成新的封建形態）。因此，便惹起當時君大夫士紛紛爭田奪邑的事實，如左傳文八年，晉先克奪蒯得田於堇陰；文十八年，齊懿公為公子時，與邴歜之父爭田；成十七年，郤錡奪夷陽五田，郤犨與長魚矯爭田；襄公十年，子駟為田洫，司氏堵氏侯氏子師氏皆喪田；昭三年，范宣子，趙文子，韓宣子爭州田；昭十四年，晉邢侯與雍子爭鄐田等等。再則大開兼併之局，如周初一千八百餘國，到春秋時，只餘百七十餘國，較大的又實只有十餘國；到戰國時，僅存十餘國，較大的又實只有七國。這就正是上節所說春秋戰國時不斷戰爭的結果。俄人沙發洛夫看見那時戰爭頻繁，干戈擾攘，無一日安寧，便把它叫做封建的無政府主義，（註七）殊不知這正是封建國家本質的現象。因為封建社會之另一特點，就是社會聯繫非常薄弱，易於分崩離析，事晉事楚，全憑一時利害為轉移。因之，諸侯互戰也是封建時代的特質之一。所以有人說：「戰爭是封建貴族主要事業，諸侯特性是獨立，自主，虐民，好勇，狡猾，豪奪，常常和其他的諸侯，封主，親屬交戰，他們戰爭，不是只圖自衛，有時目的在於擄掠鄰邦」總之在封建時代，決沒有像現在一樣的現代國家；卽現代資產者的一種集中組織的國家。這是因爲它的經濟條件不容許現代國家的存在。

另外還有因擴大地盤，擴充耕地面積，增加生產，而有所謂謀臣策士替他們另想方法的事。如李悝盡地力，商鞅開阡陌的事，就是明證。但李悝于平糴之法外，所謂盡地力者並無可徵，惟水利拾遺有「李悝以溝洫爲墟，自謂過於周公」之言，果爾則古代溝洫之制，在盡地力者看來就是空佔土地，不如廢之，而廢除井田痕跡的悝當爲早於商鞅之一人。蔡澤告應侯謂「商君爲孝公平權衡，正度量，決裂阡陌，教民耕戰。」漢書食貨志言「秦用商鞅之法，改帝王之制，除井田，民得買賣」。通典言「鞅以三晉地狹人貧，秦地廣人寡，故草不盡墾，地利不盡出，於是誘三晉之人，利其田宅，——故廢井田，制阡陌，任其所耕，不限多少。」這都是爲的擴充耕地，增加生產想出來的辦法，這樣一來，所謂井田遺跡便澈底廢除了。又漢之賈誼曾謂秦俗「家富子壯則出分，家貧子壯則出贅，借父耰鉏，慮有德色，母取箕箒，立而誶語，抱哺其子，與公姑並倨，婦姑不相悅，則反脣而相稽，其慈子嗜利，不同禽獸者幾希……」這樣，宗法也破壞了。推而至於其他政教風俗學術思想，莫不有相當變動，這都是由於商業經濟出現，減殺自然經濟統治的結果。但這種變動，僅是表面的，形式的，而封建的本質，卽生產手段的所有者對於直接生產者的主要關係，農民對於土地占有者的隸屬性，是沒有什麽變動的。因之春秋戰國時的社會經濟，仍是封建經濟，春秋戰國時的商業經濟或商業資本，不惟沒有破壞封建制度，而且使封建制度浸淫到秦漢以後而益臻鞏固。

我們對於西周社會之史的敍述，至此已可告一結束。但這一時代是有這一時代的特點的，茲簡單指出如下：

一、土地國有，私人對於土地只有使用權，沒有所有權，因之這時私人不能買賣土地或讓與土地。

二、土地國有，等於土地王有，所謂「普天之下，莫非王土」是也。因之實際上仍與歐洲中世紀的封建制，土地是諸侯領主的一樣。

三、有極典型的封建系統，如公侯伯子男等封爵與百里，七十里，五十里等封土。

四、有極牢固的宗法關係，如大宗，小宗，帝王之宗，庶人之宗等。

五、春秋戰國時代，商業經濟開始發達，歷史的車輪轉入秦漢時代，中國的封建制以另一形式而出現。

（註一）劉登元著中國土地制度二十七頁有下面一段話：「且黃帝以後，此井田之制度，何爲忽而杳然？顓頊高辛黃帝之後也，然後之史人，從不詳其土地制度如何，豈井田自黃帝而創，自黃帝而滅耶？」

（註二）王制一書，有人說是漢文帝時博士所著，周禮一書有人說是周公攝政太平之書，如賈公彥儀禮疏序。有人說是孔子定的，如皮錫瑞三禮通論。因此攻擊其爲僞書者甚多，然攻擊之者亦多認爲周制。

（註三）左氏宣十二年傳：「楚子圍鄭，旬有七日，鄭人卜行成，不吉。卜臨於大宮，且巷出車，吉。國人大臨，守陴者皆哭，楚子退師，鄭人修城，進復圍之。三月，克之，入自皇門，至於逵路，鄭伯肉袒牽羊以逆，曰：孤不天，不能事君，使君懷怒以及敝邑，孤之罪也。敢不唯命是聽！其俘諸江南以實海濱，亦唯命；其翦以賜諸侯，使臣妾之，亦唯命。若惠顧前好，徼福於厲宣桓武，不泯其社稷，使改事君，夷於九縣，君之惠也，孤之願也，非所敢望也。敢布腹心，君實圖之！」又宣十四年傳：「楚子圍宋。十五年夏，楚師築室反耕者，宋人懼，使華元夜入楚師，登子反之牀，起之曰：寡君使元以病告，曰：敝邑易子而食，析骸以爨。雖然，城下之盟，有以國斃，不能從也。去我三十里，唯命是聽！」

（註四）日知錄二十九：「詩云：古公亶父，來朝走馬。古者馬以駕車，不可言走，曰走者，單騎之稱。古公之國鄰於戎翟，其習尚有相同者。然則騎射之法，不始於趙武靈王也。左傳昭公二十五年左師展將以公乘馬而歸。正義曰：古者服牛乘馬，馬以駕車，不單騎也。至六國之時，始有單騎，蘇秦所云車千乘騎萬匹是也。春秋之世，戎翟之雜居於中夏者，大抵皆在山谷之間，兵車之所不至。齊桓晉文僅攘而卻之，不能深入其地者，用車故也。中行穆子之敗狄於大鹵，得之毀車崇卒，而智伯欲伐仇猶，遺之大鍾以開其道，其不利用車可知矣。勢不得不變而爲騎，騎射所以便山谷也。胡服所以便騎射也。是以公子成之徒，諫胡服而不諫騎射，意騎射之法，必有先武靈而用之者矣。」

（註五）國策「齊宣王見顏斶曰斶前，斶亦曰王前，宣王不悅。左右曰，王人君也，斶人臣也。王曰斶前，斶亦曰，王前，可乎？對曰，夫斶前爲慕勢，王前爲趨士。與使斶爲慕勢，不如使王爲趨士，王忿然作色曰，王者貴乎？士貴乎？對曰，士貴耳。王者不貴。」

（註六）漢以後史家，多以三代爲治世，春秋爲衰世，戰國爲亂世。

（註七）見李俚人譯中國社會發展史第四章一三七頁。

【問題研究】

（一）各種對於封建社會的解釋，即各種封建的概念，以何者爲較正確？

（二）關於西周社會經濟的史料，是否封建的？

（三）中國的井田，在考據上，理論上，究竟應當如何詁定它？

（四）封建與宗法都是建築在土地占有關係上的說法是否妥當？

（五）封建社會底下女子地位的低落，其根本原因在那裏？

（六）在封建社會底下人民有些什麼義務？爲什麼到春秋戰國時，人民的義務便愈加繁重了？

（七）中國的封建社會是否到春秋戰國就開始破壞了？

（八）春秋戰國時代的變亂是什麼引起的？它在歷史上是否算得一種退步？

第二節　秦漢時代

一　概說

中國社會之史的發展到了秦代，一般人都認爲這是中國社會之急激演變的時期。因爲自春秋戰國以來之商業經濟，至秦而益發展，秦始皇統一六國後的局面彷彿無論就社會之下部基礎與其上層建築來說都與殷周時代有顯明的不同。例如井田制的澈底破壞，土地國有變爲土地私有，商業經濟的特殊發展，所謂商業資本的勃興，秦始皇在政治上的廢封建置郡縣，秦俗之與宗法抵觸等等都是。因此在中國社會史的論戰中便發生了許多問題。例如商業資本是否成爲一個獨立的生產方法而占領着社會一階段的問題，中國的封建社會是否因秦始皇在政治上的廢封建置郡縣而即破壞掉的問題，秦始皇的統一政權是否建立在商業資本上的問題，秦以後的社會還是封建社會與否的問題等等都需要在這裏予以解答。然而這種解答祇有根據重要的史料才有可能，因此本節所要說明的，也不外下列諸點：

（一）商業資本是否能占領一個社會階段？

（二）中國的封建社會是否因「廢封建置郡縣」而倂廢？

（三）秦漢時代的史料所告訴我們的究竟是什麼？

（四）秦漢時代社會經濟結構的本質如何？

（五）秦始皇的政權是否眞的完成了近代國家的統一政權？並且是否建築在商業資本的基礎上？

（六）秦漢時代與殷周時代有何不同的特點？

二 秦漢的商業資本與封建社會

我們在前面說秦代社會之急激的演變，最著稱的爲井田制的徹底破壞，即土地國有變爲土地私有等等。然這仍是春秋戰國以來商業經濟發達的結果。那末，由秦到漢，商業經濟便更形發展，商業資本便一天一天抬頭起來。試先就秦史來看，史記貨殖傳說：

「及秦文孝繆居雍，隙隴蜀之貨物而多賈；獻孝公徙櫟邑，櫟邑北卻戎翟，東通三晉，亦多大賈；武昭治咸陽，因以漢都長安諸陵，四方輻湊，並至而會，地小人衆，故其民益玩巧而事末也。」

漢書食貨志說：

「秦兼天下，幣爲二等，黃金以鎰爲名，上幣，銅錢質如周錢，文曰半兩，重如其文。而珠玉龜貝銀錫之屬爲器飾寶藏，不爲幣」。

又說：

「秦……鹽鐵之利，二十倍於古。」

以上所說「多賈」「大賈」「民益玩巧而事末」「幣爲二等」「黃金」「銅錢」「鹽鐵之利」這都是商業經濟及商業資本發達的表現。此外，在秦漢之際更有大批富商大賈的出現，據史記貨殖列傳所載：猗頓用鹽起家，邯鄲郭縱以鐵冶成家，烏氏倮以畜牧致富。巴寡婦淸擅丹穴之利數世。秦始皇令倮比封君，爲巴寡婦築懷淸臺。又載，臨邛卓氏，即鐵山鼓鑄，運籌策，傾滇蜀之民，富至僮千人，田池射獵之樂，擬於人君。程鄭，山東遷虜也，亦冶鑄，賈椎髻之民，富埒卓氏，俱居臨邛。南陽孔氏大鼓鑄，規陂池，連車騎，游諸侯，曹邴氏以鐵冶起，富至巨萬。齊刁閒收取奴虜，使之逐漁鹽商賈之利，或連車騎，交守相，然愈益任之，終得其利，起富數千萬。周師史轉轂以百數，買郡國，無所不至。宜曲任氏之先，為督道倉吏。秦之敗也，豪傑皆爭取金玉，而任氏獨窖倉粟。楚漢相距滎陽也，民不得耕種，米石至萬，而豪傑金玉盡歸任氏，任氏以此起富。史記貨殖列傳把這些富商大賈為之立傳以後，還總起來說：「此其章章尤異者也，皆非有爵邑奉祿，弄法犯姦而富，盡椎埋去就，與時俯仰，獲其贏利，以末致財，用本守之，以武一切，用文持之，變化有槩，故足術也。若至力農畜工虞商賈，為權利以成富，大者傾郡，中者傾縣，下者傾鄉里者，不可勝數。」這不是商業資本發達的結果嗎？那些富商大賈，不就是所謂商業資本家嗎？

我們再看漢史，關於商業發達，貨幣流通等等記載，更是史不絕書。因商業經濟的發達，商業資本家的力量之大，地位之高，而使得那時代表地主利益的統治者，不得不施行重農賤商的政策。試看那時商人的地位：「富商大賈，或蹛財役貧，轉轂百數，廢居居邑，封君皆低首仰給。」（見史記平準書）「商賈大者，積貯倍息，小者坐列販賣，操其奇贏，日游都市，乘上之急，所賣必倍。故其男不耕耘，女不蠶織，衣必文采，食必粱肉，亡農夫之苦，有仟伯之得，因其富厚，交通王侯，力過吏勢，以利相傾，千里游敖，冠蓋相望，乘堅策肥，履絲曳縞……」（見漢書食貨志）因為這樣，漢高祖乃令賈人不得衣絲乘車，重租稅以困辱之。漢孝惠高后時，商賈市井之子孫，不許仕宦為吏。元光中，令賈人有市籍及家屬皆無得名田以便農，敢犯令沒入田僮。又算緡平準於京師，使富商大賈無所牟利。然這種重農賤商政策，究無補於實際，正如當時論者所說：「今者尊農夫，農夫已貧賤矣；賤商人，商人已富貴矣。」再則史記貨殖列傳又載：「吳楚七國兵起時，長安中列侯封君行從軍旅，齎貸子錢。『子錢家』以為侯邑國在關東，關東成敗未決，莫肯與。唯無鹽氏出捐千金貸，其息什之。三月，吳楚平，一歲之中，則無鹽氏之息什倍，用此富埒關中。」這樣看來，那時商業資本家已兼高利貸資本家。又說：「關中富商大賈，大抵盡諸田。」那末，那時富商大賈，一面經商，一面又投資土地，即商業資本家已兼地主。所謂無得名田以便農之令，足見也是不會發生效力的。

此外關於貨幣的行使，漢興以爲秦錢重難用，更鑄莢錢，高后二年，行八銖錢，六年，行五分錢，孝文更鑄四銖錢，因除盜鑄令，與鄧之錢滿天下，景帝時，又定鑄錢棄市律，武帝更鑄三銖錢，後改爲五銖錢。又以錢不足，取白鹿皮方寸緣以繢爲皮幣，更造銀錫白金。王莽更鑄大錢，重十二銖，又造契刀，錯刀，後以劉字有金刀，罷不用，更鑄小錢；小錢之上有么錢，幼錢，中錢，壯錢諸名目。建武中興，復用五銖錢，靈帝更鑄四出文錢，獻帝初平元年，董卓壞帝銖錢，更鑄小錢，悉取洛陽長安銅人，鐘簴，飛廉，銅馬之屬以充鑄。造可見漢時貨幣在商業經濟中的地位，而且漢多黃金。顧炎武日知錄卷二載：「漢時黃金上下通行。故文帝賜周勃至五千斤，宣帝賜霍光至七千斤，而武帝以公主妻欒大夫至金萬斤。衞青出塞，斬捕首虜之士，受賜黃金二十餘萬斤。梁孝王薨，藏府餘黃金四十餘萬斤。館陶公主近幸董偃，令中府曰，董君所發，一日金滿百斤。——後漢光武紀：王莽末，天下旱蝗，黃金一斤易粟一斛，是民間亦未嘗無黃金也。董卓死，塢中有金二三萬斤。」

商業發達，城市自亦隨之而勃興，所以秦漢時都城，已不僅爲政治的中心，亦且爲經濟的中心。史稱秦徙天下豪富于咸陽十二萬戶，而漢都長安之壯麗殷闐，尤超越前古。試看西都賦說：

「建金城之萬雉，呀周池而成淵。披三條之廣路，立十二之通門。內則街衢洞達，閭閻且千。九市開場，貨別隧分。人不得顧，車不得旋。闐城溢郭，旁流百廛。紅塵四合，烟雲相連。於是既庶且富，娛樂無疆。都人士女，殊異乎五方。遊士擬於公侯，列肆侈於姬姜。鄉曲豪舉，游俠之雄，節慕原嘗，名亞春陵，連交合衆，馳騖乎其中。若乃觀其四郊，浮遊近縣。則南望杜霸，北眺五陵。名都對郭，邑居相承。英俊之城，紱冕所興，冠蓋如雲。七相五公，與乎州郡之豪俊，五都之貨殖，三選七遷，充奉陵邑，蓋以强幹弱枝，隆上都而觀萬國也。」

又三輔黃圖卷二載：

「廟記云:長安市有九,各方二百六十二步。六市在道西;三市在道東。凡四里爲一市,致九州之人在突門,夾橫大道市樓皆重屋,又曰:旗亭。樓在杜門大道南。又有當市樓,有令署,以察商賈貨財買賣貿易之事,三輔都尉掌之。直市在富平津西南二十五里,即秦文公造物無二價,故以直市爲名。」

以上西都賦籠統的描寫長安的壯麗,這便完全說的商市了。他如史記貨殖列傳所盛稱的邯鄲,陶,睢陽,壽春,吳,廣陵,江陵等,都是那時著名的城市,貿易發達。這種城市貿易並不限於國內,秦漢開邊,已與四夷相通。

「惟西域之通,漢人往者多利其珍寶;或以交易有無爲鵠。與中世歐人從征十字軍者相類,其影響於商業及文化亦甚大。」(見繆鳳林著中國通史第二冊四五——四六頁)繆氏隨引漢書張騫傳言:

「自騫開外國道,其吏士爭上書言外國奇怪利害,求使。天子聽其言,予節,募吏民,無問所從來,爲備衆遣之,以廣其道。來還,不能無侵盜幣物,及使失指。天子爲其習之,輒覆按致重罪,以激怒令贖,復求使。使端無窮,而輕犯法;其吏卒亦輒復盛推外國所有,言大者予節,言小者爲副。故妄言無行之徒皆爭相效。其使皆私縣官齎物,欲賤市以私其利。」

又引李廣利傳敍再伐宛之役亦言:

「赦囚徒扞寇盜,發惡少年及邊騎,歲餘而出敦煌六萬人,負私從者不與。」

不僅此也,那時與域外互市之商品,如漢之美錦,至於大秦;蜀之邛杖,見於身毒,早爲史家所豔稱。當時商業之盛,可想而知。因商業經濟之發達,物力之充實,所反映于物質建設方面的,也有窮工極巧之妙。史記秦始皇紀云:

「二十六年(西曆紀元前二二一年),秦每破諸侯,寫放其宮室,作之咸陽北阪上,南臨渭,自雍門以東至涇渭。殿室複道,周閣相屬。所得諸侯美人鐘鼓,以充入之。」

「二十七年，作信宮渭南，已更命信宮爲極廟，象天極。自極廟道通酈山，作甘泉前殿，築甬道，自咸陽屬之。」

「三十五年，始皇以爲咸陽人多，先王之宮廷小，……乃營作朝宮渭南上林苑中，先作前殿阿房，東西五百步，南北五十丈，上可以坐萬人，下可以建五丈旗，周馳爲閣道，自殿下直抵南山，表南山之顚以爲闕，爲複道，自阿房渡渭，屬之咸陽，以象天極閣道絕漢抵營室也。」

這樣，秦之宮殿遂爲前古所未有，再看班固西都賦所描寫的未央昭陽建章諸宮，其壯麗也不減於秦。漢書王莽傳稱其「博徵天下工匠，起九廟，太初祖廟，東西南北各四十丈，高十七丈；餘廟半之。爲銅薄櫨，飾金銀彫文，」尤窮極百工之巧。而陵工規模，亦不亞於宮殿。漢書劉向傳言「秦始皇帝葬於驪山之阿，下錮三泉，上崇山墳，其高五十餘丈，周回五里有餘，石槨爲游館，人膏爲燈燭，水銀爲江海，黃金爲鳧雁，珍寶之藏，機械之變，棺槨之麗，宮館之盛，不可勝原。又多殺宮人，生埋工匠，計以萬數。」這眞是有些駭人聽聞了。下至外戚宦閹，亦大起土木之工，窮奢極侈，僭妄無極。後漢書梁冀傳：「冀乃大起第舍，而（妻）壽亦對街爲宅，殫極土木，互相競誇。堂寢皆有陰陽奧室，連房洞戶，柱壁雕鏤，加以銅漆，窗牖皆有綺疎靑瑣，圖以雲氣仙靈。臺閣周通，更相臨望；飛梁石蹬，陵跨水道。金玉珠璣，異方珍怪，充積藏室。遠致汗血名馬。又廣開園囿，採土築山，十里九坂，以象二崤，深林絕澗，有若自然，奇禽馴獸，飛走其間。冀壽共乘輦車，張羽蓋，飾以金銀，游觀第內，多從倡伎，鳴鐘吹管，酣謳竟路。或連繼日夜，以騁娛樂。」單超等傳：「單超、左悺、具瑗、徐璜、唐衡五人，以誅梁冀功，皆封侯。其後超死，四侯轉盛，……皆競起第宅，窮極壯麗，金銀罽毦，施於犬馬，僕從皆乘牛車，從列以騎。」侯覽傳：「侯覽前後奪人宅三百八十一所，田一百一十八頃，起立第宅十六區，皆有高樓池苑，物度宏深，僭類宮省，預作壽塚，石郭雙闕，高廣百尺。——」朱穆傳：「趙忠葬父，僭爲璵璠玉匣偶人。」此外諸如此類之事，不勝枚舉。這雖由於專制帝王寵臣閹官之窮奢極侈，踵事增華，然非社會物質生產力達到一定發展階段，使得物力充盈，決不能有此現象。

總之秦漢時代的社會經濟，已削弱了以前純自然經濟的狀態，商業經濟日趨發達，商業資本已經形成。但這是否能說那時已不是封建社會，而且就說它是一個商業資本社會呢？下節我們即須解答這個問題。

三　有沒有什麼單獨占領的商業資本社會

現在我們就來答覆上面提出的問題。關於這個問題，我們可以很肯定的說：雖然秦漢時代的商業經濟日趨發達，商業資本已經形成，我們究不能說那時已不是封建社會，而且也不能就說它是一個商業資本社會。這是因為那時的商業經濟，無論如何還是一種簡單的商品經濟。所謂簡單的商品經濟，就是一切商品都只是當作簡單的商品生產出來，不是當作資本家的商品生產出來。這個簡單的商品經濟與資本家的商品經濟之間，究有什麼明確的界線？第一，是簡單的商品經濟關於商品的販賣沒有充當產業資本循環上的一個關節，所以也就不能參與產業資本利潤的分配。這時商業資本的利潤，是用那在商品的價值以下買進來而在它的價值以上賣出去的方法得來的。即這時商品的交換，不是以等價物和等價物交換為前提，而恰恰相反，它是站在價值法則破壞的上面。從其本質說來，所謂商品交換，結局不過是一種欺騙或掠奪。秦漢時代的商業，正是在這個發展階段上的商業。所以那時把商業看做「末作」，看做「賤業」，也是從其欺騙掠奪的本質發生的。第二，是簡單的商品經濟，在其領域中不會有勞動力變成商品的一件事。因此勞動力變成商品一件事，也就成為資本家商品經濟成立之必需條件。這樣說來，貨幣及商品的流通，是可以適用於各種不同的生產範疇的，即商業資本，是在那一社會階段，那一生產方法裏面都有的（除開原始社會），例如奴隸的，封建的，資本制的。這就是說商業資本並不是在封建社會不能存在的東西。不過在封建社會內的商業資本或商品經濟，祇是簡單的商品經濟而已。我們前面說過，封建經濟的特點是自然經濟的統治，交換經濟不過是其輔助手段，在商品經濟不會超過簡單的商品經濟的範圍以外，無論如何發達，它所盡的流通作用，總是輔助自然經濟的：即在資本家的商品經濟出現以後，它所盡的作用仍是輔助作用，因為如上所說它在那時也不過是產業資本循環上的一個關節。我們在上面盡量誇大了秦漢時代商品經濟的發達與作用，但它的作用，無論如何不是當做產業資本循環上的一個關節而作用，它祇是盡了輔助自然經濟的作用，換言之，即它沒有超過簡單商品經濟的範圍。

這種簡單的商品經濟，也不是說它完全不能變更封建組織的形式。第一，商業資本需要比較強固的集權的政府需要擴大國家的疆域，卻是事實。因為國土愈廣，商業資本活動的場所便愈大，希臘商業的殖民是其明證。政府權力愈強，商人和海外其他殖民地的競爭，便愈能得着保護，有強固的後盾，希臘與波斯的戰爭，羅馬與迦太基的戰爭，都表現出這種意義。封建組織，誠然也是商業資本的仇敵，因為它的此疆彼界足以防阻通商關係，它的好戰足以使商人的生命財產時時發生恐慌，所以在商業資本發達鞏固之後，各處封建諸侯的勢力就都不免微弱起來，都不免要屈服於一個專制君主之下，這在中世紀末期的歐洲各國是如此，即中國秦漢時代比較統一的政權，集中而強固的專制主義，也可以說是由這一種經濟背景產生的。不僅此也，為了商業資本的利益，大商人和高利貸者，有時直接參加政權的管理，他們可以使國家對外宣戰，組織殖民地軍事的遠征隊，可以向國家取得代收賦稅之權，借政府的機關借取民衆。此外還有直接為國王籌畫財政的人，但這都是以前或現在從事商業的巨子。至於商業活動裏面，往往也有許多高級官吏參加，就是國王自己也經營商業，這樣就使商業資本與國家的聯繫更加密切了。這也是歐洲常有的事。然而這在秦漢時代，也不是沒有顯著的例子。例如漢之嚴助，朱買臣，張騫，司馬相如等人，都是那時向外發展政策的擁護者。而他們大半都是商人，或是與商人有關係的。司馬相如本身就是一個巨富，嚴助，朱買臣都是吳人，即是與東南方面的財閥有關係的。卜式的輸財助邊，後世傳為美談，實則他也不過是為自己的利益而擁護政府向外發展政策的一個人。再漢代也有商人直接參加政權管理的，例如東郭咸陽，他是齊之大鬻鹽者；孔僅是南陽大冶；桑宏羊是洛陽賈人子。那時他們都在做官，並且都是管理財政，政府的命脈掌握在他們手裏。這還不說，政府也參加商業的經營，最著稱的，在那時所謂鹽鐵國有政策，表面上雖說是防止「浮食奇民欲擅管山海之貨，役利佃民，」實際上卻是政府想造成鹽鐵專利的事業，而且堯鹽鐵的官吏，就是前述齊地大鬻鹽者東郭咸陽和南陽大冶孔僅。如果商業資本與商人的地位，遵循着這種路線不斷的往前發展下去，也許要形成一種所謂商人貴族的國家，添設許多官僚警察的管理機關，甚至於把一切管理的線索都集中起來，加深的榨取民衆，或者因爲資本的積累與民衆的貧窮化無產化，便造成產業資本主義發展的兩種必要的原素；就是所謂產業資本的積累與自由的勞動力之出現。這樣說來，商業資本的發展也是能給與產業資本主義以推進力的。換言之，商業資本雖是受生產方法決定的，但它也能對生產方法起反作用，然而商業資本本身的發展也必需有其推進力，在封建的生產方法，即封建的生產力與生產關係的矛盾發展沒有達到解消，否定之否定，一方克服他方的時候，商業資本的作用，仍祇能局限於簡單的商品經濟的範圍內，秦漢時代的商業經濟顯然沒有超出這個範圍。

第二，如上所說，商品經濟也能變更封建組織的形式，也能給生產方法以反作用。因此它必然會喚起從前的封建領主或封建諸侯去適應這新的交換制度，新的封建形式，農奴制也必然要在新的封建形式上重新降生，而其對於農奴羣衆的榨取程度，必然會更加酷虐。這是歐洲歷史所明白告訴我們的。試看下面一段話，他說：

「商業資本的發展，喚醒從前的封建諸侯，去適應這新的交換制度。在那時幼稚的生產技術條件之下，祇能用擴大耕地，或增加剝削農民的方法。方法方可以將剩餘的農產品送到市場上去交換。於是地主便占據農民的土地，尤其是農村公社的土地，强迫那些失去土地的農民替自己耕作。十四世紀時，土地的占據因爲下面幾種關係，更形便利。當時很多地方的農民，因爲土地荒蕪，（廣耕制的結果）遂捨棄土地而逃於都市；又因歐洲有定期農業恐慌，發生饑饉及瘟疫，農民死亡無數，其土地變成荒塲，特別是十四世紀中葉（一三三七——一三五〇年）「黑瘟」（Black death）蔓延，農村人民死亡達全數三分之一至二分之一，地主的土地就增加了幾倍。留下的農民也不能耕種自己的土地，因爲他們缺乏牛馬及耕具種子，他們不得不在奴隸條件之下去替地主作工，而勞動力缺乏的緣故又使地主不得不束縛農民，令其不能脫離土地。此時城市需要糧食及農產品，農民經濟所生產的不僅爲着自己需要而是爲了市場。因此農奴經濟就帶有商品的性質，農奴制遂在新的交換基礎之上重新降生了。」

再看他說：

「商業資本時代農奴的依賴較封建時代更迫切。從前封建諸侯需要農民，爲的是在他的土地上耕作的農民愈多，則財富愈大，政治軍力也愈强盛，然在戰爭或被侵略時，諸侯對於農民也有一點保護，加以那時自然經濟的統治，生產品不過爲着供給自己需要，並不出賣，故封建諸侯的剝削，終爲其本身的需要所限制。現在却不同了，地主不注意其農民的數量，而注意其土地及生產品的數量，並且設法減少農民的數量（節省食物）以增加其剝削所得。將他們生活及消費減至最低限度，以求多得剩餘物品，送到市場上去。地主農民間的仇恨日深，穀租及工役日重，農民一切的剩餘品都被剝奪，……這種剝奪不限於成年男子，婦女兒童也在共列。大的農奴經濟不僅用盡農民的精力，即土地的天然力也被用盡。因爲大的農奴經濟的耕種技術還是很原始的不完備的。」

「此外農民又受集中化政府的剝削，繳納各種賦稅，農民經過兩種壓迫的結果，使得他們日趨於窮困而破產。……」

「經濟上增長了地主勢力的農奴制，既是農村適應新經濟關係的一個特別形式，所以他不是反對封建制度的，而同時却又助長了新形式的封建制度。」（以上均見王純一氏編譯之西洋史要四三——四四頁）

總而言之，商業資本雖也能變更封建組織的形式，却不會毀滅封建制度。所以秦漢時代的商業資本雖已形成，秦漢時代却仍是封建社會。

再商業資本雖能變更封建組織的形式，雖能給與產業資本主義以推進力，甚至於說它就是產業資本主義的門戶，但因它在自己的表現中並不是一個什麼新生產方法的担負者。申言之，因它對於農村經濟發展及耕種方法和技術改良等事從不過問，而它祇想把糧食及其他農產品變成與城市工業品一樣的商品就算完事，所以它也不能單獨的占領一個社會階級。因此秦漢時代的社會也當然不是什麼商業資本社會。

四　所謂廢封建置郡縣的意義如何

中國的舊史家往往是拿字面上的封建郡縣來斷定中國歷史什麼時候是封建時代，什麼時候是統一時代的。不，即新史家中亦有拘泥封建郡縣之字面上的意義而以為封建字樣一廢，封建社會也隨之而廢者。我們在前面已指出這不過是形式是現象，封建社會是有其一定的本質與內容的。在其本質與內容未變更以前，儘管封建的名詞沒有了，另換了一個什麼郡縣的名詞，封建社會仍是封建社會。不過它的本質與內容是發展的，所以它的形式與現象也不能固定罷了。但即就形式與現象來說，即就封建與郡縣之名詞的變換來說。秦以後並不是沒有封建，即舊史家所認為非封建時代未始不有封建；秦以前也並不是沒有郡縣，即舊史家所認為封建時代也未始不有郡縣。換言之，郡縣並不是秦置的，封建秦也不會廢。試看通典卷三三內有云：「春秋時，列國相滅，多以其地為縣，則縣大而郡小。故傳云『上大夫受縣，下大夫受郡。』——至於戰國，則郡大而縣小矣。」是春秋戰國時已有郡縣了。而對這一點發揮得最詳確的，還要算顧亭林的日知錄。試看日知錄二十二有云：

「漢書地理志言秦兼併四海，以爲周制微弱，終爲諸侯所喪，故不立尺土之封，分天下爲郡縣，盪滅前聖之苗裔，靡有孑遺。後之文人祖述其說，以爲廢封建置郡縣，皆始皇之所爲也。以余觀之，殆不然。左傳僖公三十三年晉襄公以再命命先茅之縣賞胥臣，宣公十一年，楚子縣陳，十二年鄭伯逆楚子之辭曰，使改事君，夷於九縣，十五年晉侯賞士伯以瓜衍之縣，成公六年，韓獻子曰，成師以出，而敗楚之二縣，襄公二十六年，蔡聲子曰，晉人將與之縣以比叔向，三十年絳縣人或年長矣，昭公三年，韓宣子曰，晉之別縣不惟州，五年，薳啓彊曰，韓賦七邑皆成縣也，又曰，因其十家九縣，其餘四十縣，十一年，叔向曰，陳人聽命而遂縣之，二十八年，晉分祁氏之田以爲七縣，分羊舌氏之田以爲三縣，哀公十七年，子穀曰，彭仲爽申俘也，文王以爲令尹，實縣申息。晏子春秋：昔我先君桓公予管仲狐與穀，其縣十七。說苑：景公令吏致千金之縣一於晏子，戰國策：智過言於智伯曰，破趙則封二子者各萬家之縣一。史記秦本紀：武公十年伐邽冀戎，初縣之，十一年初縣杜鄭。吳世家：王餘祭三年予慶封朱方之縣。則當春秋之世，滅人之國者，固已爲縣矣，史記：吳王發九郡兵伐齊，范蜎對楚王曰，楚南塞厲門而郡江東，甘茂謂秦王曰，宜陽大縣，名曰縣，其實郡也。春申君言於楚王曰，淮北地邊齊，其事急，請以爲郡便，匈奴傳：晉趙武靈王置雲中雁門代郡，燕置上谷漁陽右北平遼西遼東郡以拒胡，又言魏有河西上郡以與戎界邊。則當七國之世，而固已有郡矣——」

以上是說秦始皇以前已有郡縣，郡縣不是秦置的；然而秦始皇又曾否廢了封建?實則封建秦亦不曾廢。當秦併二周滅六國時，而中原有衞君角，江南有越君，西南夷有滇王——這三個古封建國，他並沒有完全滅掉。（註一）他卽皇帝位後，「隳名城，殺豪傑，收天下之兵，聚之咸陽，銷鋒鍉，鑄以爲金人十二，以弱天下之民」（見賈誼過秦論）的政策，就是怕舊有各國貴族及新產生的富豪階層，會起來復六國封建之舊。等到他一死。六國之裔與其強宗，便蜂湧而起，逐秦守宰而自王故地。秦亡以後，項羽自立爲西楚霸王，主約霸天下。徙趙魏燕齊故王，分王諸將，楚分爲四，趙分爲二，齊分爲三，燕魏韓亦各分爲二，秦分爲四，又恢復了封建的局面。漢滅項羽，統一天下。又裂土以封韓信，彭越，英布，盧綰，張耳，吳芮之徒，異姓王者七國。自後異姓諸王因謀反多被夷滅。又取其地以王子弟親屬。「大者夸州兼郡，連城數十，宮室百官，同制京師。」（漢書諸侯王表序）並且除丞相外，二千石，郎中等官屬，皆得自置。漢之封建分爲二等：所謂大者王，小者侯，因之所封除諸侯王外，又有封爲侯國的。漢書高惠高后功臣表序說：「漢興八載而天下迺平，始論功而定封，訖十二年，侯者百四十有三人。時大城名都民人散亡，戶口可得而數，裁什二三，是以大侯不過萬家，小者五六百戶。——」雖然在漢景帝武帝之後，專務貶抑諸侯王，但諸侯仍得食租衣稅，享其邑入。到漢宣帝時更詔令有司訪求高祖功臣子孫失侯者而賞錫之「得槐里公周廣漢等百三十六人，皆賜黃金二十斤，復其家，令奉祭祀，世世勿絕。」（見文獻通考二六七）東漢光武雖不曾急急然視封建爲一大事，然建武（光武年號）十五年，曾封諸皇子爲公，十七年皇子之爲公者更進爵爲王，而且分封之大小，可以驗租入之豐儉。秦始皇何曾廢封建呢？

且卽以漢之所謂郡縣者言之，郡縣守令所屬下級椽屬，並非委自中央政府。所謂漢制：三公得自置吏，刺史得置從事，二千石得辟功曹椽吏，不由尚書選授。爲所辟置者，卽同家臣，具有君臣之誼。郡守之尊，亦得稱爲本朝。這都是封建等級隸屬之遺。換言之，名爲郡縣制而實則封建制也。藥是苦口的東西，把藥的名字換做糖後，就說可以甜起來，這是沒有的事。封建的本質還存在，說是把封建改做郡縣後，封建的本質就會跟着取消，這也是沒有的事。不過我們要注意任何東西的本質並不是一成不變的，現象總是本質的現象。秦漢時代的封建，不論其封建郡縣之名詞的意義，能否影響它的本質的程度如何？總之它已不是殷周時代的封建了，這一點我們是必需承認的。

五　秦漢時代社會經濟之決定的方面——主要生產手段（土地）的占有關係

從一方面看秦漢的商業經濟是已發達到很高的程度；然而農業的生產，還是主要的生產，「重農」是那時基本的政治方針。李悝的盡地方之教，（註二）是重農，商君的廢井田，開阡陌，自然也是重農政策之表現。今世所傳之商君書，且有所謂農戰篇，其說曰：

「夫農者寡而遊食者衆，故其國貧危。今夫蛆螣蚼蠋，春生秋死，一出而民數年不食；今一人耕而百人食之，此其爲蛆螣蚼蠋亦大矣。——故先王反之於農戰。故曰百人農，一人居者王；十人農，一人居者強；半農半居者危。」

又商君傳有云：

「民有二男以上不分異者倍其賦；大小僇力本業耕織致粟帛多者復其身，事末利及怠而貧者舉以爲孥。——」

朱晦庵揣商君之意，以爲「盡開阡陌，悉除禁限，而聽民兼併買賣，以盡人力，墾闢棄地，悉爲田疇，而不使其有尺寸之遺，以盡地利，」是爲得之。

漢之諸帝，亦莫不重農。漢高后元年（西曆紀元前一八七年）即立孝弟力田之獎，使民敦本，這是漢代重農政策的第一聲，到漢文帝時（西曆紀元前一七九——一五七年）受了賈誼倉廩實而知禮節一類的感動，於是躬耕籍田，以勸老百姓致力於農產。且下詔曰：「夫農天下之本也。」至於東漢，重農主張，亦一踵前漢之規模。爲什麼這樣呢？就因爲那時商業經濟雖發達，而農業生產仍爲主要的生產，農政仍爲立國之本。老實說，沒有農業也就沒有商業。因爲商業不過是各種生產方法上的一個關節，秦漢時代的商業又不過是那時農業生產過程中的一個關節。假若任其譁制棄本專事末作，不但要影響農業的衰廢，而且商業亦同受其影響，甚至於同歸於盡。所以重農也不一定是賤商，在客觀的事實上寧可說是保商。不過那時重農的統治者却未必意識到了這一點，而他們所意識到的，大概只是收入——國稅，地租，年貢，政費，公帑，私蓄。那時的收入當然是以從土地占有從農業生產所僭取來的占大部分，所以爲重收入便不能不重農。這就可以看出那時社會經濟之決定的方面了。

再以那時主要的生產手段之占有，土地之占有關係來看，雖然破壞了井田式或古之農村公社式的土地占有，現在土地的所有者雖不是國家或天子，諸侯，卿大夫士，一言以蔽之，不是典型的封建領主，然而變相的封建領主，即新興的大地主，在土地占有關係上，以土地占有者的資格，僭取直接生產者的剩餘勞動以自養，僭取農民的剩餘勞動以自養，本質上是沒有什麼不同的。有人說，秦漢時代的土地占有與殷周時代的土地占有（他們認爲非封建的占有與封建的占有）有顯著不同之一點，即前者是由於强力的刼取併呑或由於國王的分封賜與，後者却由於合法的金錢買賣或平等的契約關係。但是所謂買賣究竟不過是一種形式，而且在那時所謂亞細亞式的專制社會裏，所有權根本沒有什麼確實保障，即那時並沒有像現在資本社會一樣的私有財產權之鞏固的經濟意義。譬如一個達官顯宦，或有勢位的人，他們名字不叫諸侯，但他一定能以半賣半佔的手段，奪得很大一塊土地。有錢的商人也可以是一樣。這不是說空話，秦漢的歷史材料告訴我們的是如此。試看秦始皇時，他的大將王翦即毫不客氣的向他請田宅以爲子孫業。據說秦始皇初不用王翦之言，而用李信以伐楚，卒至大敗，始皇乃復起用王翦。王翦說大王不得已而用臣，非六十萬人不可。繼而又請美田宅池園甚衆。始皇說：「將軍行矣，何憂貧乎？」王翦說：「爲大王將，有功終不得諸侯，故及大王之用臣，以請園池爲子孫業耳。」這樣說來，秦時仍能由國王賜與土地於大臣，還用不着形式上的買。漢代還有一件史實，很明白的證明那時的買根本是一種說話。漢代開國的第一功臣可以說是蕭何。蕭何爲相國時，便强買民田宅數千萬，人民失田的，遇着漢高祖出來，就在高祖的面前，遮攔馬狀詞告他。史記蕭相國世家云：

「客有說相國曰：『上畏君傾動關中，今君胡不多買田宅賤貰貸以自汚？上心乃安。』於是相國從其計，上乃大悅。上罷布軍歸，民遮道行，言相國强買民田宅數千萬。上至，相國謁。上笑曰：『夫相國乃利民！』民所上書，皆以與相國，曰：『君自謝民。』」

又漢書蕭何傳說：

「何買田宅，必居窮辟處，曰：令後世賢，師我儉，不賢，毋爲勢家所奪。」

這不是明說有勢位的人，可以强奪民田嗎？而且反證出來那時强奪民田已是常事。但不管由上分封賜與也好，勢位富厚者强買强奪民田也好，總之是兼併土地。一方面是土地的獨占者，一方面是土地的被占者。一方面是大地主——等於封建領主；一方面是農民——等於農奴。關於這一點蘇老泉說得最好。他說：「井田廢，田非耕者之所有，而有田者不耕也。耕者之田，資於富民；富民之家，地大業廣，阡陌連接，募召浮客，分耕其中，鞭笞驅役，視以奴僕，安坐四顧，指揮於其間，而役屬之。——」這種兼併土地役使農奴之事，秦漢時所在而有。史記稱田蚡「田園極膏腴」，漢書稱卜式家庭產業之富厚，亦宛如今日之地主。漢書翟方進傳說他借官府勢位計估民田，張禹傳也說天子對於他數加賞賜，前後數千萬，他「分買田至數百頃，皆涇渭溉灌極膏腴上賈」。並且漢書貨殖傳還說從漢元帝，成帝到王莽時，郡國富民兼業專利，以貨賂自行，取重於鄉里者，不可勝數。秦揚以田農而甲一州。到得東漢，則有鄧壽以買公田得罪，樊崇以「樊陂」留名。水經注曰：「湖水支分東北，爲樊氏（即樊崇）陂，東西十里，南北五里，亦謂之凡亭——樊氏既沒，庾氏取其陂，故諺曰：『陂汪汪，下田良，樊氏失業庾氏昌。』其陂至今猶名爲樊陂。」這可想見樊崇占有土地之廣。甚至有「潁川弘農可問，河南南陽不可問」之俚謠。何故河南南陽不可問呢？因爲「河南帝城多近臣；南陽帝鄉多近親，田宅踰制不可爲問」。故這可見大臣貴族之倚勢佔地爲可怕了。那時又不僅貴族大臣，達官顯宦，富商大賈，競相買田佔田，即萬乘之尊的皇帝也收買民間土地。可考者：一個爲漢武帝，一個爲漢成帝。漢書東方朔傳：「上好微行，——以爲道遠勞苦，又恐百姓爲患，乃使大中大夫吾丘壽王與待詔能用算者二人，舉籍阿城以南，盩厔以東，宜春以西，提封頃畝，及其價值。」這個「上好微行」的「上」，就是漢武帝。武帝還不過爲微行之便，圈購民田，成帝則公然置私田於民間矣。關於這件事，他的臣子谷永曾極諫。漢書五行志載谷永之諫詞曰：「易稱得臣無家，言王者臣天下，無私家也。今陛下棄萬乘之至貴，樂家人之賤事，——置私田於民間。昔號公爲無道，有神降曰：『易爾土地。』胥將以庶人受土田也，諸侯夢得土田爲失國祥，而況王者畜私田財物，爲庶人之事乎？」號稱中興之漢光武帝，也不忘情於土地私租之奉。後漢書稱建武（光武年號）十八年，使中郎將耿遵治皋祖廟舊廬稻田，是其明證。這樣看來，秦漢之世，上自萬乘之尊的皇帝皇族，下至達官顯宦，富商大賈（如卜式）無不以尺土寸地爲務。兼併之烈，已使社會分裂爲兩個利害相反的對立階層——地主與農民的兩個對立階層，這種對立完全是封建的對立。而這種封建的對立，又完全是從土地占有關係來的。這種土地占有關係，實成爲秦漢時代社會經濟之決定的方面。

六　秦漢時代的封建義務

我們既肯定了秦漢時代社會經濟之決定的方面是封建的。那時封建的義務如何？還值得我們在這裏檢討一下。殷周時代有所謂粟米之征，布縷之征，力役之征，征稅似乎很簡單，其實很繁苛，稅率是什而取一，即所謂「什一」之稅，似乎很輕鬆，其實也很重貧，我們在前面已說過。到了秦漢更是名實大不相符了。譬如說在農業生產占主要生產的社會，田賦當然也是主要的賦稅，即所謂正賦。如果就田賦說，秦漢確是很輕的。漢書食貨志說：「漢……高祖，天下既定，……輕田租，什五而稅一。」又說：「孝景帝二年（西曆紀元前一五七年，）令民半出田租，三十而稅一也。」後漢書光武帝紀說：「建武六年（西曆紀元三十年）十二月，詔曰：頃間師旅未解，用度不足，故行什一之稅。今軍士屯田糧儲差積，其令郡國收見田租，三十稅一，如舊制。」這樣看來，漢時田賦原爲十五稅一，文景以後，皆三十稅一，什一不過光武爲救濟一時財政困難也行過，但財政一有辦法便復行三十稅一的舊制，這眞是荀悅所謂「官家之惠優於三代」了。不僅此也，有時且全除田租，如孝文帝十三年，詔曰：「農，天下之本，務莫大焉。今勤身從事而有租稅之賦，是謂本末無以異也」，竟全免天下田租。然而實際怎樣呢？卻於田賦之外，巧立名目以稅土田。後漢書朱暉傳云：「延熹八年（西曆紀元一六五年）初令郡國有田者畝稅斂錢。注：畝十錢也。」後漢書靈帝紀云：「中平二年（西曆紀元一八五年）稅天下田，畝十錢。」又後漢書陸康傳云：「靈帝欲鑄銅人，而國用不足，迺詔調民田畝斂十錢。」這已是巧立名目加重田賦了。而實則除田賦外，還有所謂算賦，口賦，更賦，戶賦等。

什麼叫做算賦呢？就是人民十五以上至五十六，每人出錢百二十，爲一算。漢高祖時創立。漢書高帝紀云：「——初爲算賦。注如淳曰：漢儀，民年十五以上至五十六，出賦錢，人百二十爲一算，爲治庫兵車馬。」什麼叫做口賦呢？就是人民年七歲至十四歲，須出口賦錢，每人二十三錢。漢書昭帝紀云：「元鳳四年（西曆紀元前七七年）詔勿收四年五年口賦。注如淳曰：民年七歲至十四，出口賦錢，人二十三。二十錢以食天子；其三錢者，武帝加口錢，以補車騎馬。」又漢書貢禹傳云：「元帝時，貢禹以爲古民亡賦算，口錢起武帝征伐四夷，重賦於民，民產子三歲則出口錢，故民重困，至於生子則殺。……宜令兒七歲去齒乃出口錢，年二十乃算。——天子下其議，令民產子七歲乃出口錢，自此始。」算賦，口賦，就是一種重疊的人頭稅，什麼叫做更賦呢？其實是一種兵役。大概漢時在名義上兵農猶未分，民年二十三以上，皆需就兵役，爲正卒。在官三十三年，至五十六始免。有所謂卒更，踐更，過更之制。正卒一歲中供役一月而受更，謂之卒更。正卒出錢，僱人代役，其值內地，其役一月，謂之踐更。正卒輸錢於縣官，僱人代役，其值邊疆，其役三日，謂之過更。統名之曰更賦。漢書昭帝紀云：「元鳳四年，詔三年以前逋更賦，未入者，皆勿收。注如淳曰：更有三品，有卒更，有踐更，有過更。古者正卒無常人，皆當迭為之，一月一更，是為卒更也；貧者欲得顧更錢者，次直者出錢顧之，月二千，是為踐更也；天下之人，皆直戍邊三日……不可人人自行三日戍……諸不行者出錢三百入官，以給戍者，是為過更也」。什麼叫做戶賦呢？這是列侯封君所賴以生存的租稅。在一個封君之下，或千戶，或萬戶，每戶歲出錢二百以奉養之。漢書食貨志云：「秦漢之制，列侯封君租稅，歲率戶二百，千戶之君則二十萬，朝覲聘享出其中。」

以上是所謂賦。其次則有所謂捐。捐則又有所謂稅捐無捐輸。稅捐裏面又包含着鹽鐵，酒酤，均輸等。鹽鐵，酒酤，合起來就是榷。榷即管領之意。榷本意謂獨木之梁，用之於財政，即是專賣。蓋不許民營，專由官賣，正如用梁架水，獨取其利。榷權兩詞連用，也就是對於某種貨物設官專營的意思。據說這種辦法，始於齊管仲。管子有「榷山海之利」之說，山即指鐵，海即指鹽，榷山海之利，也就是榷鹽鐵之利。漢至漢武帝元狩四年（西曆紀元前一一九年）置鹽鐵官，命齊地大煮鹽者東郭咸陽和南陽大冶孔僅，榷鹽鐵事。咸陽和僅便乘車周行全國，設立煮鹽鑄鐵的場所，並且就用各地以鹽鐵致富的人來管理其事。令人民要煮鹽，必須就官有鹽盆來煮。有人私自鑄鐵煮鹽的，便要用鐵鎖鎖其左足趾，並且沒收其器物。漢書食貨志載：「元狩中，兵連不罷，……縣官大空，富商大賈，冶鑄鬻鹽，或累萬金。……於是以東郭咸陽孔僅為大農丞，領鹽鐵事。五年，大農上鹽鐵丞孔僅咸陽言：山海天地之藏，宜屬少府，陛下勿私，以屬大農佐賦。願募民自給費，因官器作鬻鹽，官與牢盆（注：牢，價值也，牢盆，鬻鹽盆也。）浮食奇民，欲擅斡山海之貨，以致富羨，役利細民。其沮事之議，不可勝聽。敢私鑄鐵器鬻鹽者，鈦左趾，沒入其器物。郡不出鐵者，置小鐵官，使屬在所縣。使僅咸陽乘傳舉行天下鹽鐵，作官府。除故鹽鐵家富者為吏，吏益多賈人矣」。武帝天漢三年（西曆紀元前九八年），又榷酒酤，即禁止人民釀酒，由官家酤釀專賣。漢書武帝紀載：「武帝天漢三年初榷酒酤。」又通考征榷考四載：「令民得以律占租，賣酒升四錢。」——公非劉氏曰：罷酤，占租，賣酒錢，共是一事。以律占租者，謂令民賣酒，以所得利，占而輸其租矣。占不以實，則論如律也。租即賣酒之稅也。賣酒升四錢，所以限民不得厚利爾。」所以合筦鹽鐵和榷酒酤而稱筦榷。總之筦鹽鐵就是征鹽鐵稅，榷酒酤就是征酒稅。這兩種稅都是向商人征收的，也可叫做商稅。其次所謂均輸，本不過是平準物價的政策。但亦含有抑制商人與之分利的作用。漢書食貨志載：「元狩中……桑弘羊爲大司農中丞，管諸會計事，稍稍置均輸，以通貨物。」又載：「元封元年（西曆紀元前一一〇年）……弘羊以諸官各自市相爭，物以故騰躍，而天下賦輸，或不償其僦費。迺請置大農部丞數十人，分部主郡國，各往往置均輸鹽鐵官，令遠方各以其物，如異時商賈所販者爲賦，而相灌輸，置平準於京師，都受天下委輸。召工官治車諸器，皆仰給大農。大農諸官，盡籠天下之貨物，貴則賣之，賤則買之。如此富商大賈，亡所牟大利則反本，而萬物不得騰踊。故抑天下之物，名曰平準。天子以爲然，許之。」觀此，則均輸之意義如何，便可瞭然矣。

以上是所謂稅捐，我們再來看什麼叫做捐輸。捐輸之名目便更多了。一是算緡錢。一貫千錢，出算二十。漢書武帝紀云：「武帝元狩四年，而算緡錢。」注：李斐曰：一貫千錢，出算二十也。……師古曰：謂有儲積者，計其緡貫而稅之。」這彷彿有點像現在的所得稅，而且祇是稅那有儲積的。但行之漸久，就不是這樣了，什麼東西都要估價出稅。甚至有告緡之律。漢書食貨志說：「公卿言：異時算軺車賈人緡錢皆有差下，諸算如故。諸賈人末作貰貸賣買，居邑儲積諸物，及商以取利者；雖無市籍，各以其物自占，率緡錢二千而算一。諸作有租及鑄，率緡錢四千而算一。……匿不自占；占不悉，戍邊一歲，沒入緡錢。有能告者，以其半畀之。」二是算船車。這就是舟車稅。漢書武帝紀云：「武帝元光六年（西曆紀元前一二九年），初算商車。」漢書食貨志：「公卿言：異時算軺車有差下，諸算如故。……非吏比者，三老北邊騎士軺車一算，商賈人軺車二算。船五丈以上一算。匿不自占；占不悉，戍邊一歲。有能告者，以其半畀之。」此外則有軍市租，漢書馮唐傳云：「雲中守，軍市租盡以給士卒。」市籍租，漢書何武傳云：「武帝顯家有市籍租，常不入縣，數負其課。」海租，漢書食貨志云「增海租三倍。」海稅，漢書平帝紀云：「元始元年（西曆紀元元年，）置少府海丞果丞各一人。注：師古曰，海丞主海稅。」槀稅，漢書貢禹傳云：「已奉穀租又出槀稅。注：槀，禾稈也。」租六畜，漢書西域傳贊云「租及六畜。」保養羊馬，通考征榷考六云：「禾莽末邊兵二十萬人仰縣官衣食用度不給數橫賦斂又一切稅吏民貲三十而取一，又令公卿以下至郡縣，黃綬吏，皆保養軍馬（師古曰保者不許死傷）吏盡復以予民民揺手觸禁，不得耕桑。」義錢，通考征榷考六又云「順帝時，長吏二千石聽百姓謫罰者輸贖，號爲義錢。」助修宮，通考征榷考六又云「靈帝令刺史二千石，及茂材，孝廉遷除，皆責助軍修宮錢。」道行費，通考征榷考六又云「又令郡國貢獻，先輸中府，名爲道行費。」

以上是所謂捐輸。田賦，算賦，口賦，更賦，戶賦，以及所謂稅捐捐輸等，都是屬於所謂稅的，此外則有役，而役又分更役，鄉役，泛役等，茲分別述之。

更役是什麼呢？其實也就是前面所說的更賦，漢書景帝紀云：「景帝二年（西曆紀元前一五五年）令天下男子年二十始傅。」何謂傅，傅者著也言著名籍，供役公家，即是一種徭役，不過漢律本來是年二十三而傅，五十六免歸田里總計在官三十三年，景帝改爲年二十而傅則人民便有三十六年在官了。鄉役則如漢書百官公卿表所說：「十里一亭亭有長十亭一鄉鄉有三老有嗇夫游徼。三老掌教化嗇夫職聽訟收賦稅游徼徼禁賊盜——」之類後漢書百官表又說「漢高祖二年（西曆紀元前二〇五年）舉民年五十以上有修行能帥衆爲善，置以爲三老鄉一人。擇鄉三老一人爲縣三老，與縣令丞尉，以事相教復勿繇戍。」這樣看來在鄉縣如作三老的人就可以免繇戍而縣三老又能與縣令丞尉，以事相教，位置也很高。不過後來就漸漸變爲一種賤役了，清季鄉里之保正里甲等役，大概就是從漢時鄉役演變下來的東西。泛役乃是一切所謂土木之役。漢時惠帝紀云：「惠帝三年（西曆紀元前一九二年）後長安六百里內男女，十四萬六千人城長安，三十日罷。……五年復後長安六百里內男女十四萬五千人城長安三十日罷。」又漢書武帝紀云「元狩三年（西曆紀元前一二〇年）後謫吏穿昆明池。」又漢書溝洫志云：「成帝河平元年（西曆紀元前二八一年，）卒治河者，爲著外繇六月。……注：師古曰：以卒治河有勞，雖執役日近，皆得比繇戍六月也。著謂著於簿籍。」後二歲，河復決，作治六月乃成。治河卒非受平賈者爲著外繇六月。又漢書哀帝紀云：「建平二年（西曆紀元前五年）葬（太后）定陶，發陳留濟陰，近郡國五萬人穿復土。」這都是泛役。

這樣看來，秦漢時代的封建義務名爲輕簡而實則苛重，甚至於有人說那時人民負担之重爲前者所未有（註三），那眞是窺見其本質的說話。不過封建的儹取，其對象偏在農民（等於農奴的農民）而如上所述，有征商的商稅，如鹽鐵，酒酤，均輸是；有對官吏征收的遷除稅，如助修宮是；有對列侯封君征取的朝貢稅，如道行貲是。然而那時農民總是最後的被儹取者，取之於商於官的，最後的結果仍是取之於農民，而且正如前引西洋史要著者所說此時農民受着雙重的壓迫即除了直接受大地主（等於封建領主的地主）的種種剝削（封建的地租與徭役）外，還要受集中化政府的剝削而上述各種賦稅各種力役的供納，却正是對於政府的義務。地主直接的剝削如何，歷史材料所告訴我們的反很少，這正是中國的賦稅與地租有時不能嚴格分列的結果（周的賦稅是等於地租的賦稅。）然而我們也不是不能找出一些間接的材料來以證明那時地主儹取之嚴重。如蘇老泉說：「民夏爲之耨，秋爲之穫，無有一人違其節度以嬉，而田之所入已得其半（指地主——編者註）耕者得其半。有田者一人，而耕者十人，是以田主日累其半，以至於富强；耕者日食其半，以至於窮餓」董仲舒說：「或耕豪民之田，見稅什五。」顏師古注：下戶貧民自無田而耕墾豪富家田，十分之中以五輸本田主也。這還不是「田之所入已得其半」嗎？這證明那時地主儹取於農民的正是農民勤耕苦耘的收穫之半。

土地兼併之烈既如上節所說，而封建義務之重，又如本節所述，必然會要惹起社會的不平與不安；換言之，在嚴重的壓迫與儹取之下，必然會要惹出一種反動來。這是很值得歷史家注意的。

七　由於土地兼併與封建義務之嚴重所惹起的反響

秦既廢井田，開阡陌，任其所耕，不限多少，於是上自皇帝，下至吏民，無不以寸土尺地爲務，肆爲兼併，而封建義務又復疊床架屋，取之盡錙銖，用之如泥沙，既如上兩節相說；然則這樣是否要惹起反響來呢？這一定是有反響的。我們祇要看那時占在地主與農民之間的中間階層，即所謂知識階層的呼號就知道了。不，那時的知識階層並非占在中間，甯可說是占在地主方面，爲代表地主利益的統治者策萬年有道之基的。他們看到時勢很緊迫，社會的矛盾很尖銳，便不期然而然的顯示出社會黑暗之一角，冀以危詞聳聽，以挽頹勢。如董仲舒在漢武時大聲疾呼道：

「古者稅民，不過什一，其求易供；使民不過三日，其力易足。……——至秦則不然，用商鞅之法，改帝王之制，除井田，民得買賣，富者田連阡陌，貧者無立錐之地（這是說土地兼併之烈——編者。）又顓川澤之利，管山林之饒，荒淫越制，踰侈以相高，邑有人君之尊，里有公侯之富（這是說地主的豪奢——編者，）小民安得不困？又加月爲更卒，已復爲正，一歲屯戍，一歲力役，三十倍於古田稅鹽鐵之利二十倍於古（這是說封建義務之重——編者。）或耕豪民之田，見稅什五（即農民納其所得之半於地主，這是說地主對於農民借取之苛——編者。）故貧民常衣牛馬之衣，而食犬彘之食（這是說農民生活之苦——編者。）重以貪暴之吏，刑戮妄加，民愁無聊，逃亡山林，轉爲盜賊，赭衣半道，斷獄數以千萬數（這是說官逼民反，而又嚴法以治之——編者。）」

試看這是一種什麽景象呢！此外則有鼂錯，也把農民的病苦，描寫得淋漓盡致，試看他說：

「今農夫五口之家，其服役者不下二人，能耕者不過百畝；百畝之收，不過百石。春耕夏耘，秋穫冬藏，伐薪樵，治官府，給徭役，四時之間，無日休息；又私自送往迎來，弔死問疾，養孤長幼在其中。勤苦如是，尚復被水旱之災，急政暴賦，賦斂不時，朝令而暮改，當其有者，半價而賣；無者取倍稱之息；於是有賣田宅鬻子孫以償債者矣。」

然而這還是就有田的農民說的。有田的農民，尚且如此；無田的農民，便眞不堪聞了。此外則有荀悅。他是專攻擊地主的，以爲漢代的皇帝並不壞，農民的苦痛全由於豪强（卽地主）的剝削。試看他說：

「古者什一而稅，以爲天下之中正也。今漢民或百一而稅，可謂鮮矣。然豪强佔田踰限，侈輸其賦太半。官家之惠，優於三代；豪强之暴，酷於亡秦。是上惠不通，威福分於豪强也。」

此外描寫社會生活之不均，地主階層之豪奢的還有漢末的仲長統（此人曾參曹操幕府。）他說：

「漢興以來，相與同爲編戶齊民，而以財力相君長者世無數焉。……豪人之室，連棟數百，膏田滿野，奴婢千羣，徒附萬計。船車賈販，周於四方，廢居積貯，滿於都城。」

「井田之變，豪人貨殖，館舍布於州郡，田畝連於方國。身無半通靑綸之命，而竊三辰龍章之服；不爲編戶一伍之長，而有千室名邑之役。榮樂過於封君，勢力侔於守令，賄財自行，犯者不坐。刺客死士，爲之投命，至使弱力少智之士，被穿帷敗，寄死不斂；寃枉窮困，不敢自理。」

而光武時的桓君山對於地主階層的豪奢所說也與仲長統一樣。他說：

「富豪之徒，中家子弟爲之保役，趨走與臣僕等勤，收稅與封君比入。是以衆人慕效，不耕而食。」

不僅此也，農民在秦始皇時已如班固所說：

「男子力耕，不足糧饟，女之紡織，不足衣服。」

以上可以說是社會的不安與社會階層對地主的矛盾，已經成爲一種普遍的社會意識，這種社會意識反映到那時中間階層以及所謂謀臣策士的腦中，便發爲上述的呼喊。然而在上述的呼喊中，怕還祇是社會黑暗之一角而已。不過就從這黑暗之一角裏，也看出了秦漢的封建制度，或者說由商業資本所重新喚起的封建制度，較之西周時代的封建制度，在掠取關係上已經要加深許多倍了。

封建的掠取，原是地主階層的特權，並且是他們所賴以存在的惟一根據；但掠取的程度超過了可能的範圍，便會要兩蒙不利，甚至於使地主本身不能存在，這正如不能殺了鵝來取金蛋一樣。所以秦漢時代的土地兼併及農民所受掠取到了上述的情形，他們——聰明的地主階層以及代表地主階層利益的人們，甚至於當代的皇帝也感覺到不能不想救濟辦法了。那時他們以為惟一的救濟辦法是什麼呢？乃是想回轉頭去逆着歷史發展的傾向，恢復他們所憧憬着的井田制度，萬一古代的井田不能完全恢復，也要使土地的分配與古相近。於是在那時限田均田之說便大大的流行了，漢武帝時，又是董仲舒說：

「古井田法難卒行，宜少近古，限民名田，以贍不足，塞兼併之路。」

漢哀帝時，師丹輔政，也建議說：

「古之帝王，莫不設井田，然後治乃可平。孝文皇帝承亡周亂秦兵革之後，天下空虛，故務勸農桑，帥以節儉，民始充實，未有兼併之害，故不以奴隸及民田為限。今屢世承平，豪富吏民貲數鉅萬，而貧弱愈困。蓋君子為政，貴因循而重改作，然所以有為者，將以救急也。亦未可詳，宜略為限。」

這就是「古有井田，今行其意」的主張。這種主張，在漢武帝時，曾部分的行過，即那時曾限制過一部分的賈人占田。如前引史記平準書云：「賈人有市籍者及其家屬，皆無得籍民田，以便農；敢犯令，沒入田僮。」但這種辦法究竟實行到什麼程度則不敢知。觀晁錯「今法律賤商人，商人已富貴矣」的說法，足見並未怎樣澈底實行。這種主張，在漢哀帝時，曾普遍的行過，即那時對於一切人都普遍的限制占田。如那時哀帝看了師丹的建議，即決議：「諸侯王列侯皆得名田國中，列侯在長安公主名田縣道及關內侯吏民名田皆毋過三十頃。諸侯王奴隸二百人列侯公主百人關內侯吏民三十人期盡三年，犯者沒入官」。但這個決議究竟又實行到什麼程度也不敢知。觀那時王嘉所上封事言：「賢（指董賢——編者）家有賓婚及見親諸官並共賜及倉頭奴婢八十萬使者護視，發取市物百賈震動，道路諠譁，羣臣皇惑。詔書罷苑而以賜賢二千餘頃，均田之制，從此墮壞」。又觀漢志所云：「時田宅奴隸賈（價——編者）爲減賤，丁傅用事董賢隆貴，皆不便也。詔書且須後，遂寢不行」。足見這種辦法又似行而未嘗行。

到王莽做了皇帝，他倒眞是想決心實行一下。他在未居攝時，曾奉還孝哀皇帝所益封邑，並且說是以身作則，爲衆倡始。後來大權在握，即於始建國元年，頒布了他所創立的王田制度令。他開始便說：

「古者設廬井八家，一夫一婦田百畝，什一而稅，則國給民富而頌聲作。此唐虞之道，三代所遵行也。秦爲無道，厚賦斂以自供奉，罷民力以極欲，壞聖制，廢井田，是以兼併起，貪鄙生，强者規田以千數，弱者曾無立錐之居。——」

這一段是痛斥破壞井田聖制的弊害。接着又說：

「漢氏減輕田租，三十而稅一，常有更賦，罷癃咸出，而豪民侵陵，分田劫假，厥名三十稅一，實什稅五也。父子夫婦終年耕耘，所得不足以自存。故富者犬馬餘菽粟，驕而爲邪；貧者不厭糟糠，窮而爲奸。俱陷於辜，刑用不錯。」

這一段是說漢代名爲輕賦，實則剝削很重。使得貧富懸隔，社會不安，非改絃更張不足以言治。最後便拿出了他自定的土地政綱。乃說：

「予前在大麓，始令天下公田口井（顏師古曰，計口而爲井田），時則有嘉禾之祥，遭反虜逆賊且止。今更名天下田曰『王田』，奴婢曰『私屬』，皆不得賣買。其男口不盈八，而田過一井者，分餘田予九族鄰里鄉黨。故無田今當受田者，如制度。敢有非井田聖制，無法惑衆者，投諸四裔，以禦魑魅，如皇始祖考虞帝故事。」

不僅此也。他更三令五申的說：「不從王田制度者殺無赦。」那時坐買賣田宅而得罪的，也真正不少。史稱從諸侯卿大夫至於庶人，不可勝數。這樣，可以說王莽對於王田制度，總算是竭全力排萬難以赴之了。然而結果怎樣呢？乃是行未三年，即告失敗。又下令曰：「聽王田得賣買，復三十稅一。」莽所自為，莽亦躬自壞了。

這樣說來，限田，王田，在那時雖然均獲實行，而結果都是失敗了，這是什麼原故呢？有人說是為那時貴族大地主所阻，如哀帝時的限田就明明白白為那時外戚丁家，傅家，及寵臣董賢等所阻止。當莽之行王田制度也，參與於這一土地政綱之決議與公布的，當然為富豪與貴族，即參與政權的人物，當然都是那時的貴族大地主。惟懾於王莽一時之威，不便反對，終必伺其隙以多方破壞之。再王莽的失敗，還由於他自己的措置失當。如莽自己所說，他的外官，「各為權勢，恐猲良民，妄封人頸，得錢者去，毒蠚并作，農民離散。」而王田「制度繁瑣，謀計不可理，吏終不得祿，各以官職為姦，受取賄賂，以自供給。」這樣假王田制度之名，行魚肉平民之實，便不僅貴族大地主反對，而平民亦感受痛苦，這便是限田，王田均告失敗的原因。但地主貴族反對，本身措置失當，雖為限田制度王田制度失敗的原因，而不是其主要的原因。其主要的原因是什麼呢？一言以蔽之曰：反時代。

從前面的敘述，我們知道秦漢的商業資本已經形成，土地的占有關係，從公有而私有，從一夫百畝至任人兼併，不限多少，正是商業經濟發達的結果。這從歷史的發展法則說，也正是一種進步，並非退步。現因土地兼并甚烈，社會矛盾百出，便想回轉頭去恢復井田，或師其意而限田，要把已為商人和地主所占有的土地，收為皇帝所直接統轄的王田，限制土地占有的面積，禁止土地的自由賣買，這不是想由一紙法令便把已包含着商業資本的封建組織，拉轉為純自然經濟（但這祗是相對的）的封建制度嗎？這自然是反乎時代而不可能的事。因為商業資本的主要成分，一是買賣資本，一是高利貸資本。據晁錯說，那時已有賣田宅鬻子孫以償債者矣，高利貸資本為不斷的進行剝削，農民為賣田宅以償債，已成為非一紙法令所能禁止的事實，如果沒有具備其他的條件，就想頒佈一道命令而推翻之，烏乎可。所以王莽那時雖以嚴刑峻法禁止土地買賣，而坐買賣土地獲罪者，終至於不可勝數，就是這個原故。

這樣看來，那時的改良政策，即限田王田的土地政策，並不會解決那時社會的矛盾。而社會的矛盾反會因之而日益加深了，於是農民爲不堪忍受日益加深的壓迫與剝削，便祇有挺而走險之一途。這時就發生了中國歷史上有名的綠林赤眉之亂。後漢書劉玄傳：「王莽末，南方饑饉，人庶羣入野澤，掘鳧茈而食之，更相侵略。新市（湖北京山縣）人王匡、王鳳爲平理諍訟，遂推爲渠帥，衆數百人。於是諸亡命馬武、王常、成丹等，皆往從之，共攻離鄉，聚藏於綠林山中（湖北當陽縣）。數月間，至七八千人——至有五萬餘口」。又後漢書劉盆子傳：「瑯邪人樊崇起兵於莒（山東莒縣），衆百餘人，轉入太山，自號三老。時青徐大饑，寇賊蜂起。羣盜以崇勇猛，皆附之。一歲間至萬餘人——初崇等以困窮爲寇，無攻城徇地之計。衆既寖盛，乃相與爲約：殺人者死，傷人者償創。以言辭爲約束，無文書旌旗部曲號令。其中最尊者號三老，次從事，次卒吏，汎相稱曰巨人。王莽遣平均公廉丹、太師王匡擊之。崇等欲戰，恐其衆與莽兵亂，乃皆朱其眉以相識別，由是號曰赤眉。」綠林、赤眉是那時的兩大股，此外臨淮瓜田儀、瑯邪呂母、東海刁子都、南郡秦豐、平原女子遲昭平等，皆相繼起爲盜賊。這些所謂盜賊，自然都是農民，這些農民的主要分子，自然又是貧農或土地被兼併的流民。他們的叛亂很明顯的是因爲天災、土地被占和稅捐的繁苛。或者他們的夢想主要的還是爲要解決土地問題。然而結果僅僅是推翻了王莽的統治。代王莽而起的新統治當然仍是代表貴族地主階層的利益的。所以在東漢之末，又爆發了非常廣大的農民叛亂。據通鑑輯覽所載：「鉅鹿張角奉事黃老，以妖術教授，號太平道。呪符水以療病，令病者跪拜首過，或時病愈，衆共信而神之。角分遣弟子，分遊四方，轉相誑誘，十餘年間，徒衆數十萬，自青、徐、幽、冀、兗、揚、豫、荊八州之人，莫不畢應。或棄賣財產，流離奔赴，塡塞道路，未至病死者，亦以萬數。……角遂置三十六方，方猶將軍也。大方萬餘人，小方六七千人，各立渠帥，訛言蒼天已死，黃天當立，歲在甲子，天下大吉。以白土書京城寺門及州郡官府，皆作甲子字。」未及作亂，事已敗露，乃晨夜馳勅諸方，一時俱起，皆以黃巾爲標幟，時人謂之黃巾賊。又據後漢書朱儁傳「自黃巾賊後，復有黑山黃龍，白波，左校，郭大賢，于氏根，靑牛角，張白騎，劉石，左髭丈八，平漢，大計，司隸，椽哉，雷公，浮雲，飛燕，白雀，楊鳳，于毒，五鹿，李大目，白繞，畦固，苦唶之徒，并起山谷間，不可勝數。其大聲者稱雷公，騎白馬者爲張白騎，輕便者言飛燕，多髭者號于氏根，大眼者爲大目。如此稱號，各有所因。大者二三萬，小者六七千，賊帥常山人張燕，輕勇趫捷，故軍中號曰飛燕，善得士卒心。乃與中山，常山，趙郡，上黨，河內諸山谷寇賊，更相交通，衆至百萬，號黑山賊。」實則所謂黃巾賊，黑山賊也都是被壓迫被榨取的農民。不過這一次的農民叛亂比起綠林，赤眉來，似乎更要廣大，然而結果也祇粉碎了東漢末的黑暗統治。他們所要解決的問題固然不曾解決，而封建的土地占有關係且更加鞏固，封建的榨取程度且更加深厚。於是演成了中國歷史上循環不斷的農民叛亂。而且在循環不斷的農民叛亂中，沒有一次不是以失敗告終的。這是什麽原故呢？這是由於農民的生活環境及其階級性決定了他們的運命。農民在生產過程中，從來不給與他們以羣衆團結的機會，他們的生產是散漫無組織的，經濟地位是極參差不齊的，因此他們無明確的政治意識，不能堅決的執行革命的鬬爭。由於這樣，失敗就占領一切農民的鬥爭史。

八　秦漢的政權性質

秦及兩漢，是中國舊史家所謂統一時代；而中外的新史家亦盛誇秦始皇的統一政權，尤其是俄人拉狄克。他說：「漢朝政權雖較秦末爲有力，但不如秦始皇政權那樣集中。」他誇張秦始皇的統一政權，是在證明那時封建制度的崩潰，那時中國的政權已不是地主單獨統治的形式。他說：「自秦始皇統治時代起，中國國家的政權已不是地主單獨統治的形式了。」不過他馬上就說中國那時的政權「同時却還沒有走到資本主義統治的時期。」（見所著中國歷史之理論的分析六三——六五頁）中國的舊史家原來是把統一時代來對抗封建時代的其意若曰既然統一就非封建制度了。這種見解本來沒有絲毫科學的根據，不過即就統一說，秦始皇的統一政權也並不如他們所誇稱之甚。我們請先把統一政權的程度與範圍檢討一下，然後估定它的性質。

考秦之世系，秦自始皇稱帝（西曆紀元前二二一年）至子嬰降漢（西曆紀元前二〇七年）凡三傳共十五年。除二世皇帝胡亥在位三年，子嬰在位四十六日外，始皇稱帝治世，又總共不過十一年零幾個月。他的集權政綱之爲史家所豔稱的，不外墮名城，殺豪傑，焚書坑儒，嚴刑罰等等。然所以爲此者正因其統治權不甚鞏固，時時恐人民起來反抗，特使用種種專制手段以鎮壓之。例如墮名城殺豪傑等，賈誼就明說他是爲弱天下之民；焚書坑儒完全是爲的束縛思想，箝制輿論；嚴刑罰，也爲的是張主威。漢書刑法志載：「秦用商鞅連坐之法，造參夷之誅，增加肉刑大辟，有鑿顛抽脅鑊烹之刑，至於秦始皇兼吞戰國，遂毀先王之法，滅禮誼之官，專任刑罰，躬操文墨，……而姦邪並生，赭衣塞路，囹圄成市，天下愁怨，潰而叛之。」這樣看來，他的專制手段並不會穩定他的統一政權，恰恰相反，且速其亡。則所謂統一政權者，實非建立在什麼確固的經濟基礎上。

再其在內政方面之措施，則有如廢封建，置郡縣，改官制，劃分行政區域，統一度量衡，改創文字等。廢封建，置郡縣的意義如何，已述之如前；其他亦並未能均見諸施行。柳詒徵氏說「惟秦雖有經營統一之功，而未能盡行其規畫統一之策。凡秦之政，皆待漢行之。秦人啓其端，漢人竟其緒，亦有秦啓之而漢未竟之者。」（見所著中國文化史上册）這種說法是很對的。因爲十餘年的短時統治，實在做不出什麼。

其他在對外方面，還可以稱述的，自然就是秦之開邊。史稱始皇既并天下，北擊匈奴，西逐西戎，南兼閩越，於是中國疆域開拓益廣。然而他所開拓的，究竟有多少很值得我們細細檢討。所謂擊匈奴，乃是始皇滅六國後，患胡之逼，故遣蒙恬將兵擊之，結果發兵三十萬人，僅略取河南地。所謂西逐西戎，在秦之先世已征服西戎，及始皇統一天下，不過復逐而西之。所謂南兼閩越，也不過是前引日知錄所謂「王翦遂定荆江南地，降越君」，而已。越君正是始皇初還沒有滅掉的一個小封建諸侯。其他如史記所載：「發諸嘗逋亡人，贅婿賈人，略取陸梁地（嶺南人多處山陸，其性强梁，故曰陸梁，）爲桂林，象郡，南海，以適遣戍。」這或者稍有經濟上的意義，而所開拓的疆域亦很廣。但秦時的疆域較之春秋戰國時代，究竟也廣不了許多。且其疆域所在的地方也不見得都是統治權所達得到的地方。例如上述百粵之地，雖賴秦謫戍移民爲之開化，然秦未亡，而趙佗即自立。（註四）

不要說秦，就是漢承秦業，大事開拓，然今兩廣安南之地，四川雲貴之地，湖北湖南之地，浙江福建之地，亦尚屬蠻荒，不盡受漢統治。後漢書南蠻傳云：「凡交阯（包括南海，鬱林，蒼梧，交阯，合浦，九眞，日南等地——編者）所統，雖置郡縣，而言語各異，重譯乃通。人如禽獸，長幼無別。項髻徒跣，以布貫頭而著之。後頗徙中國罪人使雜居其間，乃稍知言語，漸見禮化。光武中興，錫光爲交阯，任延守九眞，於是教其耕稼，制爲冠履，初設媒娉，始知姻娶，建立學校，導之禮義。」這是指兩廣安南之地說的。柳貽徵氏說：「秦漢之時，巴蜀雖已置郡，而其地猶有巴氐蠻，板楯蠻等（今通江宣漢渠縣諸地，）不盡以漢法治之也。其西南又有夜郎，滇，莋，邛，嶲，昆明諸國，皆曰西南夷。漢武帝使唐蒙通道夜郎，置犍爲，牂柯二郡，又以邛都爲越嶲郡，莋都爲沈黎郡，冉駹爲汶山郡。後漢明帝時，又以哀牢夷地置永昌郡，於是漢郡始至今雲南保山縣瀾滄江之南，而徼外之撣人（緬甸）亦歸化，與大秦時通商焉。」（見所著中國文化史上册）這是指四川雲貴之地說的。繆鳳林氏說：「湖北湖南之地，秦昭王始置黔中郡，漢改爲武陵。其地蠻族，仍各自爲部落。至後漢時，猶有澧中蠻，零陽蠻，充中蠻諸名，是今之澧縣及慈利永定等地，皆當時蠻夷之窟穴也。順帝時，武陵太守以蠻夷率服，可比漢人，增其租賦，然其後蠻人猶時反叛，屯結深山，蓋其開化反遲於川滇之地矣。建武中，南郡蠻反，徙之置江夏，號曰沔中蠻。和帝時，又徙巫縣蠻於江夏，於是江夏蠻數反，與廬江賊相結，是東漢時湖北黃州德安一帶之地，實多蠻族，後且蔓延至於安徽也。後漢書度尙傳稱『抗徐守宣城長，移深林遠藪椎髻鳥語之人置於縣下。』王景傳稱『建初八年，景遷廬江太守。先是百姓不知牛耕，致地力有餘而食常不足。』

郡界有蠻相孫叔敖所起芍陂稻田，景乃驅率吏民修起蕪廢，教用犂耕，由是墾闢倍多，境內豐給。遂銘石刻誓，令民知常禁；又訓令蠶織，爲作法制，皆著於鄉亭。』蓋其時安徽各地，民猶不知牛耕，且多未開化之民也。」又說：「浙江福建之地，漢初封無諸爲閩粵王，都治，又立搖爲東海王，都東甌，其後東甌悉與徙中國，處江淮之間，而閩粵分立東粵，未幾，又徙其民於江淮。故西漢會稽郡雖廣（幾及今之江浙閩三省，）而自今臨海黃巖以南，殆虛無人居。東漢時，設章安（今臨海）永寧（今永嘉）侯官（今侯官）等縣，海濱之地，始漸開拓。然自順帝分會稽郡置吳郡，會稽郡十四城，猶有今浙閩二省大部之地，而戶口登於版籍者，戶僅十二萬三千九十，口四十八萬一千一百九十六，僅及豫章郡四分之一（豫章郡戶四十萬六千四百九十六，口百六十六萬八千九百六。）——而劉龍傳則稱『拜會稽太守，山民愿朴，乃有白首不入市井者。』是雖浙東文化之區，亦多愿朴之民也。」（見所著中國通史第二冊氏璧明亦係根據柳著中國文化史漢代內外之開闢章，參以諸史及近人論著。）這樣看來，秦漢的疆域雖因開拓而較之以前擴大了，但究其實在仍多蠻荒，不盡歸化。且亦不免有「履跡所經號爲疆界，」「聲敎漸被泛稱領土」（註五）的故事。

我們這樣不憚煩的引了許多關於秦漢領土的材料，是在於考察統一政權的程度（卽所謂統一政權究竟統一到了什麼程度）以外，再考察一下統一政權的範圍（卽統一政權所能統一的領土究竟有多大的範圍。）根據上述情形來下判斷它的統一政權的程度與範圍，都與近代集中化的國家有本質的不同。而且就疆域說還趕不上西歐古代的羅馬帝國。（註六）實則它的統一在本質上還是封建性的統一，換言之秦滅六國而統一天下，亦猶之周武王滅殷及其他許多封建國家（武王觀兵有千八百國）而統一天下一樣。它的意識形態，是孔聖人所揭櫫的大一統尊王之義，它的經濟基礎，是包含着商業資本成分的農業生產。這就是說並非單純建立在商業資本之上的政權，因爲沒有什麼單獨占領的商業資本社會。然則所謂大一統尊王之義的意識形態又是從何而生？當然不外是封建經濟的產物。孔聖人要維持西周時代的封建王權，故尊王，要擯斥雜處在封建王權之下的夷狄，故倡大一統。因之，我們要檢討秦漢時代的統一政權，尤其是秦始皇的統一政權，我們就決不可忘記創立秦代政權的主動人物。這個人物是誰呢？正是學帝王之術於荀卿的李斯。斯之學出於荀卿，荀卿之學出於孔子，因孔子揭櫫大一統尊王之義，故斯以一統帝王業說始皇。是則秦漢時代的統一政權及其性質，從可知矣。

總之秦漢的統一政權，並非單獨的建立在所謂商業資本之上，尤其沒有完成所謂近代集中組織的國家。

所以秦之統一爲時甚暫，而秦楚之際，六國之裔復起，漢又大封諸侯，景武之世，諸侯王雖日漸削弱，至東漢而又有諸侯王之封，且終漢之世，皆懍懍危懼，惟恐諸侯王之謀反，而吳楚七國之變，幾亡漢室。於此可見中央與地方，國王與侯國之間的聯繫均極薄弱，名爲統一，實則封建。且觀其時文帝採賈誼之說分齊趙，武帝施主父偃之策，下推恩之命，使諸侯王得分戶邑以封子弟，不行黜陟而藩國自析，但這祗是消極的順應諸侯割據之勢而分其權，並非積極的執行國王集中統一之策而減其權，在這種政策下，便必然有其社會根據與經濟條件。尤其是如前所說漢制：「三公得自置吏，刺史得置從事，二千石得辟功曹掾吏，不由尚書選授，爲所辟置者，即同家臣」，則爲集中政權之主要條件的用人行政之權，都很明顯的不會統一，何況其他在行政組織上還有一件事值得我們注意，這就是掾吏對於其長官，不僅有上級下級之分，而且有臣子君父之誼，「爲掾吏者，往往周旋於生死患難之間，而舉主長吏之喪，亦有持三年服者。」陔餘叢考卷十六「史策所載，屬吏之於長官已有君臣分誼，氣節相矜，並至有甘以身殉者。王充論衡云：會稽孟章父英，爲郡決曹掾，郡將摄殺無辜，英引爲己罪，代將死。章爲郡功曹，從太守討賊，爲賊所迫，亦代將死。……公孫瓚初爲劉太守郡吏，太守坐事徙日南，瓚祭先人塚曰：昔爲人子，今爲人臣，當詣日南，今與先人辭於此，遂隨太守往。……則並顯然有君臣之稱矣。……甚至有爲舉主及長官持服者。荀爽爲司空袁逢所辟，有道，不應，及逢卒，爽制服三年。桂鬱爲太守向苗所舉孝廉，除膠東令，始到官而苗卒，鬱即去官奔喪，終三年。此爲舉主持服者也。王吉被誅，故人莫敢至者，獨屬吏桓典收斂歸葬，服喪三年。劉瓚以冤死，王允爲瓚吏，獨隨至京送喪還其家終三年乃歸此爲長吏持服者也。」（以上均見中國通史第二冊）我們看了這些史實有什麼理解呢？很明顯的就是秦漢時的行政組織還不是一個法制系統，乃是一個完全的倫理系統。而這樣一種行政組織的聯繫，又是很薄弱的，這自然有它的經濟背景。而這種經濟背景我們不能不承認它是封建的。所以秦漢的統一政權，實在不過徒擁虛名。因爲就是在所謂諸侯王的封建實權削殁後而郡縣的郡守縣令又無異是一些小諸侯，因爲他們也是上戴國王，下有家臣，所以結果郡守長吏仍然專政一方，後乃設十三部州刺史以察之。然亦終無補於分治，再其官俸以石之多寡明其秩之尊卑，故稱官恆曰若干石，如上舉二千石是其最著者。（註七）這亦足以明其經濟尚統治於自然經濟也。縱然商業經濟有相當的發展。

本來社會生產關係的存續及生產關係的固定化，便要形成各種生產形態及特定的法律關係，更進而形成統治形態，決定政權性質，這是一種必然的規律。因此一切政治制度的性質，必有社會經濟基礎來決定。我們既然在上面力爲指出了秦漢時代社會經濟之決定的方面，則其政權性質如何自用不着費詞。唯因有許多史家從一面誇張了秦漢統一政權的問題，故特別在這裏提出來加以新的估定。

九　幾個零粲問題及秦漢社會之特點

在秦漢時代，商業資本雖已形成，然從其社會經濟之決定的方面來看，從其社會階層之對立及政權性質的諸方面來看，都沒有超過封建的範疇。此外還有幾個與封建性有關的問題值得我們附帶的提出。

第一，就是那時所謂豪族，亦即所謂世家大族或大家族。一個大家族的家長或族長，對於其家族內的人或附屬于其家族內的賓客，部屬，佃戶，僮僕，奴婢等等，都是有着絕對權威的，在某種意義之下，它對於附屬於它的自由人及不自由人，在僭取關係上有着超經濟的意義。換言之，即一個大家族的家長或族長就是一個小諸侯。秦漢雖號稱抑制豪強資富，如秦初徙天下豪富於咸陽十二萬戶，漢初徙六國世家大族於關中。（註八） 然那時大家族仍不少。漢書郅都傳：「濟南瞯氏宗人三百餘家，豪猾，二千石莫能制。於是景帝拜都為濟南守，至則誅瞯氏首惡。」漢書義縱傳：「遷為河內都尉，至則族滅其豪穰氏之屬。」漢書王溫舒傳：「王溫舒——遷為河內太守，——捕郡中豪猾，相連坐千餘家。」漢書趙廣漢傳：「遷穎川太守，郡大姓原褚宗族橫恣，賓客犯為盜賊，前二千石莫能禽制。廣漢既至數月，誅原褚首惡。」漢書嚴延年傳：「為涿郡太守。——涿人畢野白等由是發亂。大姓西高氏，東高氏，自郡吏以下，皆畏避之，莫敢與牾，咸曰：寧負二千石，無負豪大家。賓客放為盜賊，發輒入高氏，吏不敢追，浸浸日多，道路張弓拔刃，然後敢行。其亂如此。延年至，遣掾蠡吾趙繡按高氏，得其死罪。」如上所述，是瞯氏，穰氏，原褚，西高氏，東高氏，皆豪族也。尤其是王溫舒捕郡中豪猾，相連坐千餘家之說，至可驚詫。是一郡中便有豪族千餘家也。但漢代雖抑制豪強資富，對於世祿后家，却不受限制。所以後來又有金張許史四大家及東京諸后族。他們的起家雖由於官爵而非由土地，世固無不占有土地之世家豪族也。且其時俗亦崇獎大族。應劭風俗通義過譽篇：「凡兄弟同居，上也；通有無，次也；讓，其下耳。」後漢書蔡邕傳：「蔡邕與叔父從弟同居，三世不分財，鄉黨高其義。」又樊宏傳：「宏父重，——世善農稼，好貨殖。重性溫厚，有法度，三世共財，子孫朝夕禮敬，常若公家。其管理產業，物無所棄，課役僮隸，各得其宜。故能上下戮力，財利數倍。」這不都是在崇獎大家族嗎？既崇獎大家族，就有宗法。秦俗「家富子壯則出分，家貧子壯則出贅」的辦法，實不過一時現象耳。夏曾佑氏謂「考我國宗法社會，自黃帝至今，可中分之為二期：秦以前為一期，秦以後為一期。前者為粗，後者為精。——」觀此信不誣矣。是則宗法破而封建壞之說，亦不足以否定秦後之為封建社會。

第二，女子地位如何，也是與社會形式極有關的問題。我們前說在父家長的統治下，妻子都不過是父家長的附屬或財產，並引禮記內則「子婦不能有私貨，不能有私畜，不能有私器，不敢有私人的借貸，不敢有私人的贈與」作證。但六經多出于漢儒的偽造，則禮記內則之說也許就是漢代家族及婦女地位的寫照。再古之掠奪婚的遺跡，及濫婚的遺跡，我們也說過在春秋戰國時代仍然保存着。保存在什麼地方呢？即保存在那時諸侯貴族及世家大族中之禽獸其行。在漢時，「諸王之禽獸其行，亦與春秋時列國如出一轍。」廿二史劄記卷三：「燕王劉定國與父康王姬姦，生一子，又奪弟妻爲姬，並與子女三人姦，事發自殺。衡山王孝與父侍婢姦，趙太子丹與同產姊及王後宮亂，爲江充所告，梁王立，與姑園子姦。江都王建，父易王薨未葬，即召易王美人淖姬等與姦，又與女弟徵臣姦，建又欲令人與禽獸交而生子，令宮人裸而據地，與羝羊及狗交。齊王終古使寵愛奴與姿八字（姿號）及諸御婢姦；或使白晝裸伏，與犬馬交接，終古臨視之。廣陵王胥子寶與胥姬左修姦，事發棄市（皆見漢史各本傳）此漢諸王荒亂之故事也」（均見中國通史第二冊二〇頁）又漢代婚娶，不論行輩，且不諱私夫。廿二史劄記卷三載「漢惠帝后張氏，乃帝姊魯元公主之女，則帝之女甥也。呂后欲爲重親，遂以配帝，立爲皇后，是以甥爲妻也。哀帝后傅氏，乃帝祖母傅太后從弟之女。太后初爲元帝昭儀，生定陶共王；王生哀帝。是哀帝乃傅太后之孫，而傅太后欲重親，以姪妻之，則以外家諸姑爲妻也」漢書東方朔傳：「武帝姊，館陶公主寡居，寵董偃十餘年，主欲使偃見帝，乃獻長門園地。帝喜，過主家，主親引偃出，偃奏館陶公主庖人偃昧死拜謁。帝大歡樂，呼爲主人翁。」又霍光傳「武帝女鄂邑蓋公主寡居。昭帝初立，年八歲，主以長姊入禁中供養。而主素通丁外人。帝與霍光聞之，不絕主歡，詔外人侍長公主。」這樣看來，則那時承古代濫婚之遺習，對於綑縛女子之片面的禮教，似尚不甚嚴。且觀秦始皇刻石辭文，多男女並舉，如有姦通等情，男女亦同等處罰。如泰山刻石辭文云「男女禮順，」碣石門刻石辭文云：「男樂其疇，女修其業，」會稽刻石辭文云「……有子而嫁，倍死不貞，……夫爲寄豭，殺之無罪。」則秦時男女地位，似亦尚平等。至漢有卓文君戀司馬相如事，孟光立志要嫁梁鴻，亦卒達目的。朱買臣微時，其妻求去，終不能強留，似結婚離婚亦均能自由，抑亦禮教不甚嚴之證也。再看通典嘉禮典說：「東漢魏晉以來，時或艱虞，歲遇吉身，急於嫁娶，乃以紗縠女首，而夫氏發之，因拜舅姑，便成婚禮。六禮俱廢。」尤爲禮教墮廢之證。然這亦祇能作爲去古未遠，雖有禮教尚未確立，而古之遺習尚未盡除之故，要非男女真能平等，結婚離婚均能自由而解除一切封建性的束縛也。

第三、則爲奴隸問題，在漢時似乎已有兩個很嚴重的社會問題：一是土地問題；一是奴隸問題。試看那時企圖解決土地問題時，必然同時就提出奴隸問題。即土地問題往往與奴隸問題同時並舉，限制占田同時也限制蓄奴。漢哀帝納師丹之議，決議限田，其文曰：「諸侯王列侯皆得名田國中；列侯在長安公主名田縣道及關內侯吏民名田，皆毋過三十頃。諸侯王奴隸二百人，列侯公主百人；關內侯吏民三十人；期盡三年，犯者沒入官。」王莽要行王田，其王田令亦曰：「今更名天下田曰王田，奴婢曰私屬，皆不得買賣。」此外對於奴隸問題之單獨提出處分的，還不計其數。如漢高祖五年詔：「民以饑餓自賣者，皆免爲庶人。」文帝後四年免「官奴婢爲庶人。」武帝建元元年赦「吳楚七國學輸在官者。」哀帝即位，恩詔「命官奴婢年五十以上，免爲庶人。」漢書貢禹傳：「諸官奴婢十萬餘人，戲游無事，稅良民以給之，官費五六鉅萬，宜免爲庶人。」光武爲救濟私奴婢，屢有詔免除。「建武二年五月……詔曰：民有嫁妻賣子欲歸父母者，恣聽之。敢拘執，論如律。」（後漢書卷一上光武帝紀）「七年五月——詔吏人遭飢亂，及爲青徐賊所略爲奴婢下妻，欲去留者，恣聽之。敢拘執不還，以賣人法從事。——十一年二月，詔曰：天地之性人爲貴，其殺奴婢不得減罪。——八月，——詔曰：敢炙灼奴婢，論如律，免所炙灼者爲庶民。十月，詔除奴婢射傷人棄市律。……十二年三月，——詔隴蜀民被略爲奴婢自訟者，及獄官未報，一切免爲庶民。——十三年十二月，詔益州民自八年以來被略爲奴婢者，皆一切免爲庶民，或依託爲人下妻欲去者，恣聽之。敢拘留者，比青徐二州，以略人法從事。……十四年十二月，詔益涼二州奴婢，自八年以來自訟在所官，一切免爲庶民，賣者無還直。」（後漢書卷下光武帝紀）從此就可以看出奴隸問題嚴重到了什麼程度。關於中國奴隸的起源，前曾引劉師培氏之說。按之一般歷史的發展法則，它是隨着私有財產及國家之出現而出現。就中國歷史看，似有官奴、私奴兩種奴隸，而官奴發生較早，如所謂皁，隸，輿，臺，牧，圉等。私奴次之，可以買賣，據一般人推測，以爲發達於戰國時代，且以爲其可以買賣亦隨土地之可以買賣而生，即奴隸的私有是與土地的私有併起的。這種說法，不爲無見。如戰國之末，呂不韋家僮萬人，嫪毒家僮數千人。漢書王莽傳：「秦爲無道，置奴婢之市，與牛馬同蘭。」漢書賈誼傳：「今民賣僮者，爲之繡衣絲履偏諸緣，納之閑中。」據說「蘭」和「閑」便是闌，這種闌就是畜牛馬的闌。這樣把奴隸公開的陳列於市場，與牛馬同闌來買賣，也正是盛行土地私有，任人買賣，不限多少的時候。奴隸是無人格的，是牲畜，是貨物，是能言的工具。這倒中外沒有二致。秦漢私奴由于掠買，此外掠外人爲奴，亦是來源之一。後漢書西羌傳：「羌無弋爰劍者——羌人謂奴爲無弋，以爰劍嘗爲奴隸，故因名之。」又「安定降羌燒何種，脅諸羌數百人反叛。郡兵擊滅之，悉沒入弱口爲奴婢。」這就是把降了的羌人拿來做奴隸，也與西歐的奴隸社會把被征服者拿來做奴隸一樣。所以有人簡直把秦漢社會當做中國的奴隸社會，或當做封建制度與奴隸的聯合。然這究竟是不妥當的。因爲那時的奴隸在生產上並不像夏殷時代佔在主要地位，雖間有參加生產事業的，如白圭刁間用奴營商，程鄭用奴冶鑄，以及漢書張安世傳稱「家僮七百人，皆有手技作事，內治產業，累積纖微，是以能殖其富」，甚至於如前引平準書「敢犯令沒入田僮，」證明奴隸還參加過耕種。但究竟是不普遍的。這祇要看前引貢禹傳所說「諸官奴婢十萬餘人，戲游亡事，稅良民以給之，歲費五六鉅萬」的話，就可以知道了。且中國自夏殷奴隸社會以來，歷史上畜奴之盛，並不限於秦漢，差不多自戰國以後，一直到明末清初，史不絕書。果爾，則中國社會史的全過程，都將是奴隸社會或奴隸混合的社會了。有人說：「奴隸經濟是存在於最不同的時代中，它在巴比崙及埃及時代曾經有過，它在希臘及羅馬時代曾經有過，它在封建時代，甚至在美國南部當資本主義極繁盛的時代也曾經有過，甚至在現時帝國主義時代，在有些殖民地及半殖民地的國家中也還可以遇到。」（見杜博羅夫斯基著：亞細亞生產方式封建制度農奴制度及商業資本之本質的問題）這樣說話簡直是否認奴隸社會之單獨占領一個社會階段，我倒不敢贊同，不過在各種生產方法中都附有其他的社會成分，不能不說是事實。奴隸在秦漢的社會中，無論如何祇能算是一種附帶的成分，決不是它的支配者，決定者，也不能是兩種生產方法混合起來的二元社會論，我們試再就秦漢社會之內的矛盾加以分析，很顯然的他的內在矛盾是很多很複雜的。如把它的社會層細分起來，有皇帝，有封君，有地方長官（如郡守縣令）有地主，有商人，有農民，有奴隸主人，有奴隸，不待說他們的相互之間都有若干矛盾，如皇帝與封君之間，則有强幹弱枝之說，地主與商人，也是「邑有人君之尊，里有公侯之富。」本來就是無冠的封君，然而他們與封君之間又有矛盾，即封君有事也要受他們高利貸的剝削，前引吳楚七國反時的「子錢家」就是明證，至於地主與商人間的矛盾也是有的。如鼂錯就說過：「此商人所以兼併農人，農人所以逃亡者也。」可是那時的皇帝總是代表地主階層的利益的，亦屢屢採取重農抑商的政策以困辱商人。此外奴隸既成了那時較嚴重的問題，奴隸與奴隸主人的矛盾，更可推知了。可是在秦漢時，無論如何，這些社會矛盾都是次要的，而主要的矛盾還是在一切上層勢力（皇帝，封君，官僚，地主商人）與農民的對立。農業生產是那時主要的生產，農民是惟一的生產者——直接生產者，也就是惟一的最後的被壓迫與被剝削者。換言之，秦漢時的社會經濟及其土地占有關係，決定了社會矛盾的中心。

綜上所述，無論就那一方面看，秦漢時代四百四十一年（自始皇稱帝到東漢獻帝禪位於魏曹丕之年，為西曆紀元前二二一年到紀元二二〇年）的中國社會，仍然是一個封建社會，不過較之周代，它有它的特殊之點，這就是：

一、土地由國有而私有，任人所耕，不限多少，因之土地可以自由買賣。

二、商業經濟相當發達，土地兼併大行，富者田連阡陌，貧者無立錐之居。

三、農民受着雙重的僭取，除負担地主的地租外，還要負担政府的賦稅，封建義務較前加重。

四、暫時的廢除了封建名詞，出現了表面上的統一政權。

五、社會的矛盾加深，逼出了統治者的改良政策，與農民的原始反抗。

（註一）日知錄二十二古封建之國，其未盡滅於秦始皇者，衛世家言廢衛君角為庶人，是始皇時衛未嘗亡也。越世家言越以此散，諸族子爭立，或為王或為君，濱於江南海上，服朝於楚。秦始皇本紀言二十五年王翦遂定荊江南地，降越君。漢興有東海王搖閩越王無諸之屬，是越未嘗亡也。西南夷傳又言秦滅諸侯，唯楚苗裔尚有滇王。然則謂秦滅五等而立郡縣，亦舉其大勢然耳。

（註二）李悝盡地力之說，詳於漢書食貨志。其說云：「地方百里，提封九萬頃，三分去一，為田六百萬畝，治田勤謹，則畝益三斗；不勤則損亦如之。今一夫治田百畝，歲收畝一石半，為粟百五十石。除什一之稅十五石，食五人，終歲為粟九十石。餘有四十五石，石三十，為錢千三百五十。除社閭嘗新春秋之祠，用錢三百，餘千五十。衣五十，終歲用錢千五百，不足四百五十。不幸疾病死葬之費，及上賦斂猶未與此。此農夫所以常困，而令糴至於甚貴者也。」因此，李悝就創為平糴之法。大熟糴三舍一，中熟糴二，小熟糴一。小饑發小熟之所斂，中饑發中熟之所斂，大饑發大熟之所斂，行之魏國，魏以富強。但於平糴之法以外，所謂盡地力者，並無可徵。或者即是「治田勤謹，則畝益三斗」之說耳。

（註三）柳貽徵中國文化史上册三八五面說：「漢時田租十五稅一，文景以後，皆三十稅一，且有時全除其租，可謂輕矣。然其時人民有算賦，自十五至五十六，出錢人百二十，又有口賦。自七歲至十四，出錢人二十，又有貲算，人貲萬錢，取算百二十七，貧民亦以衣履釜鬵為貲而算之。其往來徭戍，民道中衣裝悉自備。漢民負担之重，蓋前者所未有也。」按往來徭戍者，道中衣裝悉自備，與羅馬農民出戰，戎裝兵器悉由自備正同。

（註四）南越王趙佗，眞定人（今河北正定縣）。秦始皇時置南海，桂林，象郡，徙謫戍民與粵人雜處，以佗為南海龍川令。秦二世時，南海尉任囂病且死，召佗屬以後事。囂死，佗即移檄關隘，絕道聚兵，擊併桂林，象郡，自立為南粵武王。

（註五）中國通史第一册七三頁論黃唐三代領土疆域之恢廓並非實有。「蓋泰古游牧爭伐，居無常處，故於足跡所經，號為疆界者一矣。右豪部族，慕義從令，聲敎漸被，泛稱領土者二矣。」

（註六）羅馬極盛時，差不多所有當時爲人所知道的地方都在他們統治之下。他的國界擴充到了世界上三個著名的部分。即從大西洋到幼發拉底河，從北海岸，萊因河岸，多惱河岸，到黑海，非洲的沙漠與阿拉伯沙漠。現在的英格蘭是羅馬的不列顛尼亞省，法蘭西是它的迦里亞省，西班牙是它的希斯班尼亞省，希臘是它的格列西亞省。此外如小亞細亞的一部分和非洲沿地中海岸開闢的地帶都是羅馬的省分。然而羅馬那時是一個著名的奴隸國家，也並非近代集中的國家。

（註七）漢書百官公卿表師古注「漢制三公號稱萬石，其俸月各三百五十斛穀。其稱中（中言滿也）二千石者，月各百八十斛，二千石者百二十斛，比二千石者百斛，千石者九十斛，比千石者八十斛，六百石者七十斛，比六百石者六十斛，四百石者五十斛，比四百石者四十五斛，三百石者四十斛，比三百石者三十七斛，二百石者三十斛，比二百石者二十七斛，一百石者十六斛。」

（註八）漢書婁敬傳「臣願陛下徙齊諸田，楚昭屈景，燕趙韓魏後，及豪傑名家，且實關中。」漢書高帝紀「九年十一月，徙齊楚大族昭氏、屈氏，景氏，懷氏，田氏，五姓關中，與利田宅。」

【問題研究】

（一）秦漢商業經濟的發達對於封建制度有什麼影響？

（二）商業資本的特質如何？何以它不能成爲一個獨立的社會形式？

（三）封建郡縣的廢置，爲什麼不能變更秦漢社會的本質？

（四）什麼叫做社會經濟之決定的方面？所謂決定的意義應作如何解釋？

（五）秦漢時代的土地占有關係爲什麼仍是封建的？其不同於周代的在什麼地方？

。(六)秦漢時代的封建義務爲什麼較前加重了?這個變動的因子是主觀的還是客觀的?

(七)限田王田等制度爲什麼都失敗了?農民的反抗爲什麼也得不着最後的勝利?

(八)秦後的統一政權與近代集中政權究竟有何本質的不同?

(九)秦漢時代的豪族以及一切所謂大家族制,在封建組織內,是否算得一種重要成分?

(十)秦漢奴隸問題已成爲一與土地問題同等嚴重的問題,爲什麼那時不是奴隸社會,且不是封建制與奴隸混合的社會?

第三節　三國魏晉南北朝隋唐時代——約自三國至唐天寶

一　概說

秦漢商業資本已很發達,甚至於春秋戰國時就有人在喊中國封建組織的崩潰。那末秦漢以後的中國社會,如果循着秦漢商業資本發達的路向往前邁進,(註一)不是就要刺激科學的發明,海外市場的發見,進一步而引起中國的產業革命——技術革命嗎?然而秦漢以後的中國社會,即我們在這裏標題出來的三國魏晉南北朝隋唐這一幾百年的中國社會,卻不是這樣的,卻不是循着秦漢社會的路向往前邁進,恰恰相反,還來了一次社會經濟的逆轉,即由秦漢的商業經濟復返於自然經濟。有人把這一歷史階段看做中國歷史發展之特別階段,也就把這一階段的中國社會看做中國典型的封建社會。眞正是這種情形嗎?這一時期的社會經濟如果是逆轉了,它逆轉的原因是什麼?逆轉的程度怎樣?這一時期的中國社會如果是典型的封建社會,它的社會經濟結構之本質究竟如何?土地占有關係如何?生產手段的占有者對於直接生產者的關係如何——即地主對於農民的關係如何?那時歷史的材料所告訴我們的究竟是什麼？這都是我們在這一節裏要集中力量去說明的。再這一時代的封建組織較之周代，秦漢時代又有何特點？我們也要把它指出來。因之我們在這一節裏所要說明的主要點便如下：

（一）三國至唐的中國社會是否發生了社會經濟的逆轉；逆轉的原因是什麼？逆轉的程度如何？

（二）三國至唐的中國社會是否典型的封建社會？是否可以把它看做中國歷史上的特別階段？

（三）這一時代中國社會經濟結構的本質如何？即土地占有關係如何，生產手段的占有者對於直接生產者的關係如何？

（四）這一時代的歷史材料所告訴我們的究竟是什麼？

（五）這一時代與周代，秦漢時代有何不同的特點？

二　社會經濟之逆轉及其原因

所謂社會經濟的逆轉，一言以蔽之，就是由秦漢的商業經濟復返於周代的自然經濟。自然經濟就是自給自足的經濟。在一個領主或大地主下所行的農奴生產，其生產品主要都是為滿足領主或大地主之需要而生產。並且這種需要不假外求而能自給自足，這就是所謂自給自足的經濟。換言之，即這時的生產品不是商品。因此，這一時期的交換經濟或商業經濟是不發達的——也不是完全沒有交換與商業。交換經濟或商業經濟既是不發達，則為商業與交換之媒介的貨幣，自然也不通行。所以我們觀察秦漢以後社會經濟之逆轉與否，也應該從這兩點去觀察——即要看商業的發達與否與貨幣的流通與否。實在商業與貨幣是兩種緊密的聯繫物，即合起來看成一個東西也未嘗不可。如果從商業與貨幣的發展與流通看，三國魏晉南北朝直到隋唐這一幾百年的中國社會，實有幾分逆轉的形勢。

我們已經知道秦漢的商業經濟與貨幣流通的情形是怎樣了。自從經過漢末黃巾，董卓之亂，曹操父子（魏）奪取劉漢政權，顯現出來的就是一個商業停滯，貨幣廢而不用的現象。試看關於錢幣的，三國魏志董卓傳載：「董卓悉椎壞銅人，鐘虡，及壞五銖錢，更鑄為小錢。大五分，無文章，肉好，無輪郭，不磨鑢。……——自是後，錢貨不行。」通典卷八食貨八載「魏文帝——（黃初二年）罷五銖錢，使百姓以穀帛為市買。……——」文獻通考卷八載：「河西荒廢，遂不用錢，裂帛以為段數」魏書食貨志載：「魏初至於太和，錢貨無所周流，高祖始召天下用錢焉。」又載：「冀州以北，則用絹布交易。」從這些記載看來，足見那時貨幣是廢而不用了，貨幣廢棄，當然由於商業停滯。然而這並不是普遍的現象。例如上述魏文帝黃初二年罷五銖錢。至明帝時，「乃更立五銖錢，」並且「至晉用之，不聞有所改創。」此外，三國之吳蜀，亦屢鑄錢。例如吳志載：「嘉平五年春鑄大錢，一當五百。……赤烏元年（西曆二三八）春，鑄當千大錢。」蜀先主且以將鑄錢之故，「數月之間，府庫充實。」（亦見通典卷八食貨八）再如隋書食貨志及通考錢幣考對於南北朝亦有南朝用四銖錢，孝建錢（重四銖），二銖錢，鵞綖環錢，兩柱錢，鐵錢，北朝用永安五銖錢，五行大布錢，永通萬國錢等記載。所以我說那時的社會經濟實有幾分逆轉的形勢，這就是說不是完全的逆轉，不是完全的返於從前的自然經濟。但就貨幣流通的程度在另一事象上來看，則逆轉的形勢，便更為明顯。這就是從人民繳納於國家的稅品是用現物還是用貨幣這一點來看。

如果從這一點看，那時的稅品差不多全是繳納現物。以現物繳納稅品，足見貨幣的行使究竟是局部的。試將這一情形，從三國至唐初順次檢討下去，都可以說是現物稅品。三國之魏的稅品，據通考所載是：「令收田租，畝粟四升。」西晉的稅品，據晉書食貨志所載是：「丁男之戶，歲輸絹三疋，綿三斤，女及次丁男為戶者半輸。其諸邊郡，或三分之二，遠者三分之一，夷人輸賨布戶一疋，遠者或一丈。……——輸義米，戶三斛，遠者五斗，極遠者算錢，人二十八文。」北魏的稅品，據隋書食貨志所載是：「每戶一夫一婦，出帛一疋，粟一石。——……未娶者四人出一夫一婦之調，奴任耕，婢任績者，八口當未娶者四，耕牛十頭當奴婢八。其麻布之鄉，一夫一婦，出布一疋。」北齊北周和北魏也大體相同。「北齊已婚娶者，調絹一疋，綿八兩，義租五斗，墾租二石，謂之一床之稅。」「北周有室者，亦歲調絹一疋，綿八兩，米五斛。………」再看隋之稅品，據隋書食貨志所載也是：「丁男一床（一夫一婦謂之一床）租粟三石。桑土調以絹絁，麻土調以布，絹絁以疋，加綿三兩；布以端，加麻三斤。」唐初則如舊唐書食貨志所載：「每丁歲入租粟二石謂之租。凡丁歲役二旬；若不役則收其庸，每日三尺………謂之庸，丁隨鄉所出，歲輸綾絹絁各二丈，布加五分之一；絹三兩，輸布者麻三斤，謂之調。」此外南朝的稅品，以戶賦爲準，也是「制天下人戶歲輸四疋。」這是南朝宋孝武帝大明五年（西曆四六一年）時事；至南齊武帝時（西曆四八三——四九三年）改爲「揚、南徐二州今年戶租三分二分見布，一分取錢。」由以上的記載看來，則人民繳納於國家的稅品，全是現物，祇有在西晉時極遠的夷人可以輸錢，再就是南齊武帝時戶租一分取錢。這當然由于貨幣的使用是局部的，而貨幣使用的不普遍，當然又是商業停滯社會經濟逆轉的結果。尤其是在人民所繳納的稅品當中，差不多粟米與布帛是并重的，這就顯 現了粟米與布帛生產的合一，亦即顯現了農業與手工業生產的合一。所以在這種情形之下，一面顯示着農業與手工業生產結合的自給自足的生產；一面顯示着「單純再生產」的生產關係。這種情形，從三國到唐初都是一樣充分的顯示着某種程度的社會經濟的停滯——社會經濟的逆轉。

然則社會經濟逆轉的原因是什麼呢？我們可以說由于內亂＝戰爭＝混戰＝混亂。試看歷史所告訴我們的，那時從漢末黃巾之亂開始，接着有董卓之亂，李傕，郭汜之亂，羣雄割據之亂，後來羣雄雖併於三國，三國復統一於晉。然而接着又有晉八王之亂，五胡之亂。五胡亂華這一幕悲劇（也可以說是喜劇）實給與中國歷史一個大變動，關於這一部分，容在後面專篇論述。現在祇說一說以上各種混戰＝混亂的狀況及其給予中國社會經濟的影響。

據三國志魏志衛覬傳載：「關中膏腴之地頃遭荒亂，人民流入荊州者十餘萬家。」後漢書劉虞傳載：「青徐士庶避黃巾之亂歸劉虞者百餘萬口。」冊府元龜卷四百八十六載：「自廬江，九江，蘄春，廣陵戶十餘萬皆東渡江，江西遂虛。」這是因戰亂而使人民逃避以及流離轉徙的情形。後漢書董卓傳載：「李傕郭汜相攻長安城空四十日，强者四散，羸者當食二三十年，間關中無復人跡。」又據晉書卷二十六載：「獻帝至安邑，御衣穿肘，唯以野草園菜以爲糇糧。自此長安城中盡空，並皆四散，二三十年，間關中無復行人。」這是因戰亂而使城市爲墟的情形。同書載：「當時物價昂貴，穀一斛五十萬，豆麥二十萬，人相食啖。」又載：「袁紹在河北軍士仰食桑椹；袁術在江淮，戰士取給蠃蒲。」這是因戰亂而使農業荒廢食物缺乏的情形。再據三國志魏志張繡傳載：「是時天下戶口減耗，十裁一在。」又三國志魏志陳羣傳載：「今喪亂之後，人民至少，比漢文景之時，不過一大郡。」這是因戰亂而使人口損耗的情形。人民流離轉徙，城市爲墟，農業荒廢，食物缺乏，人相食啖，人口損耗。我們祇要看了這些記載，就知道戰亂到了什麼程度，它所給予於社會經濟的影響如何。這種社會秩序，生產組織的大破壞，自然要使社會經濟停滯不進，甚至於逆轉到原來的自然經濟的生產關係去。

社會經濟的逆轉，固然由於內亂＝戰亂＝混亂，然則戰亂＝混亂的原因又是什麼呢？如前所說，則是由於土地兼併的劇烈，封建壓迫的嚴重。黃巾之亂正是被壓迫農民對於封建地主之一種反抗的表示。這種農民對封建主的反抗所引起的歷史動亂，可以說是封建社會內在矛盾之必然的顯現，也可以說是封建社會的運動法則之必然的顯現。如果這種內在矛盾不能解消，而土地問題不解決，農民與封建地主的對立不泯除，這種歷史的動亂也是永不會停止的。而在中國的封建史上，更顯示出來了一個長期的循環。

三　社會經濟逆轉之又一原因——五胡亂華

五胡是那時中國西北方的各種民族，並且是新興的（與漢族比較）各種民族。他們從中國的西北方侵入中國內地。侵入那時所謂「中原」是有許多地方類似於歐洲的日耳曼蠻族之南侵侵入羅馬帝國的。日耳曼蠻族侵入羅馬帝國以後，就佔據了羅馬帝國，在羅馬帝國的廢墟上，建立了歐洲中世紀的封建社會。中國那時的西北蠻族，即五胡蠻族侵入中國的北部（中原）以後，也就佔據了中國北部，在中國北部的廢墟上，建立了中國近於周代的封建社會，即近於古井田制的均田社會。日耳曼蠻族之所以能侵入羅馬，實由於羅馬奴隸社會之先自崩潰。羅馬經濟建築在奴隸生產上，羅馬帝國的軍隊建築在羅馬的小農身上。從因戰爭頻繁，小農沒落，奴隸主人及羅馬的統治者日趨腐敗，對於奴隸的榨取過甚，奴隸生產衰落。於是日耳曼蠻族便乘機而入羅馬。貴族的腐敗就是因為他們在征服各種文化不同的種族以為奴隸後，便就脫離生產，盡量享樂侈靡無度，這種情形，也是與西北蠻族——五胡侵入中國的前後一致的。中國因秦漢時代的統一，大體也同羅馬帝國的統一差不多。它的經濟基礎與軍隊都可以說建築在農民身上，但因土地兼併劇烈，封建剝削嚴重，而使農民日趨沒落，正是兩漢之季的情形，而後漢時更甚，所以黃巾之亂一爆發，遂至不可收拾，社會秩序，生產組織，均破壞不堪。五胡的南侵也就從那時開始。本來經曹魏戡定北方與蜀吳鼎足而三以至於西晉統一，這個中間中國社會也有過幾十年的比較安定局面，社會秩序經濟組織也有過相當的恢復，然接着就是八王之亂，而宮闈之淫亂（註二）與流俗之奢侈，（註三）實較羅馬有過之無不及，所以使得他們——五胡蠻族有機會可以大舉南侵。日耳曼蠻族的侵入羅馬，是毀滅了羅馬已有的過去的文明的，尤其是振轉了它已發達的商業經濟。西北各蠻族之侵入中國北部，也是毀滅了中國北部已有的文明，並振轉了它已發達的商業經濟。有人把秦之統一六國，認為中國歷史一大轉振，實在西北各蠻族之侵入中國，其對于中國經濟政治文化之各方面的影響，尤為重大。我們現在僅就其對於中國之經濟的影響而一檢討之。

劉道元氏說：「永嘉之亂（西曆三〇七——三一二）中原頓入黑暗時期，社會秩序完全崩潰，迨至元魏孝文帝遷洛（西曆四九三）擾攘已至一百八十餘年之久。這是社會大轉變的關鍵……」（見所著中國中古時期的田賦制度七四頁）又據劉氏所述五胡亂華的影響，是士庶南渡，人口掠奪，破壞屯田，肆行殺戮等等，因此便引起年歲飢荒，物價昂貴，文化退步，人口減少等現象。又據繆鳳林氏說：「漢族所受之禍，以懷帝永嘉五年爲最甚。石勒，劉曜等所殺晉人，不下數十萬人，其被驅掠轉徙者，尙不可以數計。其後石虎，苻生，赫連勃勃等，戎狄殘獷，政刑慘虐，陵轢中夏，尤無復人理。」（見所著中國通史綱要第二冊一六九——一七〇頁）因爲就文化程度說，那時中國西北方的五胡，都是遊牧種族，在未入中國以前，完全過的是依水草爲轉移的遊牧生活，他們的社會秩序，可以說還沒有完全走出氏族社會的階段，甚至于還趕不上未侵入羅馬以前的日耳曼蠻族。因此即在侵入中國以後，也還是忘記不了他們的遊牧生產方法。所以元魏南下之始，還是他們的遊牧生活，佔領了中國肥沃的農田，並不知道種植五穀，竟把它拿來作牧場。後來到了所謂世祖太武帝時（西曆四二四——四五一），甚至中國的西北部還有他們的大牧場存在。據魏書食貨志所載：「世祖之平統萬，定秦隴，以河西水草善，乃以爲牧地。畜產滋息，馬至二百萬匹，橐駝將半之，牛羊則無數。高祖即位之後，復以河岸爲牧場，恆置戎馬十萬匹，以擬京師軍警之備，每歲自河西徙牧於幷州，以漸南轉，欲其習水土而無死傷也，而河西之牧彌滋矣。」這就可以推知他們對於中國社會經濟的影響。不僅此也，甚至於有人以爲中國北部地味之漸薄，都是由於五胡之亂，及以後遊牧民族不斷的對於北部地力摧殘的結果。試看他說：

「後來文化的中心一天一天往南移，雖說是漢民族受了他族壓迫往南遷徙的緣故，但是歷來的政治重心，原仍在北方，似乎不應有此現象。推究這種現象或趨勢的由來，似乎也不能不說是受自然或地利的影響。我們只要看漢唐兩朝同都長安，但漢時只須『漕轉山東粟』（當時所謂山東，指崤函以東言，即中原之地——原著者註，）唐代却不能不仰給於東南（唐書食貨志「唐都長安，而關中號稱沃野，然其土地狹，所出不足以給京師，備水旱，故常漕轉東南之粟。」——原著者註；）唐朝中期的韓愈竟說是「當今賦出天下，而江南居十之九」了。可見這種地味變遷的劇烈。王船山推究這種變遷的原因，以爲是「從唐時竭三吳以奉西北，使北方人坐食而不力田，以致中原成爲無實之土」（王船山讀通鑑論「自唐以上，財賦所自出，取之豫兗冀雍而已足，未嘗求足於江淮也。特江淮以爲資，自第五琦始。……竭三吳以奉西北，——乃西北蒙坐食之庥。……坐食而驕，驕而佚，月倍三釜之餐，土無再易之力，陂堰不修，桑蠶不事，舉先王盡力溝洫之良田，聽命於旱蝗而不思捍救。……冀土者，唐堯勤儉之餘澤也；三河者，商家六百載奠安之樂土也；長安者，周漢之所久安而長治也。生於此，遂斁於此歟，一移其儲待之權於江介，而中原幾爲無實之土。第五琦不得已而用之，禍遂延於千載。」——原著者註。）其實這已有點倒果爲因。講到中原的荒敗，東南的開闢，轉移的關鍵，還是在『五胡之亂』。本來所謂五胡的匈奴，羯，氐，羌，鮮卑，原都是遊牧民族。遊牧民族但曉得放縱他們的牲畜，嚙噬草木而不知種植，這就是摧殘地力的大原因。晉時束晳便已有見於畜牧的妨害農事（晉書束晳傳：「又州司十郡，土狹人繁；三魏尤甚。而猪羊馬牧布其境內，宜悉被廢，以供無業。業少之人，雖頗割徙，在者猶多。田諸苑牧，不樂曠野，貪在人間，故謂北土不宜畜牧，此誠不然。案古今之語，以爲馬之所生，實在冀北；大賈牸羊，取之清渤；放豕之歌，起於鉅鹿。是其效也。可悉諸牧以充其地，使馬牛猪羊齕草於空虛之田，游食之人受業於賦給之賜。」——原著者註，）而主張盡移牧畜的人到北鄙地方去。當時雖不是指五胡講，但是五胡的興起原也不是外來的（參看晉書江統傳所載江統徙戎論——原著者註。）而且五胡中自相殘滅的時候，往往說是奪獲了馬牛羊十百萬匹和珍寶幷稱；戰時且以牧奴相詬罵（晉書載記石勒上：「河西鮮卑日六延叛於勒，石季龍討之，敗延於朔方，斬首二萬級，俘之萬餘人，獲牛馬十餘萬。」石勒下：「使石季龍擊託候部掘咄哪於岍北，大破之，俘獲牛馬二十餘萬。」禿髮傉檀下：「傉檀於是率師伐沮渠蒙遜，次於氐池，蒙遜嬰城固守，芟其禾苗，至於赤泉而還。獻與馬三千匠，羊三萬頭。」「蒙遜侵西平，徙戶，掠牛馬而還。」苻堅下：「慕容沖進逼長安，堅登城觀之，——賁沖曰：『爾罷窶奴。正可牧牛羊，何爲殺死？」——原著者註。）可見五胡本着他們遊牧的生活，簡直拿中原作爲他們畜牧之場，地味又怎樣不一天薄劣一天呢？雖說是他們不久便漢化，踏上了農業社會的階梯，但五胡之後，繼以安史；安史之後，繼以契丹；契丹之後，又繼以女眞和蒙古，無一不是遊牧民族；而他們所蹂躪的地方，又無一不在中原，所以到了王船山的時候，便成了「無實之土。」到了現在，據西人在華的考察，中原之地已逐漸要變成沙漠了（見英人所組織皇家亞洲協會華北分會一九二八年年報所載恩格蘭德爾博士（Dr A. L. Englander）所著沙漠之成因及華北沙漠之南漸。——原著者註。）」（見金兆梓所著新中華本國史上編九——十頁。）

這種說法，是否過分，雖難臆斷，但已充分證明西北蠻族之南侵，對於經濟影響之大。古之中原，中國的文化中心地，秦漢商業經濟繁榮之區，的確一時都爲他們的馬牛豬羊的足跡所蹂躪了。所以我說五胡亂華是一幕悲劇。然同時在因民族血液的雜糅而轉有新興之氣（現在的中國人多是各種蠻族混合的混血兒），以及中國民族同化的範圍之擴大上，再則因避五胡之亂，中原人士相率南徙，促成南方之開化，即在文化中心之由北而南的轉變上，它都是大有力量的功臣。同時又造成了北魏均田制度的社會條件。這種均田制度的價值如何，暫可不問，但它卻支配了中國幾百年土地史，由北魏而北齊，北周，隋，唐初，都可以說是在均田制度的精神支配下。後之儒者雖以其爲夷狄而排之，然亦甚讚其土地制度可以爲後世法。顧亭林日知錄有曰：「後魏雖起朔漠，據有中原，然其墾田均田之制，有足爲後世法者。……——其制唐時猶沿之。——嗟乎，後之人君，欲留心民事而創百世之規，其亦運諸掌上也。」因之，我又說它——五胡亂華是一幕喜劇。

四 三國至唐的中國社會經濟結構——土地占有關係

這個時期的土地占有關係，可以說是很複雜的。有國有的土地，有民有的土地，有豪族——士族——貴族——大家族有的土地。秦漢時代已是土地私有，這個時期的國有土地是怎樣來的呢；換言之，這個時期的國有土地，是否爲鑒於土地私有之弊而來的一種有意識的土地制度之改革呢？不是，這完全由於戰亂之後，人民逃亡，人口減少，荒廢無主之地，遂自然變爲國有。如前引「關中膏腴之地，頃遭荒亂，人民流入荊州者十餘萬家，」「是時天下戶口減耗，十裁一在，」都是很好的證據。然而這種國有土地，在三國時究竟不是重要成分，也不會有意識的把它當做國有土地來處理，卽在三國時不過因一時軍事之需就地屯田，並沒有分配給人民，到晉才以此種土地實行占田，北魏才以此種土地實行均田，這才具備了古代國有土地授田還田的形式。其詳留在後面敘述，現在先說一說三國的屯田。自然三國以後也不是沒有屯田，但在經濟結構的意義上究有主從之分。

三國的屯田，大概說來有三種形式：一是軍屯，卽軍隊所在的地方，卽命其就地耕種，以充軍餉。有事則爲兵，無事則爲農。這在曹魏，東吳都行過，而行之最有計劃的是鄧艾。魏志鄧艾傳：「艾以爲陳蔡之間土下田良，可省許昌左右諸稻田，幷水東下，令淮北屯二萬人，淮南三萬人。十二分休，常有四萬人且田且守，水豐常收三倍於昔，計除衆費，歲完五百萬斛以爲軍資，六七年間可積三千萬斛於淮上，此則十萬之衆五年食也。」二是州郡屯田，其實也無異於軍屯，因爲郡時州郡的刺史太守，多由軍官充任，不過軍屯的軍隊無常額，是流動的，而州郡兵則有常額且爲定着的，有此一點不同而已。三是徙民屯田，嚴格的說，這已不能叫做屯田。因爲屯田的特徵總是利用士兵與土地的閒暇及兵事兵餉的便利之一種臨時辦法。而三國的徙民，祇是一種移民，卽將甲地之民徙於乙地，如曹丕徙民譙郡以爲屯田，司馬懿表徙冀州農夫五千人佃上邽，猶都祇是把無田的人民徙至有田的地方令其耕種而已。此外晉時還有使用奴隸代耕軍田的辦法。晉武帝咸寧元年（西曆二七五年）詔曰：「出戰入耕，雖自古之常，然事力未息，未嘗不以戰士爲念也。今以鄴奚官奴婢著新城代田兵種稻，奴婢各五十人爲一屯，屯置司馬，皆如屯田法。」再則是國家特別設置一種田官，主持國有土地——官田的農業經營。這就很明顯的是國家當地主子。國家直接當地主，就是土地占有者的國家地主，對於直接生產者——農奴，直接發生關係，直接僭取其剩餘勞動以自奉養。實則屯田也是國家地主的變相，國家以其占有之土地，使用軍隊耕種，其目的在使國家經費——尤其是軍事給養自足自給，這也不是土地占有者對於直接生產者僭取其剩餘勞動嗎？不過僭取的對象，一爲農奴，一爲士兵罷了；本質並沒有什麼不同。這樣說來，三國時把國有土地拿來屯田，其根本性質是封建的。

至於民有土地，也就是人民私有的土地。這種人民私有的土地制度，當然就是秦漢土地私有制之直接的繼續。祇要是在漢末以及繼此而來的大亂中，沒有逃亡，沒有犧牲的農民，就還保有他們的私有土地。不過在秦漢時代土地兼併就已盛行，眞正還保存在小農手上的土地，一定是很少罷了。就是很少的土地，怕也仍不免於爲豪族所兼併，國家屯田所侵佔，例如那時敦煌郡以喪亂隔絕，曠無太守二十歲，大族便乘機佔田，舊大族田地有餘，而小民無立椎之土。而且租稅徭役負担很重，魏志武帝紀裴注：「收田租畝粟四升，戶出絹二匹綿二斤。……」不過民有土地雖然很少，而且負担很重，但它是的確存在的，甚至於在行占田制的晉，均田制的魏，以及隋唐，這種民有土地，或者仍然存在的。不過他們是散漫的存在，在社會經濟上不占重要地位而已。

此外所謂豪族——大家族——士族——貴族有的土地，還是與國有民有不同的，在形式上它與大地主所有也不同。因爲在秦漢或秦漢以後的大地主，他們的土地有好多是買賣關係來的。他們雖然把剩餘土地租與佃戶耕種，佃戶要向他們完納地租，他們仍然要向國家完納地稅。而這個時期豪族所有土地則不然，即他們不向國家納稅，替他們耕種土地的農民，也不是單純的主佃關係，而是主從的隸屬關係。這樣的豪族在秦漢時也並不是沒有，如我們在前面所述大家族瞯氏，穰氏，原褚，西高氏，東高氏，兪，張，許，史四大家都是。又如前引仲長統之說：「井田之變，豪人貨殖，館舍布於州郡，田畝連於方國。身無半通靑綸之命，而竊三辰龍章之服，不爲編戶一伍之長，而有千室名邑之役。榮樂過於封君，勢力侔於守令。財賂自營，犯法不坐，刺客死士爲之投命，至使弱力少智之子，被穿緯敗，寄死不斂，寃枉窮困，不敢自理。……」足見豪族占有土地之多，社會勢力之大，仲長統說的已是漢末的情形，也可以說是豪族開始形成的情形。三國，三國以後的豪族，自然是從以前的豪族演變下來的。然而成爲一個支配的社會形態，則到底非以前的豪族所可同日而語。

漢末的豪族，在黃巾之亂起後，接着而有董卓之亂，李郭之亂，新興軍事酋長如袁紹，袁術，呂布等等紛紛割據之亂，沒有一個統一的政治勢力出現時，他們便起而自衛，或加入某一軍事酋長幫助割據，因以造成他們的社會地位並政治地位。也就是說把他們本身造成一個諸侯，小酋長，如許褚，勇力絕人，漢末聚少年及宗族數千家，共堅壁以禦寇。這一數千家的堅壁，自然就會演成一個小諸侯的城塢。任峻別收宗族及賓客家兵數百人願從曹操（以上見魏志許褚傳，任峻傳）這樣他也就會要以屬從的資格得到土地的賜與，把自己造成一個享有土地莊園的領主。這是這個時期豪族普遍形成的原因，但這是政治上的原因。不過這一政治上的原因反作用於經濟即爲封建的領主的土地占有築好了地盤，是與普通的政治原因不同的。這就是說因政治上的大紛亂而形成了社會經濟的逆轉，恰好使在紛亂中日益長大的豪族，能在他所占有的土地範圍以內，使用農奴而行自給自足的封建生產。

我們試看這時豪族的構成，的確是一個小諸侯，小酋長，典型的封建領主。第一，豪族的團體員，即豪族的組成分子。是一種階層對立極分明的組織，上層是家長族長及其家屬，下層即爲其佃農，賓客，部曲，倉頭，奴隸等等。上下層的身分是絕對不同的，凡不同身分的人，各有其不同的職守。所以這裏所說的佃農，絕不是主佃的契約關係，完全是一種主從的隸屬關係，已成爲不自由的農奴，這些人是從那裏來的，這大概就是我們前面所說的民有土地的小農，在嚴重的土地兼併或荒亂之下不能自存，即多依附於豪族大族，即令亂平還家，而原有土地也被占去，仍然不能自存，也祇有依附於豪族大族，因此就漸漸變成豪族大族的農奴，即由對國家的課役關係，變爲對領主的課役關係，賓客似乎是一個很堂皇的稱謂，但這也是依附豪族，演而爲失去高尙身分的人。那時史實常有賓客恃豪族之勢，强暴侵陵的記載。例如魏志司馬芝傳：「郎主簿劉節舊族豪俠賓客千餘家，出爲盜賊，入亂吏治。」可見豪族中的賓客也祇是幫同豪族搶掠的豪族部屬而已。所謂部曲，質言之就是家兵，無事時參加耕作，有事時就要執戈禦侮，他們也祇算得豪族的一種隸屬，本身不能自由行動。此外所謂倉頭，就是一種專門執行家庭勞動的家庭奴僕，大家族的倉頭動以百數，如晉石崇有倉頭八百人。奴隸在這時依然很多，奴隸的掠奪販賣依然很盛行，奴隸並且是參加農業手工業生產的，所以有「奴任耕，婢任織」，「耕當問奴，織當問婢」的成語。試看這樣一個豪族的組織，我們還能說它不是一個小諸侯嗎？

這種豪族的豪富，龐大在這個時期史不絕書，如晉之王戎，史稱其「性好興利，廣收八方田園，水碓周徧天下。」晉之石崇，史稱其「水碓三十餘區，倉頭八百餘人，他珍寶貨賄田宅稱是。」而且「一宗將近萬室，烟火連接，比屋而居。」（見宋孝王撰關東風俗傳）他們是與國家並立的，是與國家分割租稅的。所以不但他們不對國家繳納租稅，而附屬於其下的人民也不對國家納稅，謂之「蔭附」。這種蔭附是用法令詔書正式規定的。例如官吏「又各以品之高卑蔭其親屬，多者及九族，少者三世，宗室國賓先賢之後，及士人子孫亦如之。」不僅此也，並得蔭人以爲衣食客及佃客，人數也以官品高卑爲準，例如「品第六以上得衣食客三人，第七第八品二人，第九品及舉輦，跡禽，由基，强弩……一人。」這都是皇帝給與他們的種種特權，這種種特權是同歐洲封建諸侯所享有的特權一樣的。因此三國以後的豪族，至晉就漸演爲士族——世族——貴族，舊史家謂爲古代階級之制，鏟除於秦漢者，至是又復盛行，亦有幾分之近似。所以那時門第之見，突入人心，雖以政治力量不能改易。（註四）甚至於帝王的朝代雖更，而豪族的冠冕仍不替。晉既然是「王與馬共天下」（註五）而唐人修氏族志，尙有這樣的說話：「過江則爲『僑姓』，王，謝，袁，蕭爲大，東南則爲『吳姓』，朱，張，顧，陸爲大，山東則爲『郡姓』，王，崔，盧，李，鄭爲大，關中亦號『郡姓』，韋，裴，柳，薛，楊，杜首之，代北則爲『虜姓』，元，長孫，宇文，于，陸，源，竇首之。」這些大姓豪族，可以說都是一些小諸侯，小酋長，典型的封建領主。他們在這個時候，可以說是一種支配的社會形態，支配的社會勢力與政治勢力所以這個時候的社會經濟結構——土地占有關係，除了很少的民有土地而外，就是土地國有，土地豪族有，也就是土地領主有，所以它的經濟結構的本質是封建的。

五 占田與均田

占田制度，行於西晉。這就是把由荒亂而變成的國有土地，拿來計口授之於人民。這就與三國把國有土地拿來實行種種屯田不同了，換言之，即較接近於古代國有土地授田還田的形式了，也就是較接近於儒家理想的井田制度了。但這卻是由於事勢的必然。形成這種必然的背景，我們在前面已簡單的說過，茲不贅，我們在這裏試先就其實施情形加以考察。

一是只論性別不論年齡的占田。如晉書卷二十六食貨志載：「男子一人占田七十畝，女子三十畝。」但這是普遍的占田，沒有租課的義務。一是有租課義務按年齡而授與的課田。如同書說：「其外丁男課田五十畝，丁女二十畝，次丁男半之，女則不課。」所謂課田，是授予有負擔租課能力的人們的，無負擔租課能力者不授。關於有負擔租課能力的年齡的規定，同書載：「男女年十六以上至六十為正丁，十五以下至十三，六十一以上至六十五為次丁，十二以下，六十六以上為老小不事。」這就是「戶調式」的租稅制度的根據。同書載「丁男之戶，歲輸絹三疋綿三斤，女及次丁男為戶者半輸。其邊郡或三分之二，遠者三分之一。夷人輸賨布，戶一疋，遠者或一丈。」戶調的用意，是在計丁計口以課占田之數，不使有無田之戶。這是人民的占田。

此外官吏亦占田。晉時採用九品官人之制，其占田亦分九等。如同書載：「其官品第一至於第九，各以貴賤占田。品第一者占五十頃，第二品四十五頃，第三品四十頃，第四品三十五頃，第五品三十頃，第六品二十五頃，第七品二十頃，第八品十五頃，第九品十頃，而各又以品之高卑，蔭其親族。多者及九族，少者三世。宗室國賓（曹魏之後）先賢之後及士人子孫亦如之。」這樣，官吏占田雖很多，但尚有限制，不僅占田有限制，卽諸侯王在京城購置田宅也有限制。如「王公京城得有一宅之處。近郊由大國田十五頃，次國十頃，小國七頃。」又不僅土地田宅有限制，卽佃客亦有限制。如「第一第二品佃客毋過五十戶，第三品十戶，第四品七戶，第五品五戶，第六品三戶第七品二戶，第八品第九品一戶。」綜起來這就是所謂西晉的占田制度，實卽所謂限田也。人民之占田有限，官吏之占田有限並官吏之佃戶亦有限，但我們要注意一點，卽西晉時的占田，祇有受而無還是也。

均田之制，行於北魏，但其初年，却仍是踵晉計口授田之法的；並且最初——卽其初入中原的時候，還過了些時的游牧生活，後來才由游牧而農業，由農業而計口授田；並且其計口授田，也祇有受而無還。但因漸漸人口增多，國有土地的分配難保平均，而時間稍久，有受無還，卽發生土地私有化的傾向，貧富的不均也因之發生，加以中國北部統一以後，一時頗有承平之象，商業逐漸復興，更促進土地兼併的盛行。於是不能不發生重行分配土地的問題了。這樣才有人主張均田（註六）這樣才由晉之計口授田而均田，這裏我們也要首先看看它實施的情形。

一、諸男夫十五以上，受露田四十畝，婦人二十畝，奴婢依良，丁牛一頭受田三十畝，限四牛，所授之田率倍之，三易之田再倍之，以供耕作及還授之盈縮。

諸初受田者，男夫一人給田二十畝，課蒔餘種：桑五十樹，棗五株，榆三根。非桑之土，夫給一畝，依法課蒔榆棗。奴婢依良，限三年種畢；不畢，奪其不畢之田。於桑榆地分雜蒔餘果及種桑榆者不禁。諸應還之田，不得種桑榆棗果，種者以違令論。

諸麻布之土，男夫及課，則給麻田一畝，婦人五畝，奴婢依良，皆從還受之法。

諸民有新居者，五口給地一畝，以爲居室，奴婢五口給一畝。男女十五以上，因其地分，口課種菜五分畝之一。

以上是田的種類及分配。

二、諸民年及課則受田，老免及身沒則還田。奴婢牛隨有無以還受。諸桑田不在還受之限，但通入倍田分。於分雖盈，沒則還田，不得以充露田之數，不足者有露田充倍。

諸桑田皆爲世業，身終不還，恆從見口。

諸有舉戶老小癃殘無授田者，年十一以上及癃者，各授以半夫田；年逾七十者，不還所受；寡婦守志，雖免課，亦授婦田。

諸還受民田，恆以正月，若始受田而身亡，及買賣奴婢牛者，皆至明年正月乃得還受。

以上是受田還田的規定。

三、諸土廣民稀之處，隨力所及，官借民種蒔。役有土居者，依法封授。諸地狹之處，有進丁受田而不樂遷者，則以其家桑田爲正田分，又不足不給倍田，又不足家內人別減分。無桑之鄉，準此爲法。樂遷者聽逐空荒，不限異州他郡，惟不聽避勞就逸。其地足之處，不得無故兩移。

諸一人之分，正從正，倍從倍，不得隔越他畔。進丁受田者，恆從所近；若同時俱受，先貧後富。再倍之田，放此爲法。

諸遠流配讁無子孫及戶絕者，墟宅桑榆盡爲公田，以供授受。授受之次，給其所親，未給之間，亦借其所親。

有盈者無受無還，不足者受種如法。盈者得賣其盈，不足者得買所不足。不得賣其分，亦不得買過所足。

以上是授田的次序及土地的配置。

四、諸宰民之官，各隨地給公田，刺史十五頃，太守十頃，治中別駕各八頃，縣令郡丞六頃。更代相付，賣者坐如律。

以上是地方官吏的受田。（以上均見魏書食貨志）

在北魏均田制的實施情形中，我們看出可注意的三點：即第一，北魏的均田不是盡奪富人之田以與貧人。所謂露田似即荒廢無主之田，卽如所云「諸遠流配謫無子孫及戶絕者」所以還受的祇限於露田，而入戶世業的桑田，則不還受。第二，對於富人很多的土地，祇想用極和緩的辦法使它自然減少。卽如所云「有盈者無受不還，不足者受種如法，盈者得賣其盈，不足者得買所不足，不得賣其分，亦不得買過所足」。第三，在地狹人多的地方，也不強人搬遷，不過以桑田爲正分，不足不給配田，又不足則減分，至於樂遷的人們，則額外賜與宅地以資獎助。有此三點，或卽北魏均田所以能行於一時之故。

因此北魏的均田，也可以說是與西晉的占田一樣，不一定是能澈底解決土地問題的辦法，然而它的精神，却支配了北齊北周，隋唐幾個朝代的歷史，所以我們講到均田，對於北齊北周隋唐實施的情形，也不能不加以考察。先說北齊。

一、受田還田之規定如下：

男子十八以上六十五以下爲丁，十六以上十七以下爲中，六十六以上爲老，十五以下爲小。率以十八受田輸租調，二十充兵，六十免力役，六十六退田，免租調。每年以十月爲成丁受田及老而退田的時期。

二、田之種類及分配如下：

其方百里外及州人，一夫受露田八十畝，婦四十畝，奴隸依良人，丁牛一頭受田六十畝，限止四牛。（露田爲口分田——編者）又丁男一人給永業田二十畝爲桑田，其中種桑五十根，楡三根，棗五根，不在還受之限，非此田者悉入還受之分。土不宜桑者，給麻田如桑田法。

奴婢受田者，親王止三百人，嗣王二百人，嗣王以下至庶姓王百五十人，三品以上及王宗百人，七品以上八十人，八品以下至庶人六十人。

但北齊有一特點，卽所受之田，無論爲口分爲永業，在法令上皆禁止買賣，而大概情形則不外繼北魏均田制之精神耳。

試再說北周及及隋之均田情形。據隋書食貨志：

「周太祖作相，創制六官司均，掌田里之政令。凡人口十以上，宅五畝，口九以上，宅四畝，口五以下，宅五畝。有室者田百四十畝，丁者田百畝。司賦，掌功賦之政令。凡人自十八至六十四與輕癃者皆賦之。有室者，歲不過絹一疋，綿八兩，粟五斛；丁者半之。其非桑土，有室者布一疋，麻十斤，丁者又半之；豐年則全賦，中年半之，下年三之，皆以時徵焉。若艱凶札，則不征其賦。」

關於北周均田的文獻，我們所知道的，僅上述寥寥數語，似已不如北齊之完備。然葉水心仍稱道之「以其時田皆在官故也。」（註七）隋是繼承北周而統一南北朝的一個較大的國家，其所謂永業，口分之制，一如北齊，可勿贅述。這裏僅舉其關於之官吏佔田的辦法。約言之，則有三種：

一是永業田，如「自諸王以下至於都督，皆給永業田各有差。多者至一百頃，少者四十頃。」二是職分田，如「京官又給職分田，一品者給田五頃，每品以五十畝為差，至五品則為三頃，六品二頃五十畝，至九品乃為一頃。外官亦各有職分田，」三是公廨田，如「又給公廨田以給公用。」（以上均見隋書食貨志）職分田與公廨田是不同的。職分田是俸祿，公廨田等於現在的辦公費。官吏占田有這樣多的名目，自然是占田很多，土地便不够分配。所以開皇十三年（西曆五九二年）隋文帝又發使四出，大均天下之田。其狹鄉人民占田每丁纔至二十畝，老小則更少，實則人民占田，所謂永業口分之制，又已不如北齊矣。

再看唐代均田情形怎樣？唐制：

「度田以步，其闊一步，其長二百四十步為畝，百畝為頃。」

「凡民始生為黃，四歲為小，十六為中，二十一為丁，六十為老。」

「授田之制，丁及男十八以上者，人一頃。其八十畝為口分，二十畝為永業。老及篤疾廢疾者人四十畝，寡妻妾三十畝，當戶者增二十畝，皆以二十畝爲永業，其餘爲口分。永業之田，樹以楡，棗，桑及所宜之木，皆有數。」

「田多可以足其人者爲寬鄉，少者爲狹鄉。狹鄉授田減寬鄉之半。」

「其地有厚薄，歲一易者倍授之，寬鄉三易者不倍授；工商者寬鄉減半，狹鄉不給。」

「凡庶人徙鄉及貧無以葬者，得賣世業田；自狹鄉而徙寬鄉者，得幷賣口分田；已賣不復授。死者收之，以授無田者。」

「凡收受，皆以歲十月，授田先貧及有課役者。凡田，鄉有餘以給比鄉，縣有餘以給比縣，州有餘以給比州。」

「諸賣地者不得過半制。雖居狹鄉，亦聽依寬制。其賣者不得更請。凡賣買皆需經官。年終彼此除附；若無文牒輒賣買，財沒不追，地還本主。」

以上是人民受田的規定。此外官吏授田，也同隋一樣。有永業田，職分田，公廨田三種。

官吏的永業田，也以品級定多寡。如「親王——百頃，國公職事官一品六十頃，郡王職事從一品五十頃，國公職事官從二品三十五頃，縣公職事官三品二十五頃，職事官從三品二十頃，侯職事官四品十二頃，子職事官五品八頃，男職事官從五品五頃，六品七品二頃五十畝，八品九品二頃。」（以上均見新唐書食貨志）上柱國以下的武官，自三十頃至六十畝各有差。永業不分內外官吏，職分田只給外官，其規定如「一品——十二頃，二品十頃，三品九頃，四品七頃，五品六頃，六品四頃，七品三頃五十畝，八品二頃五十畝，九品二頃，皆給百里內之職。諸州都督護親王府官二品十二頃，三品十頃，四品八頃，五品七頃，六品五頃，七品四頃，八品三頃，九品二頃五十畝。」（見通典卷二）公廨田也和隋制一樣，是辦公費。唐制：土地不够分配時，京官有俸賜以充公用。外官則置公廨本錢，放高利貸，以利息爲辦公費。使用這種錢的給牒免徭役，因此利息率高至十分之七八。

以上是西晉占田及北魏至唐初的均田之實施的情形。占田或均田，如前所說是國有土地，而占田，均田較接近於古制，即儒者所理想的井田制，這在前面也說過。中國人的腦筋裏——尤其是中國的讀書人，自秦漢以來，總是在土地的分配上牢牢的記着那所謂井田制度的一套東西。萬一井田不可復，如漢時近古的限田，王田都是值得歌頌的。這裏所講的占田，均田，自然也是值得歌頌的東西。不幸漢時的限田王田都失敗了，秦漢以來的土地問題，雖然經過好幾次的農民反抗都沒有解決。忽然西晉的占田，北魏至唐初的均田得以實施，它是不是解決了秦漢以來所不曾解決的土地問題呢？就以上所說的看來似乎已得到了相當的解決。然而問題是不如此簡單的。欲知其實際，還要進一步來考察。

六　占田與均田的實際

以上我們把占田與均田的社會背景，及其實施情形都簡單的敘述過了，但占田與均田的實際怎樣，我們還得進一步加以考察。

如前所說，三國至唐的土地占有形式是有三種：國有，民有，大族有。而晉的占田與元魏的均田，都祇是就國有土地來分配，換言之，即大族有的土地並未變動。不僅大族有的土地未變動，而且在經濟特權與政治特權合一的原則之下，大族並得以其政治地位再參與國有土地的分配，因占田與均田都有官吏受田的規定，官品愈高受田愈多，官與民較受田亦多。於是占田與均田的實際，在這一點上就首先曝露了其實不符名——也可以說名不符實。試看劉道元氏說：

「占田制度與大族莊園無直接的影響。這是以國家莊園的土地，分配給解散的士兵，大族所有的土地不僅不拿來分配，且以占田制度的實行，大族更得另外的保障。九品中正是大族作官的途徑，品級略高的官吏為大族所獨佔，在法定之下又得到隨品之高卑而佔的田地，大族本沒賦稅的負担，占田法實施又有法定的蔭人制度，品級高者蔭人愈多。因此占田制度不僅不妨礙大族的發展，且助長他的發展。大族的土地在土地制度變化中，這樣的推演下去，所以西晉豪強兼併的風氣，依然很盛。「張輔——初補藍田令——強弩將軍龐宗西州大姓，護軍趙浚宗婦族也，故童僕放縱爲百姓所患。輔補之殺其二奴，又奪宗田二百餘頃以給貧民。」田園最廣者是王戎和石崇。王戎「性好興利，廣收八方田園水碓，周徧天下，積實聚錢，不知紀極，每自執牙籌，晝夜計算，恆若不足。」石崇的田園也很有可觀，被沒收的時候「有司簿閱崇水碓三十餘區，倉頭八百餘人，他珍寶貨賄田宅稱是。」由這幾個例子看，大族莊園不僅維持着且繼續發展。所以晉之土地制度雖經過占田制度的計口分田，仍不能將社會的矛盾解決，以至醞釀社會革命的危機，五胡的擾亂並非偶然。」（見所著中國中古時期的田賦制度七二——七三頁）

再看陳登元氏說：

「故占田之制，實行至於何種程度，殊令人滋疑！兼併之積弊，有否完全消滅，亦屬不得而知，甚至於史中但發見與占田制度背道而馳之史實矣。考武帝於延寧三年（西曆紀元二七七）賜陳騫廚田十頃，廚園五十畝，又賜衞瓘廚田十頃，廚園五十畝，爲上者既以土地爲恩物，不將勵人之以多爲貴耶？史又稱石崇豪富，與王愷爭豪，設錦帳至四五十里；其後崇侮孫秀，秀殺崇而籍沒其家，得水碓三十餘區，倉頭八百餘人，他貨賄珍寶田宅稱是。崇之被殺，亦西晉之史實也。所謂「田宅稱是」者，史固不言其確有多少，然與三十餘水碓，八百倉頭相提並論，得無過於占田之制耶？『丁男占田——』云乎哉？

但自平吳（二八〇）以至於趙王倫之誅賈后（三〇〇）中間不過二十年。在此區區之二十年中，是否可使占田之制推行無阻，井井有餘，殊未可必。至二十年以後，操戈同室，自相殘殺；重以永嘉之亂，廬舍爲墟，則占田制度崩壞之容易，反可容易肯定耳！

元帝偏安江東史稱東晉。然劉弘傳已載：「峴方二山澤中不聽百姓捕魚，弘下教曰：名山大澤不以封，與民共其利；今公私兼併，百姓無復厝手地，尙何謂耶？」應詹言：「飢寒並至，雖堯舜不能使野無寇盜；貧富兼併，雖皐陶不能使强不凌弱！」烏乎此殆謳歌兼併之痛語也！『丁男占田——』云乎哉？」（見所著中國土地制度九一——九二頁）

以上是關於占田的。再看均田，我們也引一段劉道元氏的說話：

「魏之均田制度是普遍的施行，將領域內的墾田按着條例均分呢？抑是保留大族的土地，僅分國有的土地呢？這個問題直接關聯着土地的使用，間接關聯着租稅制度，應予以考察。以下述四種情形看，斷定大族土地不被分配，周齊隋唐的均田，大族也保持原有的土地和魏相同。

第一、五胡亂華，人口消耗大半，以壁塢的保守維持北方相當數量的人口，及未曾南渡的大族勢力。元魏南下，各處降服，曾在秦燕等國作官者，入魏皆受優待，地方的望族尤受優待。太宗永興五年（四一三）：『分遣使者巡儁逸，共豪門强族爲州閭所推重者，——或有世胄德行淸美，學優義博，可爲人師者，各令詣京師，隨才敍用，以贊庶政。』詣京師優待的情形，由楊椿告老還家臨行時告誡子孫的話可以看出：『我家入魏之始，卽爲上客，給田宅，賜奴婢馬牛羊，遂成富室，自爾至今二十年，二千石方伯不絕，祿恤甚多。』由此舊的財產可以維持，且更得新的財產可以提高身分了。

第二、由財產將身分提高，遂取得社會的地位，繼續魏晉以來尊重士族的風氣以形成望族。如三輔之韋，杜陵及清河之崔，范陽之盧，太原之王，隴西之李，滎陽之鄭，都是當地的冠族，尤以崔盧李鄭四姓爲著。元魏入主中國，拜倒中國的文明，也隨着這種風氣而有大族的出現。唐代修氏族志有這樣的記載：『過江則爲僑姓，王謝袁蕭爲大；東南則爲吳姓，朱張顧陸爲大；山東則爲郡姓，王崔盧李鄭爲大；關中亦號郡姓，韋裴柳薛楊杜首之；代北則爲虜姓，元長孫宇文于陸源竇首之。——虜姓者，魏文帝遷洛八氏十姓，三十六族，九十二姓。八氏十姓出於帝室宗屬，或諸國從魏者；三十六族，九十二姓世爲部落大人，並號河南洛陽人。」成爲大族，他們的莊園生活怎樣呢？是「一宗將近萬室，烟火連接，比屋而居。」由這樣莊園的狀況，即足以證明大族的土地是集中的存在着，未被分配；且他們在社會上的地位極高，不與平民爲婚，以財產定身分，他們之保有大量土地，毫無疑義。

第三、由社會的地位，遂形成政治的地位。九品中正的辟舉，就爲這些望族所獨佔：「自昔以來，州郡大吏，但取門資。——夫門資者，乃先世之爵祿，無妨子孫之賢愚。」門閥與資產，是大族所以形成及能以保持的原素。前述大族之領有大量土地，更得到一種證明。辟舉既以門與資爲準則，入仕而握政權者，一定都是大族：「魏氏立九品，置中正，尊世族，卑寒士，權歸右姓。」尤甚者是一姓世世執政，同時，一姓之中有很多人執政。如楊椿家仕魏以來，有七郡太守，三十二州刺史，並爲尙書九卿，大族這樣的握政權，自然是維護他們本階級的利益了。

第四、大族在當時不僅有財有勢，且保持他們的財勢歷若干代不衰。如崔暹是「漢尙書崔寔之後，世爲北州著族。」楊姓是後漢楊震之後，至唐猶盛。這都是維持他們的財產於不墜的證據。更實際的是「後魏太和中（四七七——四九九）定四海望族，以隴西李寶等爲冠。——後房玄齡，魏徵，李勣復與昏，故望不減。」

由以上四點的考察，大族在元魏入中國之始，維持着舊的財產，並建樹了新的財產，是以形成社會地位，而掌握政權。在他們掌握政權之下，不把自己的土地充公均分，是一定的。維持勢力歷周齊至隋唐不墜，更是大族土地不被分割的鐵證。」（見所著中國中古時期的田賦制度九九——一〇三頁）

陳登元氏在所著中國土地制度一書中，關於均田的實際情形也說了不少的話。如：

「——魏以太和九年下詔均田，而太和十一年春夏大旱，代地尤甚，牛疫民死。齊州刺史韓麒麟上表，即言今「屏者日少。

田有荒蕪」此則均田制度以下所應有之現象耶？韓氏之表略曰：「京師民庶，不田者多，遊食之口，三分居二。豐稔積年，矜夸成俗，貴富之家，僮妾炫服；工商之旅，僕隸玉食；而農夫缺糟糠，蠶婦乏短褐。故今耕者日少，田有荒蕪——」且自孝文行均田（四八五）以至孝文之死（四九九，）中間亦歷十四年之長。雖後皇不及踵厥規模，意者在此十四年之中，土地之均配，必可有所作爲；然在其子世宗宣武帝時（五〇〇——五一五，）而已有大地主之存在矣。世宗時，夏侯道遷大起田園，招致賓客，有「孔融座上客常滿，杯中酒不空」之概。而其子夬，「多所費用，田園貨賣略盡；人間債負，猶數千餘匹，穀食至常不足。」則土地之可以累積，可以變賣，又因此而得明證矣。」（見該書一一二——一一三頁）

這是說的元魏均田的實際情形。又如：

「——然所謂一夫世業若干，口分若干者，恐亦不過表面文章歟？……但關東風俗傳云：「其時（北齊）強弱相凌，恃勢侵奪，富有連畛亙陌，貧無立錐之地。……齊氏全無斟酌，雖有當年權略，時暫施行，爭地文案有三十年不了者，由此田授受無法故也。——魏分職分公田，不問貴賤，一人一頃，以供芻秣。自宣武出獵以來，始以永賜，得聽賣買，遷鄴之始（即分東西魏時，東魏都鄴，後爲北齊，西魏都長安，後爲北周，）濫職衆多，所得公田，悉從貿易。又天保之代，又遙壓首人田以供公簿。北武平以後，橫賜諸貴，及外戚佞寵之家，亦以盡矣。又河渚山澤，有可耕墾肥饒之處，悉是豪富，或借或請，編戶之人，不得一壟。……露田雖復，不聽賣買，賣實亦無重責。——」則北齊土地制度之實在，可一目了然矣。」（見該書一一八——一一九頁）

這是說的北齊均田的實際情形。又如：

「北周土地制度之不如北齊，又可於隋之土地制度見之。隋爲篡北周而擴大之國家，而北齊乃見併於北周者。然而隋之土地制度，史稱其永業露田之制，一如北齊。此其故可以深長思矣——觀夫隋代之所設施，未嘗不存北魏均田制度之精髓，然以條例與事實合之，則不免發生下列之二大問題——其一曰富豪之徒，並不以制度而停止兼併，蓋開國攀龍之徒，勞苦功高，其於土地之兼併，往往爲制度所不及制裁。如楊素「貪冒財貨營求產業，——田宅以千百數，時論以此鄙之」及文帝之末年，竟有人主張削減功臣之地以給平民者矣，則貴豪占田之多可知也」（見該書一二〇——一二一頁）這是說的隋代均田的實際情形。又如他在敍述唐代的均田制度後說：

「此唐初之土地制度也，然以較北魏北齊之均田，則有差矣。蓋孝文帝所定之均田制度，『買不得過所足，亦不得賣其分』——此所以限制桑田（世業）之賣買也，至於露田則一律不聽賣買。今唐制如此：『貧無以葬者得賣世業田，』夫人而不貧何必賣田？至於『自狹鄉徙寬鄉，可並賣口分田，』然又何從而可以保證其爲遷徙而賣田耶？綜言之，自元魏以來地主之買地與貧民之賣地，業已隱隱爲之限制；至唐而土地之賣買雖有限制，而等於無限制。故後人批評武德七年之田制者，大略分爲二派：好之者，惜其法無遠大之計劃——惡之者則謂其容許土地之賣買，啓日後之兼併。——雖然，使武德七年之田制，實行至於勿替，則均田之意義，當尙有些須之存在，雖可賣買兼併，要亦有所限制。所可惜者，法令自法令，事實自事實耳。」（見該書一二五——一二六頁）

「何謂條文自條文，事實自事實耶？蓋自武德七年以至天寶十三年，土地史上，至少應有下列二種之記載，使吾人知均田制之所以不克久行之故，無以名之，名之曰二豎：一曰貴族豪右相率而於制度施行破壞之工作；將唐之土地制度，貴族之占田，固有限制，——然事實則唐未定天下前，乘龍之徒，已爲地主。太宗爲秦王，一入長安便賜裴寂田千頃。又如高瑀之關內田宅，唐祖奪之以賜勳族；又奪之勳族以還高瑀。由是以觀，所謂功臣，不外乘機會以取富貴，又安得以世業口分之制度限制之耶？即均田制度公布以後，兼併之禍，亦未或止。貞觀時（六二七——六四九）『長孫順德爲澤州刺史……以嚴明稱，……前刺史張長貴趙士達占部中腴田數十頃，奪之以給貧軍。」此其證也。高宗永徽中（六五〇——六五五）雖禁買賣世業口分之田，然賈敦頤永徽中爲洛州刺史，「洛多豪右占田類踰制，敦頤括沒者三千餘頃，以賦貧民。」曰多，即不止一人；曰類，即不止一處，試閉目思之，斯民之景象又奚若？高宗以後，武韋當局，佞幸用事，土地制度之實在更不可問矣。……雖以開元（玄宗，七一三——七四一）之盛，然兼併之風仍熾。玄宗雖於世業口分之制，三令五申，而廣植田業已爲當時風氣。……觀於舊唐書一一九張嘉貞傳所言，尤足徵當時兼併之烈。『——嘉貞曰——……比見朝士，廣占良田，及身沒後，皆爲無賴子弟作酒食之資，甚無謂也。』嘉貞之意雖本以富厚難恃爲戒，然開元中朝士之『廣占良田』，固已爲人所『比見』矣」（見該書一二六——一二八頁）

從上述看來，則自元魏迄隋唐的均田，都不過虛有其名耳。所謂均土地，均負担，均貧富之「均」的意義，實在談不到。不過陳登元氏似乎還未理解所謂占田，均田，本未將大族所有土地一律拿來分配，因之見兼併與占田，均田並存，輒引以爲怪，自然在占田與均田之外，而有大族有的大量土地，並隨時得兼併平民土地，斯即一大怪事也！

大族有的土地，是特權者的土地，我們即承認特殊貴族的特權，換言之，即把特殊貴族的大量占有土地除外，再來考察所謂占田與均田，即在僅把國有土地拿來分配的範圍以內，考察所謂占田與均田，其名實仍不相符。第一，官吏可以參與國有土地的再分配，並且官吏占田多，平民占田少，官吏占田無稅，平民占田有稅，官吏占田非但無稅，而且得庇蔭其親族。第二，牛與奴婢均得占田，富人牛多，奴婢多，斯占田多，貧民無牛，無奴婢，斯占田少。換言之，富者益以其富而占便利，貧民益以其貧而處劣敗。第三，負担不均，除上述官吏占田無稅外，牛與奴婢占田也等於無稅。關於這幾點，劉宵鳴氏已盡情的闡發過，試看他說：

「我們若只從均田這名詞上面看，很容易使人認爲這個制度的主要精神，是求耕地和貧富之均平。……但是，我們再詳細一點來考察那時的均田制度，實際上並沒有剷除當時社會中有的佔有着許多耕地，有的佔着極狹小耕地的懸殊。今從當時政府所頒布的均田令，便可以看出所謂均田制度，實際上是不利於貧農，而對於富農商人地主貴族官僚，反加了一層法律上的保障。據當時政府所頒布的法令，耕地的分配除人外，在後魏時牛一頭可分地三十畝，北齊牛一頭可分地六十畝，一牛比一人只少十畝，二十畝。一家可有四牛，這種規定是誰的利益耶？孝文太和元年詔諭有：「去年牛疫死大半，今東作既興，人雖肆業，有牛者加勤於常歲，無牛者倍傭於餘年。一夫治田四十畝，中男二十畝，無令人有餘力，地有遺利。」可見當時無牛的農民，在社會中是很多的。——富農和中農有牛一頭，可分得差不多等於一個正丁的耕地，比一婦人的還多，要是有四牛，還可以分得更多的耕地——恰抵正丁三人所應得的耕地。這種制度，是不是利於富農的呢？是不是爲富農向貧農耕地的強佔剝削加了一層保障呢？北齊宣帝天保年間宋世良曾上書請以富家牛田，先給貧民，這正是表明當時貧農的耕地，反在這政府所頒行的均田制度之下，大批的被富有的商人地主富農佔有了。均田制度，實是宰割貧農的又一刀斧！

不只如此，保障地主商人貴族官僚富農更有力的法令，是均田制度中奴婢分田的規定。當時社會，除大批被壓迫的農民外，還有很多的奴隸是受着更悲慘殘酷的剝削和壓迫的。在這時候的地主商人貴族官僚富農，是把奴隸當做一種生產的工具和資本，和牛一樣的性質，故在耕地的分配中，亦規定了奴隸的占有。從後魏至隋，在政府所頒布的耕地法中，都是規定一奴隸所得和一良丁一樣；而地主商人貴族官僚富農所有的奴隸是非常廣大可驚的數目。就是北齊時政府命令中對於領有奴隸的限制，多的還可有三百人，至少還可有六十人。也就是說一個貴族官僚地主商人富農至少可以占有六十個以上至三百個農民的耕地。這種制度還是保存着貧富之間的鴻溝，還是利於貴族官僚地主商人富農對於貧農之侵佔或掠奪，還是代表貴族和商人地主的制度，絕對不是貧農的福利，反是割取心臟的利刃。

尤其是當時的賦稅制度，更表明這一制度是代表商人和地主階級的利益。如在後魏的制度，奴任耕，婢任織，數至八口，則使與一夫一婦出同一之調，耕牛則每十頭征與一夫一婦等額之粟帛。奴隸八人可佔有農民八人所佔有的耕地，而賦稅只納農民個半人的數量，牛十頭所佔有的耕地與農民七人所佔有耕地最多四十畝或二十畝，而所繳納的賦稅，也只及農民個半人的數量。貴族地主商人富農可有大批的奴隸和多數的耕牛，因奴隸和耕牛可佔有廣大的耕地，但是他們反可出最輕量的賦稅，反美其名曰均田，這眞是代表地主商人貴族富農的好法制啊！」（見所著中國歷代耕地問題一三五——一三八頁）

綜合上述種種，則占田與均田的實際，我們就可完全明白了。本來這一名不符實的占田，均田，都是值得一般人的謳歌與留戀的，尤其是夢想恢復井田制度的儒家。但是在我們看來，就是眞的把井田制度恢復了，就是道地的古代井田制度，自從氏族社會崩潰以後，它也不過是一種氏族農村公社蛻變下來的封建領地的形式，即是封建領主用這樣一種土地占有（土地國有）來榨取其直接生產者——農奴的形式，所謂「分田制祿」是也。所以有人說晉之占田和魏到唐之均田，也不過是在大亂之後，統治者爲稅收起見用以召集流亡的一種手段。（註八）這倒是鍼見其本質的觀察。

七　寺院之土地占有

這一時期的土地占有，還有一特殊現象，即除上述之國有，民有，大族有以外，有所謂寺院之土地占有。這一點是與歐洲中世紀之典型的封建社會完全相同的。原來歐洲中世紀的封建社會，除了俗界的封建領主外，還有僧界的封建領主。

我們試就歐洲僧界的封建領主，即寺院之土地占有情形，略加以考察，再與中國寺院之土地占有情形，即與中國之僧界的封建領主作一比較的說明。

據說當大卡爾的時代（西歷七六八——八一四年，）西佛蘭克之列伊克撤爾修道院，占有土地一萬五千「霍夫」（Hufe）。

——一霍夫等於二十至三十「莫簡」(Morgen) 按其土地性質而異一莫簡等於一英畝瓦姆斯的洛齊修道院占有兩千畝地產，聖加倫修道院占有四千畝地產丹格海姆修道院占有一萬一千畝地產佛爾塔修道院占有一萬五千畝地產。

他們占有這樣廣大的土地，也和俗界的封建諸侯一樣，把這些土地拿來謀經濟上的利益，形成很大的農莊，使它成為一種巨大的自給自足的經濟，所以他們往往將他們的地產用籬笆圍起來。不僅農地被圍，卽草原，水道，森林等等都囊括無遺。

這樣的農莊究竟達到怎樣大的範圍，我們可以從上述聖加倫修道院至今還保存的一種原來的計劃表現出來。依這種計劃書上的題名錄，看它題上自西曆紀元八一六年至八三七年在該院服務的院長的姓名。依照這個計劃，修道院的規模包含一個教堂，一個墳園，修道院院長，修道士，教師，醫師等等的住宅，學校，醫院，以及高貴的和貧苦的巡禮者與賓客的住所，浴場，麵包製造所，麥酒釀造所，植藥園，蔬菜園，畜牲關欄，穀倉，儲藏室，養狗場，搗碎工場，以及裁縫，鞋匠，製桶匠，製刀劍匠，製革匠，銅匠，漂布匠，鐵匠，金銀匠，和桶匠的工作場。依照這種計劃，這個修道院好像一個小城市，由此也可以看見因這樣有計劃的大農莊經濟的建立，卽有巨大的經濟的進步。因為就這一寺院農莊的內部分工看，明明已有很複雜的手工業了。

這種歐洲的寺院所信仰的宗教，自然就是基督教，基督教傳播到歐洲的法蘭西，是比傳播到德意志為早，據說當七世紀末年，法蘭西的地產差不多有三分之一在教會手中。然而這種龐大的教會地產是從那裏來的呢？大半都是由於贈與，間或也有由於購買者。這種土地的贈與也可分為兩種：一種是教會派人募化的，例如那時教會從羅馬向各處派遣他們的使者，討求贈產；一種是出於善男信女自動的施捨，例如那時死後以教會為財產的承繼者，一事幾乎成為一種風氣。

然則為什麼有人願意把他們財產施於教會呢？這自然是出於愚人祈福獲報之心。日耳曼民族自侵入羅馬以後，它的粗樸蠻野仍然不會馬上改變過來，一切他們所不理解的東西，自然都不免於種種迷信，何況在羅馬時代就已形成一個信仰的中心或體系的基督教一時傳播到他們那裏，他們那有不五體投地的甘心崇拜的呢？再當時的教會對於人們也比現在有確不相同的某種意識，他們專心於他們的信徒永久的幸福，從幼年起到老年止，都予他們以宗教上的拯救方法，向他們打開或關閉幸福之門。所以每一個勸人懺悔的傳教師，可以影響人們的精神到最大限度，無論什麼人要想獲得上帝的賜福，或要懇求聖徒代爲達意，他就必須對於教會有一種贈與，人們於是願將產物或田地送給教會；尤其是死後以教會爲財產的承繼者一事成爲一種風氣。

那時教會不僅無限制的支配善男信女的良心，它也是那時精神教育的主要機關，我們要知道，在那時祇有從外來的牧師與修道士是惟一懂得文字的祕密和拉丁言語的人（拉丁言語爲當時科學的言語）他們並且擅長醫術，也可以說祇有他們懂得醫術，所以那時的牧師與修道士，一面教育那些善男信女，一面又爲他們醫病，這是與人們的生活生存極有關係的一件事。他們又擅長羅馬古代的勞動技術，並且是很高等的技術，他們教導人民從事田園的工作，他們教導人民建築良好的屋宇。

不獨他們的信條對於來世令人生畏，同時，又令人富於希望，他們對於貧民與病人也假裝出一種溫和的態度，凡可憐的乞丐，殘廢的病人，以及無家可歸逃到他們那裏的人，都能獲得衣食住與保護。此等小恩小惠小信的事實使他們深深獲得一般下層民衆之心。同時，基督教會在羅馬君士坦丁時代，早已由被壓迫者的宗教變爲壓迫者的御用宗教，所以他們在那時又能得到俗界封建諸侯及一切特權者的利益，因爲教會對於他們的事業和目的能夠供獻意見，予以幫助，特別因爲教會能夠代替他們撫綏被壓迫的企圖反抗的民衆，一種對於上上下下的人等如此有效的精神勢力變成一種同樣强固的現世勢力和政治勢力，即能占有廣大的土地與俗界的封建領主相並而爲僧界的封建領主，這是用不着絲毫奇怪的。

以上是歐洲中世紀寺院占有土地的情形，這一時期中國寺院所占有的土地竟究有多少呢？因爲沒有正確的統計材料，不能知其確數，但我們從史實之零星的記載上，也可窺知一二。據唐武宗毀寺逐僧所沒收寺院的土地看來，共占有土地之廣大也是可以驚人的新唐書食貨志載：

「武宗即位，廢浮屠法天下毀寺四千六百，招提蘭若四萬，籍僧尼為民二十六萬五千人，奴婢十五萬人，田數千萬頃。」

又唐書狄仁傑傳載有狄仁傑這樣的話：

「膏腴美業，倍取其多，水碾莊園，數亦非少。」

這也是指寺院占有土地農莊情形說的。中國的寺院，也同歐洲中世紀的寺院一樣，把所占有的土地，形成一個莊園，使它成為一個巨大的自給自足的經濟集團，就是利用占有土地僭取農民的剩餘勞動以自養，所以寺院往往直接經營其占有土地，役使農民為營田的勞動者，例如魏書釋老志載元魏興安中（西曆紀元四五二——四五三年）僧人曇曜奏請：

「民犯重罪及官奴婢以為『佛圖戶』以供寺灑掃，歲兼營田輸粟。」

再則有土地所有權雖屬於個人，却將對國家完納的租稅移納於寺院的情形，這種對寺院負納稅義務的人叫做「僧祇戶」。魏書釋老志又載曇曜奏：

「平齊戶及諸民有能歲輸穀六十斛入僧曹者，即為『僧祇戶』，粟為『僧祇粟』。」

「僧祇戶」不僅要對於寺院完納租稅，租稅以外，還有許多苛索，唐書狄仁傑傳載有狄仁傑上書所說之以下情形：

「里陌動有經坊，闤闠亦立精舍，化誘倍急，切於官徵，法事所需，嚴於制敕。」

「僧祇粟」原來的目的，僅是「本期濟施，儉年出貸，豐則收入」（見魏書釋老志世宗詔書）後來却移為寺院的經費，並以之放債。試看世宗詔書又有這樣一段文字：

「但主司冒利，規取贏息，及其徵責，不計水旱，或償利過本，或翻改券契，侵蠹貧下，莫知紀極；細民嗟毒，歲月滋深，非所以矜此窮乏，崇尚慈悲之本意也。」

此外寺院還經營商業，例如舊唐書高祖本紀載唐武德九年（西曆紀元六二六年）詔，說他們，

「出入閭里，周旋闤闠，驅策田產，聚積貨物，耕織爲生，沽販成業，事同編戶，跡同齊人。」

其他以徭役的方式直接貢獻於寺院，間接用於寺塔的建築，其僧取於農民者，亦極爲繁重。

總之中國的寺院，也利用它占有的土地，自爲領主，與其他俗界領主一樣，僧取農奴式的佃農。

然則中國寺院之廣大土地，又是從那裏來的呢？第一，也可以說出於贈與或施捨，魏書釋老志有這樣的話：「未幾天下喪亂，以河陰之酷，朝士死者，其家多捨居宅以賜僧尼，京邑第舍，略爲寺矣。」這不同歐洲死後把寺院作爲財產繼承人一樣嗎？又梁書太宗王皇后傳載：「時高祖於鐘山造大愛敬寺，騫（王皇后父）別墅在寺側，有良田八十餘頃，卽晉丞相王導賜田也。高祖遣主書宣旨，就騫求市，欲以施寺。」所以土地的施與，也是中國寺院占有土地來源之一。

第二，寺院直接侵占人民的土地，甚至於强奪人民的土地。這由元魏任城王澄所上書，可以充分看出這種情形。他說：「自遷都以來，年逾二紀，寺奪民居，三分且一。……今之僧寺，無處不有，或比滿城邑之中，或連溢屠沽之肆，或三五少僧，共爲一寺，梵唱屠音，連簷接響。」他又說「當由利引其心，莫能自止，——非但京邑如此，天下州鎮，僧寺亦然，侵奪細民，廣占田宅，有傷慈矜，用長嗟苦。」這不是無論城市鄉村，都有寺院「廣占田宅，」「寺奪民居」的事實嗎？所以土地的侵奪，又是中國寺院土地來源之一。

第三，僧尼與普通俗人一樣，按人口受田，其他雖無明文記載，唐六典卷三則有「凡道士給田三十畝，女冠二十畝，僧尼亦如之」的明文，然則按僧尼人口受田，亦爲中國寺院土地來源之一。

中國寺院土地的來源，在大體上與歐洲寺院土地的來源也差不多。因爲歐洲寺院的土地，除贈與和施捨外，也有用卑鄙手段，

僞造文書欺騙農民奪取土地的事實。不過歐洲寺院所崇奉的宗教是基督教，而中國寺院所崇奉的宗教是佛教。佛教是從印度輸入的，但基督教也是從猶太輸入歐洲的。基督教之所以能受那時歐洲上下人等的歡迎與信仰的原故，我們在上面已說過。佛教在中國也是一樣，是受各種階層的人所歡迎的。考佛教自後漢時傳入中國，其勢力並不大；但自三國以後，以迄兩晉，社會發生劇變，戰亂不息，人民無所逃死，又加以五胡亂華，從經濟的逆轉影響到文化的逆轉，一面由於它的輪迴之說，深深的支配了亂民的心理，獲得了下層民衆的信心，一面由於它的較高的文化，一時成了社會意識的統治者。所以南北朝時，佛教達於極盛，這決不是偶然的。而佛教勢力支配北朝，尤過於南朝，也不是偶然的，因爲北朝那時正爲文化低下的種族，即五胡的蠻族所盤踞，正如日耳曼蠻族在歐洲侵入羅馬一樣。更因爲它的教義是引人避開現實，把希望寄託於未來，寄託於看不見的天堂等等的，也能以爲俗界的封建君主及一切特權者撫綏被壓迫的想反抗的民衆，所以中國的壓迫者統治者也知道利用它，歡迎它。因此佛教之在中國，也是上自皇帝下及庶人，甚至於皂隸輿臺，都莫不頂禮膜拜，且有捨身以邀未來福利者，這種情形，歷隋及唐，雖其內部有宗派的分化，外部也有儒道與之相爭，但其勢力仍不少衰。有人說：中國無宗教，眞是太昧於史實了。

這樣看來，佛教之在中國，以一種對於上下人等如此有效的精神勢力，變成一種同樣強固的現世勢力和政治勢力，即成爲僧界的封建領主，也是絲毫用不着奇怪的。在這一點上，的確反映出了中國一個典型的封建社會。

八　形式上的封建

以上是從生產關係上，說明了這一時期中國社會之封建的實質。這種實質一定要反映在形式上，所以形式上的封建，也可以說是與中國社會之封建的實質相終始的。

就這一時期——三國至唐這一時期——講，曹操當漢獻帝的時候，已大封其一羣兒子爲侯，等到曹丕受禪做了皇帝，並多進爵爲王。不過後來又改封諸王皆爲縣王，就是說諸王所占有的土地，祇限一縣，諸王不過食一縣而已。這是什麼原故呢？這就是封王——即皇帝，怕諸侯的權勢大了以後，覬覦神器，所以故加以貶削。甚至封建侯王，皆使寄地空名而無其實，這亦不外出於皇帝猜忌之心罷了。

到西晉時，力矯曹魏之所爲，所以晉武帝——司馬炎——受禪之初，不但司馬懿，司馬昭的子孫，通統封王，就是司馬懿諸弟，如司馬孚司馬泰等的子孫，也是一樣加封。所封諸王，並且得自選官屬，而王家人的衣食，還由御府另外給與；又命各王以領有戶邑多少，分五等以定軍制，於是西晉時，諸侯之強大，幾與漢初相同。諸侯的權勢太大了，果然發生毛病，晉惠帝既立之後，晉之諸侯王，於是或鎮雄藩，或專國政，卒以釀成八王之亂，干戈不息，自相屠殺，晉書八王列傳載：

「魏武忘經國之宏規，行忌刻之小數，功臣無立錐之地，子弟君不使之人，徒分茅社，實傳虛爵，本根無所庇蔭，遂乃三葉而亡。有晉思改覆車，復隆盤石，或出擁旄節，莅嶽牧之榮，入踐台階，居端揆之重。然而付托失所，授任乖方，政令不恆，賞罰斯濫，或有才而不任，或無罪而見誅。朝爲伊周，夕爲莽卓。機權失於上，橫亂作於下。楚趙諸王，相仍構釁，徒興晉陽之甲，竟匪勤王之師。始則爲身擇利，利未加而害及。初迺無心憂國，國非憂而奚拯？遂使昭陽興廢，有甚弈棋，乘輿幽縶，更同羑里，胡羯陵侮，宗廟丘墟，良可悲也。」

東晉的時候，仍然是行封建，不過封邑官屬，沒有西晉那樣。接着到了南北朝，南朝的宋齊梁陳在封建的形式上，也是沿襲晉制，不過宋齊諸王，多以所謂長史，典籤操其威柄。通考載：「宋齊之制，諸王之爲刺史者，立長史以佐之，既而復立典籤以制之。然大概多以童稚之年，膺方面之寄。而主其事者，則皆長史，典籤也。」梁代諸王，雖皆以盛年雄材出當方面，亦不免於自相殘殺，陳氏諸王，陳亡後，隨後主入長安，還得爲隋之守宰，較爲特殊。北朝的元魏齊周，雖其君主皆爲蠻族，但亦知將其占據中原之土地，賜與臣下。或分封其屬從，所以除其宗室子弟多封爲王公外，異姓封爵的亦甚衆，而尤以魏齊爲冗濫。廿二史劄記載：

「異姓封王之濫自後魏始。太武帝即位，封長孫嵩北平王，奚斤宜城王，長孫翰平陽王，叔孫建丹陽王，司馬楚之瑯琊王，杜超陽平王，穆壽宜都王，長孫道生上黨王，樓伏連廣陵王。自是功臣無有不王者。文成帝封周忸樂陵王，杜遺，閭若文，劉尼，杜元寶，源賀，閭武，皮常英，閭毗，閭紇，尉眷，乙渾，李峻，俱進爵爲王。又封陸麗爲平原王，麗乞以讓父。帝曰：吾豈不能以二王封卿父子也？乃封其父俟東平王。後麗之子叡事獻文帝，又封東郡王，一門之內，遂有三王。……至北齊武成帝時，又極猥褻。佞人鄧長容，韓寶業，盧勒叉，齊紹，秦子徵，陳德信，俱封王。……又有倉頭陳山提、蓋豐樂、劉郁斤，趙道德，劉桃枝，梅勝郎，辛洛周，高舍盛，至武平時皆封王，其不及武平者，亦追贈王爵。齊時閒諸倉頭始自家人，情寄深密，及後主時，已是先朝勳舊，故致此叨竊。又有樂人曹僧奴及其子妙達，以能彈琵琶，亦封王。此外官階更不可數計。開府千餘，儀同無數。諸貴寵追贈祖父歲一進官位，極而止。馬及鷹犬，皆有郡君儀同之號。如赤彪儀同，逍遙郡君，凌霄郡君之類。甚至鬥雞亦號開府。官爵之濫至此極矣。故當時受之者不以爲榮，且反有以爲辱者。陽休之爲中書監，封燕郡王，謂人曰：我非奴，何忽有此授？可見人之賤之，至不齒於人列也。」

綜觀上述，魏晉南北朝之封建，是一脈相承沒有中斷過，而且越到後來越是蠻族，封建越濫，風氣越盛。但無論如何，這總是形式的。其由生產關係所反映出的實質的封建，卻別有所在。在什麼地方呢？在前述之眞正占有土地的俗界和僧界的封建領主（雖然受封的王侯也並不是全不占有土地者）在擁有財賦甲兵的所謂封疆大吏及權臣。繆鳳林氏著中國通史綱要第二冊說：

「……自漢末寇盜紛起，改刺史爲州牧，各攬其地之財賦甲兵，秦漢以來內重之局，一變而爲外重之局，歷魏晉南北朝，擅竊亂，恣專橫，與移國祚者，皆擁重兵之藩鎮帥臣也。建安元年，獻帝自長安逃洛，曹操以兗州牧鎮東將軍入衛，遂挾天子以令羣雄，自爲大將軍，丞相，子丕爲五官中郎將，置官屬，爲丞相副；操繼進爵爲魏王，天下總已，百官備員，子丕遂篡漢自立。其初與操並爭者，則爲袁紹，袁術，劉表，呂布，公孫瓚，陶謙等各州刺史牧守；其繼與魏鼎足而峙之蜀，吳，劉備則初爲豫州牧，孫堅則初爲長沙太守，繼領豫州刺史，孫策亦自領會稽太守。司馬懿當魏明卽位，自撫軍遷驃騎將軍，出屯於宛，加督荊豫二州諸軍事；太和四年，遷大將軍，加大都督，西屯長安，都督雍梁二州諸軍事；及明帝崩，懿與曹爽同受顧命輔政，齊王芳卽位，懿遂持節都督中外諸軍事，子師爲中護軍，昭爲中郎將；追懿殺爽專政，懿子師，昭繼懿爲大將軍，都督中外諸軍事，昭後進爵爲晉王，子炎爲撫軍大將軍，昭卒，炎遂篡位自立。而嘉平三年，討懿之王凌，高貴鄉公正元二年，討師之毋丘儉，甘露二年，討昭之諸葛誕，則皆先後都督揚州諸軍事。晉氏一統，初雖去州郡兵，然宗室諸王，多擁重兵出爲都督刺史，星羅棋布，各據强藩，卒釀八王之禍，劉石亂起，刺史復兼兵民之政，州鎭愈重矣。琅琊王睿以安東將軍都督揚州諸軍事，值永嘉之亂，自下邳移鎭建康，後遂卽帝位。王敦專任閫外，都督江，揚，荊，湘，交，廣六州諸軍事。敦自任江州牧，鎭武昌，率衆內向，元帝憂憤而崩。明帝與丹陽尹溫嶠合謀，始平其亂。其後成帝時有蘇峻之亂，峻以冠軍將軍歷陽內史，咸和二年，領精兵渡江，陷宮城，縱兵大掠，而平峻者，則爲江州刺史溫嶠與荊州刺史陶侃。帝奕時有桓溫之亂，溫以荊州刺史，專制上游軍事，滅蜀敗秦，方欲立功河朔，還受九錫；及枋頭之敗，名實頓減，猶急於廢立以樹威，太和六年，廢帝奕，立簡文帝；及孝武帝立，溫方諷朝廷加己九錫，卒因自斃而禍紓。安帝時，有桓玄之亂，玄以溫子，襲溫南郡公爵，初與江州刺史殷仲堪舉兵，內向朝廷，以玄爲江州刺史，仲堪爲荊州；繼玄復擊滅仲堪，朝廷以玄都督荊，江，司，雍，秦，梁，益，寧八州諸軍事。元興元年，朝廷討玄不勝，玄入建康，自署總百揆，都督中外諸軍事。二年，自稱爲相國楚王，尋受安帝禪，國號大楚，而平玄者爲北府兵出身之劉裕。桓氏滅，安帝復位，裕以功爲車騎將軍，都督中外諸軍事；尋進揚州刺史，躬滅南燕，敗盧循，平關洛，卒篡晉而自立。宋時諸王之亂，孝武時有南郡王義宣，竟陵王誕，前廢帝，明帝時有晉安王子勛，後廢帝時有桂陽王休範。而義宣則爲荊州刺史，誕則爲南兗州刺史，子勛，休範則皆爲江州刺史。其後蕭道成篡宋爲齊，而道成初仕宋爲南兗州刺史，鎭淮陰，後受顧命輔政，兼總軍國重事。蕭衍篡齊爲梁，而衍初仕齊爲雍州刺史，鎭襄陽，後至建康，自爲大司馬都督中外諸軍事。陳霸先篡梁爲陳，而霸先初爲梁西江督護高要太守，督七郡諸軍事，後與王僧辯討平侯景，繼復襲殺僧辯，自爲大都督中外諸軍事車騎將軍揚南徐二州刺史。至元魏之亂，則始於六鎭，成於爾朱氏。初魏都平城，以北邊爲重，於馬邑雲中單于界設懷朔，高平，禦夷，懷荒，柔玄，沃野六鎭，盛簡親賢，配以高門子弟，擁麾作鎭，以捍朔方。非唯不廢仕宦，乃更獨得復除，故當時人物忻慕爲之。及孝文遷洛，鎭人役同廝養，官婚班齒，致失清流，一生推遷，不過軍主，而其同族留京師者、各居榮顯；鎭人既爲清途所隔，或多逃逸，乃峻邊兵之格，鎭人不聽浮遊在外。朝廷出爲鎭將者，又皆底滯凡才，政以賄立，惟事聚斂。鎭人積久生怨，値胡后秉政，時事日非，六鎭遂叛。叛轉相攻劉，後漸并於柔玄鎭人杜洛周，既而懷朔鎭人葛榮復滅杜洛周，并其衆。時魏車騎將軍，并，肆，汾，廣，恆，雲六州討虜大都督爾朱榮擧兵入洛，沈胡太后及幼主於河，殺王公以下數千人，立孝莊主，自爲都督中外諸軍事。永安元年，葛榮引兵圍鄴，衆號百萬，爾朱榮擊并其衆，遂爲大丞相都督河北畿外諸軍事，專制朝政。及孝莊主誅爾朱榮，爾朱兆等再稱兵弒孝莊，立長廣王奕；又以奕詔禪於廣陵王恭（是爲節閔主。）時爾朱天光專制關右，爾朱兆奄有并汾，爾朱仲遠擅命徐兗，各擁部曲，競起爲暴。高歡以將六鎭部衆，起兵滅爾朱氏，而專魏政，廢節閔主，而立平陽王修（是爲孝武王。）歡欲遷都於鄴，修與歡不協、則西奔關中，依關西大都督宇文泰。歡別立淸河王亶子善見（是爲孝靜王）是爲東魏，而孝武爲西魏。魏分東西，拓拔氏名爲主，而實爲高氏宇文氏之贅疣。歡泰爭雄，各專國政，歡子洋遂篡東魏而爲齊；泰子覺則篡西魏而爲周。厥後齊滅周，周則篡於隋。隋楊堅以外戚擅權。其初亦屢從征伐，至定州總管。及周宣主崩，受遺詔輔政，都督內外諸軍事，始篡周爲隋。蓋封建之制漢後已名存實亡，州郡，牧守，刺史，都督，雖非世襲，然外重之局既成，擁有甲兵，即有無上權勢。平逆討叛，張大國威，固全賴其力；稱兵作亂，入中主政，

亦爲所欲爲。其禍蓋視封建爲尤烈矣！至唐中葉，復由外重而成世襲之制，宋初其弊始革焉。」（見該書二七五——二八〇頁）

由此我們就可以看出，自漢末以至隋唐，都是州郡，牧守，刺史，都督等人，即擁有財賦甲兵之實權的所謂封疆大臣，在欺上罔下，專制朝政，甲起乙扑，循環無端。這就是繆鳳林氏所說的外重之局，也就是我們所說的實質上的封建。因此，封建制度之存廢，決不在某朝某代之有大封同姓子弟或異姓功臣的形式與否，而表現於生產關係的，是在其有無領主與農奴的對立，表現於政治的上層建築的，是在其財富甲兵是否統一於中樞。自漢至唐連綿不絕的這種外重之局，正是實質的封建之在政治上的反映，繆氏反謂「封建之制，漢後名存實亡」，蓋由其不明於封建的形式與實質之別，所以把名實弄顛倒了。

九　封建的義務

所謂封建的義務，總不外於孟軻氏所說的「粟米之征，布縷之征，力役之征」三者，而這三者之中占主要地位的，當然是所謂粟米之征與布縷之征。在晉則是所謂戶調式的租稅，在唐則又有所謂租調，通常稱爲賦稅。關於三國至唐的田賦，我們在本節「社會經濟的逆轉及其原因」那一段裏，爲考察這一時期人民對於國家繳納之稅品究爲現物抑爲貨幣，已將其稅率即人民負担封建義務之輕重分別述之於前了，但未將其與周代秦漢作一比較。然周代人民負担已自不輕，所謂「什而取一」完全名實不符，到了秦漢，更爲苛重，亦已如前述。三國至唐這一時期究竟怎樣呢？通考卷三田賦考曾有這樣幾句話：「授人以田而未嘗別有戶賦者，三代也；不授人以田而輕其戶賦者，兩漢也；因授田之名而重其戶賦，田之授否不常，而賦之重者，已不可復輕，遂至重爲民病，則自魏至唐之中葉也。」這樣看來，是這一時期人民的負担，即封建的義務，較之西周秦漢，更爲加重了。

這時田賦以外，還有所謂「征稅」「雜稅」「苛斂」。征稅是指鹽稅，酒稅，茶稅等說的。例如通考征榷考二載：「陳文帝天嘉二年，太子中庶子虞荔，御史中丞孔奐，奏立煮海鹽稅，遂從之。」又通考征榷考四載：「宋文帝時，揚州大水，主簿沈亮建議禁酒，從之。」所謂禁酒，即稅酒也。再如舊唐書食貨志下載：「貞元九年正月，初稅茶。……」雜稅則如買賣貨物，關市邸店之稅皆是。例如通考征榷考一載：「晉自過江，至於梁陳，凡貨賣奴隸馬牛田宅，有文券，率錢一萬，輸估四百入官，賣者三百，買者一百；無文券者，隨物所堪，亦百分收四，名爲散估。歷宋齊梁陳，如此以爲常。」又載：「北齊黃門侍郎顏之推，奏請立關市邸店之稅，開府鄧長顒贊成之，後主大悅。」苛斂即如其名稱所示，例如隋書食貨志載：「魏自永安之後，政道陵遲，寇亂實繁，農商失業，官有徵代，皆權調於人，猶不足以相資奉；乃令所在迭相糾發，百姓愁怨，無復聊生。」又如舊唐書食貨志上載：「其百姓有邸店，行鋪，及鑪冶，應準式合加本戶二等稅者，依此稅數，勘責徵納。」這樣看來，苛捐雜稅，原不自今始矣。

以上是所謂賦稅，亦即屬於孟子所說「粟米之征，布縷之征」方面的。再則便是力役了。力役又可分爲兵役與雜色的力役兩種。兵役與力役，在兵農不分時，原是分不開的，三國至唐，就形式上看，仍是一個兵農合一的時期，但元魏以後，兵役和力役却逐漸分離了。兵與民不分，農時皆爲兵役所奪，孫權赤烏三年（西曆紀元二四〇年），詔就自己指出了這種情形。如說：「頃者以來，民多征役——侵奪農時，以致飢困。」結果弄得如晉書王濬傳所說；「吳境兵士苦役，生男多不養。」晉時兵役亦重，東晉還有一特殊現象，即徵及奴兵。晉書翟陽傳載：「建元初（西曆紀元三四三年）安西將軍庾翼北征石季龍，大發僮以充兵役。」僮即奴隸。有一次翼率衆北伐，曾發所轄六州民有奴隸充兵役，奴兵差不多成了東晉的主要軍隊，結果弄得人民反對，如晉書卷六十四載：「又發東土諸郡免奴爲客者，號曰樂屬，移置京師以充兵役。東土囂然，人不堪命，天下苦之矣。」奴兵在宋齊各代，還占相當數目，不過不及東晉罷了。五胡亂華時，胡人的兵役更重，石虎的徵兵法是三五發卒，甚至於掃地爲兵。晉書石季龍（虎字）載記上，「季龍將討慕容皝，令司，冀，青徐，幽，并，雍兼復之家，五丁取三，四丁取二。——」又載：「河南，四川具南師之備，并，朔，秦，雍嚴西討之資，青，冀，幽州，三五發卒……」三五發卒的兵役已屬苛重，更有王彌的掃地爲兵。晉書王彌傳：「（王彌）與劉曜石勒等攻魏郡，汲郡，頓丘，陷五十餘壁，皆調爲兵士。」石虎除徵發人民供兵役外。軍需軍械亦責人民自備。文獻通考兵考三載：「征士五人出車一乘，牛二頭，米十五斛，絹十疋，調不辦者斬。民至鬻子以供軍需，猶不能給，死者相望。」北朝主要是從均田的農民徵發兵役似較輕，如關於北朝元魏者，魏書高祖紀上載：「州郡人民十丁取一以充行，戶租十五石以備軍糧。」但戶租十五石以備軍糧也是農民負担不了的。後來竟弄得如任城王澄上書所說：「共勢力之兵驅令抄掠，若值強敵即爲奴虜，如有執獲，奪爲己富，其羸弱老少之輩，微解金鐵之工，少閑草木之作，無不搜營窮壘，苦役百端。自餘或伐木深山，或芸草平陸，販貿往還，相望道路。此等祿既不多，貲亦有限，皆收其實絹，給其虛粟，窮其力，薄其衣，用其功，節其食，綠多歷夏，加之疾苦，死於溝瀆者什常八九。」（見文獻通考卷一百五十一引）北周，北齊，以至於隋，對於兵役，略有改革，然隋煬帝時又苛重矣，如隋書食貨志載：「帝（煬帝）將事遼碣，增置軍府，掃地爲兵。」至唐府兵制行，由受田的農民輪充兵役，亦稍減輕，結果亦如通考兵考三所說：「自高宗，武后時，天下久不用兵，府兵之法寖壞，番役更代多不以時。……」以上是三國至唐的兵役，如「吳境兵士苦役，生男多不養，」「民至鬻子以供軍需，猶不能給，死者相望，」「綠冬歷夏，加之疾苦，死於溝瀆者常十七八，」這都是當時的實錄，我們讀之，卽可知當時兵役之重到了什麽程度。

再來看當時所謂雜色的力役怎樣？力役的範圍很廣，封建領主認爲需要的時候，隨時都可以徵調。試看三國曹魏時王肅上魏明帝書：「夫務蓄積而息疲民，在於省徭役而勤稼穡，今宮室未就，功業未訖，運漕調發，轉相供奉，是以丁夫疲於力作，農者離其南畝。」（見三國志王肅傳）五胡亂華時，力役較兵役更苛，晉書石季龍載記上載：「（石季龍）營長安洛陽二宮，作者四十萬人。」又載：「季龍於是使尚書張羣發近郡男女十六萬人，車十萬乘，運土建華林苑及長牆於鄴北。」同時，晉室南渡，一切草創，力役亦繁重，范寧曾上書言「古者使人歲不過三日，今之勞擾殆無三日休停，至殘形翦髮，要求復除。」北朝元魏，曾將無限制徵發的力役改爲輪番充當，如「司州之民，十二夫調一吏，爲四年更卒，歲開番假，以供公私力役」的規定，即是。歷北齊北周及隋，均採用輪番制。如通考戶口考載：「凡人自十八至五十九皆任於役，半年不過三旬，中年則二旬，下年則一旬。」又「起徒役無過家一人，其人有年八十者，一子不從役，百年者家不從役，廢疾非人不養者一人不從役。」然這些規定亦多爲具文，如太安元年（西曆紀元四五五年）遣使巡視州郡，則有如古今圖書集成經濟彙編食貨典卷二十六所載：「入其境，農不墾殖，田畝多荒，則徭役不時，廢於功也」的話。到隋煬帝開河渠，鑿馳道，築長城，營宮室，力役之重，又幾成爲無限制的徵發了。隋煬帝紀上載「大業元年三月——發河南諸郡男女百餘萬，開通濟渠。——」又載：「大業四年正月，詔發河北諸郡男女百餘萬，開永濟渠。——」又載「大業三年七月……發丁男百餘萬，築長城，西距榆林，東至紫河。」又載「大業四年七月，發丁男二十餘萬築長城，自榆林谷而東。」資治通鑑隋紀四載：「又發淮南民十餘萬開邗溝。」又載「發榆林北境，至其牙，東達於薊，長三千里，廣百步，舉國就役，開爲御道。」隋書食貨志載「煬帝即位——始建東都——每月役丁二百萬人。」煬帝除建東都外，又建顯仁宮，西苑，迷樓等，迷樓之建，據韓偓迷樓記云「凡役夫數萬，經歲而成。」劉道元氏說：「到了煬帝，營宮室，開運河，築長城，造戰船，力役就繁重了。由江南運大木至東都，州郡遞送往還，首尾不絕者至千餘里。丁之死者每月以車載之，東至城皋，北至河陽，亦數百里不絕。築長城死者至於大半。在水中造船日久不出，腰以下皆生蛆。以後人口減少，役多如故，遂將十二番的制度改爲四番。丁男不給，以婦人從役，加以掃地爲兵的兵役，徵斂奇重的賦稅，逼迫着農民起來爲亂，遂把隋之統治推翻。」（見所著中國中古時期的田賦制度）南朝的力役亦特別繁重，人民以有子爲將來的累贅，至於墮胎，甚至於自爲生理上的摧殘以求免役。宋書王微弘傳載：「舊制人年十三半役，十六全役……至今逃竄求免，胎孕不育，乃避罪憲，實亦由茲。」齊竟陵王子良上書曾有這樣的話：「東郡使人年無常限，郡縣相承，准令上直，每至州臺使命，切求最急，乃有畏失嚴期，自殘軀命，亦有斬絕手足，以避徭役。」（見通典卷三引）照上述看來，力役的負担到了什麼程度，也就可想而知了。

總之這一時期——三國至唐——人民所担負的封建義務，無論賦稅徭役，都比西周秦漢為特重。

十 兩點補述—商業經濟與奴隸問題—及這一時代之特徵

從以上的敘述看來，這一時代的歷史材料所告訴我們的，已是一個封建社會的經濟結構，但這一時代的社會經濟結構，是否可以把它看做中國歷史上的特別階段？這却還待商量。我們開始是承認這一時代的社會經濟是有幾分逆轉的，即它不是循着秦漢商業經濟發展的軌跡往前邁進，反之，却是「錢貨無所周流，」「自是後錢貨不行。」但還不是普遍的現象，我們在前面已經說過。

因此以這一時代的貨幣流通來說，雖間有「錢貨不行」的時候，然除這種時候以外，貨幣在交易上仍是秦漢的傳統，即以五銖錢居於重要的地位。以這一時代的商業來說，魏晉南北朝的混亂之局，誠然是影響商業的發展，但那時南北貿易却未停止，甚至於常借互市以維持南北和局。例如晉書祖逖傳載：「祖逖在鎮，石勒……求通使交市，逖不報書，而聽互市，收利十倍，於是公私豐贍。」晉書陶侃傳載：「遷……武昌太守……立夷市於郡東，大收其利。」隋書食貨志載：「淮水北有大市百餘，小市十餘所。」魏書食貨志載：「魏……於南陲立互市，以致南貨，羽毛齒革之屬，無遠不至。」尤其是北朝元魏時，洛陽貿易之盛與貴族之奢靡及其城市之壯麗殷闐，真是得未曾有。楊衒之伽藍記卷四曾說：「出西陽門外四里，御道南有洛陽大市，周迴八里。市東有通商、達貨二里，里內之人，盡皆工巧，屠販為生，資財巨萬。有劉寶者，最為富室，舟車所通，足跡所履，莫不商販。是以海內之貨，咸萃其庭，產匹銅山，家藏金穴，宅宇踰制，樓觀出雲，車馬服飾，擬於王者。市南有調音、樂律二里，里內之人絲竹謳歌，天下妙伎出焉。市西有酒酤、治觴二里，里內之人多釀酒爲業。市北有慈孝奉終二里，里內之人以賣棺槨爲業，賃輀車爲事。別有準財金肆二里，富人在焉。凡此十里，多諸工商貨殖之民，千金比屋，層樓對出，重門啓扇，閣道交通，迭相臨望。金銀錦繡，奴婢緹衣，五味八珍，僕隸畢口。自酒酤以西，張方溝水以東，南臨洛水，北達芒山，其間東西二里，南北十五里，並名爲壽丘里，皇宗所居也，民間號爲王子坊。當時四海晏清，八荒率職，縹囊紀慶，玉燭調辰，百姓殷阜，年登俗樂。鰥寡不聞犬豕之食，煢獨不見牛馬之衣。於是帝族王侯，外戚公主，擅山海之富，居川林之饒，爭修園宅，互相誇競，崇門豐室，洞戶連房，飛館生風，重樓起霧，高臺芳榭，家家而築，花林曲池，園園而有，莫不桃李夏綠，竹柏冬青。而河間王琛最爲豪首，常與高陽爭衡，（註一）造文柏堂，形如徽音殿，置玉井金罐，以五色絲績爲繩。妓女三百人，盡皆國色。琛常語人云：「晉室石崇乃是庶姓，猶能雉頭狐腋，畫卵雕薪，況我大魏天王，不爲華侈。」造迎風館於後園，窗戶之上，列錢青瑣，玉鳳銜鈴，金龍吐珮，素柰朱李，枝條入簷。伎女樓上，坐而折食。琛常會宗室，陳諸寶器，金瓶銀甕百餘口，甌檠盤盒稱是。自餘酒器，有水晶鉢，瑪瑙杯，琉璃盌，赤玉卮數十枚。作工奇妙，中土所無，皆從西域而來。又陳女樂及諸名馬；復引諸王按行府庫，錦罽珠璣，冰羅霧縠，充積其內。繡纈，紬綾，絲綵，越葛，錢絹等不可數計。於時國家殷富，庫藏盈溢，錢絹露積於廊者，不可較數。及太后賜百官絹，任意自取，朝臣莫不稱力而去。」果楊衒之氏所記皆爲實錄，我們讀了這一段話，將疑這種情形幾非秦漢時代所能有。因那時社會經濟如不較秦漢更爲發達，洛陽雖爲元魏首都，貿易的繁盛，貴族的奢靡，城市的壯麗殷闐，決不能到如此景象也。

到了隋代，統一南北，政權雖然僅支持了三四十年，但國內外貿易卻極發達，而在商業史上還做了幾件可以記述的事。如幣制的統一，運河的開鑿等。因之隋代的市場與商務，均極可觀。隋書百官志下載：「京師東市曰都會，西市曰利人；東都東市曰豐都，南市曰大同，北市曰通遠。」又隋書食貨志載：「煬帝即位，……始建東都，……徙……天下諸州富商大賈數萬家實之。」諸州富商大賈至數萬家，各地商務之繁盛便可知。唐代商業，不僅國內貿易較前發達，即遠隔數千里的胡商海船，亦羣集於當時著名的各大都市。

唐分天下為十道，以關內道之長安為京師，又以河南道之洛陽為東都。京師設東西兩市，計分為南北十四街，東西十一街，街分一百有八坊，每坊的廣長都為三百餘步。至於東都，則設南北西三市，各市的開業休業時間，都有一定的規定。兩京之外，商業之在諸道者，亦有如江都，成都，及揚，汴，蘇，洪四州之盛，而唐時詩人，亦多以商情入詩句，如李益的江南曲有「嫁得瞿塘賈，朝朝誤妾期」之句，可知當時在長江上游的四川商人，是因忙於商務在家日少的。杜甫更有「蜀麻吳鹽自古通」之句，又有「風烟渺吳蜀，舟楫通鹽麻」之句，可見當時吳蜀雖相距千里，而麻鹽相易之盛況亦如此。杜甫詩中又有「雲帆轉遼海，粳稻來東吳」之句，可見當時東吳與遼海之間，南北相距數千里，也有大宗貿易關係。唐代那時還有一種新興商業，就是茶市。白居易琵琶行有句道：「門前冷落車馬稀，老大嫁作商人婦，商人重利輕別離，前月浮梁買茶去。去來江口守空船，繞船明月江水寒。」茶商「重利輕別離」成為閨怨流行之語，可見茶市在唐代新興商業中之蔚為大宗矣。總之唐代國內國際商業，都是很發達的。

這樣看來，所謂三國魏晉南北朝直至隋唐這一幾百年的中國，自漢末以迄魏晉的社會轉變，雖使那時的社會經濟有幾分逆轉，然這一逆轉的過程是很暫的，這一逆轉的範圍也不是普遍的。所以我們不能怎樣特別把它看做中國歷史上的什麼特別階段。中國的封建社會自較發達的商業經濟甚至於高利貸經濟出現於春秋戰國以後，秦漢是循着這一個路綫往前走的，漢末以後，魏晉南北朝雖稍受挫折，然在大體上仍是循着這一個路綫往前走的。不過中國的商業經濟無論如何發達，無論如何在一步一步往前走，而農業的生產始終占着支配的地位，主要的生產手段的占有關係，仍是土地占有關係，質言之，即在生產方法上，始終沒有跳過封建的生產方法這一階段。我們關於中國社會史的敘述，在寫秦漢時代一節裏，開始即強調了秦漢時代的商業發展，而結論到秦漢時代的中國社會仍是封建社會。在本節開始強調了社會經濟的逆轉，但所謂逆轉，決沒有把秦漢商業發展的道路完全堵塞住。這是看了以上的商業經濟便知道的。再關於社會經濟逆轉的情形，我們雖亦曾拿了五胡亂華，比之於歐洲日耳曼人的大移轉，但也祇有大體的類似，而決無絕對的同一。所以在社會經濟逆轉的情勢下，南北朝時的北魏，却有如上所述的富庶殷實，一到隋唐，商業經濟的發達，亦能與秦漢媲美，甚至有過之無不及。然則我們爲什麼把這麼多的朝代——三國至唐天寶——連繫起來成爲封建社會中之一小階段，這就因爲這一時代有一特點，便是除三國以外，自唐至晉的土地占有，都是在占田，均田制度支配下的。然而還並不是能把這一歷史階段怎樣特別起來的東西。所以三國至唐的中國社會，究竟不是什麼中國歷史上的特別階段。

再則有人把秦漢時代看做是中國的奴隸社會，而以爲漢末以後，即所謂魏晉南北朝，才是中國封建社會的眞正開始，這自然也是根據於魏晉南北朝時代中國社會經濟之幾分逆轉來的。但這一時代的奴隸問題之嚴重，實亦不弱於秦漢。其來源有投靠（註二）自家生（註三）犯罪，戰爭，鬻賣種種。而由於鬻賣者特多。如晉書惠帝紀載「永平七年，關中饑，米斛萬錢，詔骨肉相賣者不禁。」又晉書成帝紀載：「咸康元年，是歲大旱，會稽餘姚尤甚，米斗五百價，人相賣。」其種類則有官奴隸——官奴隸大概多屬罪人沒入官者或得諸戰爭的俘虜。私奴隸——私奴隸大概多由買來，來自投靠的亦多。普通稱爲奴婢。他如家僮，僮僕，倉頭，門生，客等亦屬之。而奴隸的勞動亦可分數種，有把奴隸用之於生產勞動的，如前述之佃客，或客戶，即是爲豪族營農業生產的奴隸。晉書載：「刁協子彝，彝子逵，弟暢，次宏，各歷職州刺史，兄弟子姪，並不拘名行，競收貨殖，有田萬頃，奴婢數千人。其婦女莊櫛織紝，皆取成於婢僕，未嘗知女工絲枲之業，中饋酒食之事也。」這眞可謂「奴任耕，婢任織」之最好註脚。有把奴隸用之於公共勞動的，即公共力役或戰爭，多發官私奴隸充之。如前述東晉之奴兵，即係明證。再則家庭奴隸所担任的當然是家庭勞動，所謂「莊櫛織紝，皆取成於婢僕」是也。此外家庭一切瑣事，當然亦由家庭奴隸担任。

奴隸是無身分的，所以它和牛馬一樣，可以隨主人受田，可以幫助主人多占土地，成爲主人之一種生產工具和資本。這種情形自晉以後歷元魏，北朝，北周隋唐而未變。在晉時因奴隸的數目太多，而對於奴隸的受田，且不能不加以限制。隋則「奴婢五口給一畝。」（見隋書卷二四食貨志）較前稍少，然而奴隸自秦漢以後，仍普遍的存在，乃爲鐵一般的事實所以這一時代的中國社會，仍不過是西周秦漢社會的繼續與擴展，各個時代縱有各種不同的特徵，然其封建的本質則是一貫的。那末這一時代——三國至唐天寶——的中國社會，其不同於周代與秦漢時代的特徵，究竟在那裏呢？我們可以舉出如下幾點：

一、土地又由私有而國有，大體上是計口授田，不聽賣買，但極不徹底，並不因此而解決了秦漢以來的土地問題。

二、社會經濟較之秦漢表現了幾分逆轉，但不是普遍的，而逆轉的過程亦甚暫。

三、在土地占有上發生了一個特殊現象即寺院的土地占有。

四、形式上的封建，較秦漢更爲明顯，且已形成一般的軍閥政權。

五、封建的義務，較之西周與漢秦更爲加重。

（註一）商業資本雖然不能單獨占領一個社會階段，但它仍能改變封建組織的形式，甚至於是資本主義的門戶，這在前面已說過，現在想對它還作一具體的解釋，即商業資本的發展，有下列兩種作用：一，促成貨幣資本的集中；二，形成資本主義所必需的大規模的交換制度。

（註二）晉書武帝紀「泰始九年，詔聘公卿以下子女以備六宮，采擇未畢，權禁斷婚姻。」又五行志：「——采擇良家女子，露面入殿帝親簡閱，務在姿色，不訪德行。有蔽匿者，以不敬論。」晉書胡貴嬪傳：「帝多內寵，平吳之後，復納孫皓宮人數千，自此掖庭殆將萬人，而並寵者甚衆。帝莫知所適，常乘羊車恣其所之，至便宴寢。宮人乃取竹葉插戶，以鹽汁灑地而引帝車。」觀此其淫亂可謂甚矣。

（註三）西晉之初，統治者日趨腐敗，競以奢靡相尚，晉書何曾傳「曾性奢豪，務在華侈。帷帳車服，窮極綺麗，廚膳滋味，過於王者。每燕見，不食太官所設，帝輒命取其食蒸餅上，不拆作十字不食。食日萬錢，猶曰無下箸處。——二子遵，劭，劭博學善屬文，驕奢簡貴，亦有父風。

衣裘服翫新故巨積，食必盡四方珍異，一日之供以錢二萬爲限。——遊性亦奢汰。」又石崇傳「崇仕俠無行檢，財產豐積，室宇宏麗，後房百數，皆曳紈繡珥金翠，絲竹盡當時之選，庖膳窮水陸之珍，與貴戚王愷羊琇之徒，以奢靡相尚。愷以粘澳釜，崇以蠟代薪，愷作紫絲布步障四十里，崇作錦步障五十里以敵之，崇塗屋以椒，愷用赤石脂，崇愷爭豪如此。武帝每助愷，嘗以珊瑚樹賜之，高二尺許，枝柯扶疎，世所罕比，愷以示崇，崇便以鐵如意擊之，應手而碎。愷既惋惜，又以爲嫉己之寶，聲色方厲，崇曰不足多恨，今還卿，乃命左右悉取珊瑚樹，有高三四尺者六七株，條幹絕俗，光彩耀目，如愷比者甚衆，愷恍然自失矣。」

（註四）陔餘叢考卷十七載「六朝最重氏族，蓋自魏以來九品中正之法行，選舉多用世族，……是以矜門第者高自標置。崔㥄嘗謂盧元明曰『天下盛門惟我與爾』。荀伯子亦謂王融曰『天下膏粱，惟使君與下官耳。』其視後門寒素，不啻如良賤之不可紊越。趙邕寵貴一時，欲與范陽盧氏爲婚，盧氏有女，其父早亡，叔許之，而其母陽氏不肯，攜女至母家藏避。崔巨倫姊眇一目，其家議欲下嫁巨倫，姑悲感曰『吾兄盛德，豈可令此女屈事卑族？』右軍將軍王道隆權重一時，到蔡興宗前，不敢就席，良久方去，興宗亦不呼坐。——其至習俗所趨，積重難返，雖帝王欲變易之而不能者。宋文帝寵中書舍人宏興宗，謂曰『卿欲作士人，得就王球坐，乃當判爾。宏往詣球，可稱旨就席』。及至，宏將坐，球舉扇曰『卿不得爾。』宏還奏帝曰『我便無如此何』。他日帝以語球，欲令與之相知，球辭曰『士庶區別，國之常也，臣不敢奉詔。』——」

（註五）東晉受五胡之逼而南渡，中原大族亦隨之南渡者甚多。那時大族王氏輔政，如王導王敦之流，而晉姓司馬，故有「王與馬共天下」之謠。然從此可以推知大族政治勢力之優越。

（註六）魏書李安世傳：李安世上疏云「井稅之興，其來日久，田萊之數，制之以限。蓋欲使土不曠功，人罔遊力，雄擅之家，不獨膏腴之美；單陋之夫，亦有頃畝之分。竊見州縣之人，或因年儉流移，棄賣田地，漂居異鄉，事涉數代，三長既立，始返舊墟，廬井荒廢，桑榆改植，事已歷遠，易生假冒。彊宗豪族，肆其侵陵，遠認魏晉之家，近引親舊之驗。又年載稍久，鄉老所惑，羣證雖多，莫可取據，各附親知，互有長短。

所證徒具，聽者猶疑。爭訟遷延，連紀不制，良疇委而不開，柔桑枯而不採。僥倖之徒興，繁多之獄作。欲令家豐歲儲，人給資用，其可得乎？愚謂今雖桑井難復，宜更均量，審其經術，令分藝有準，力業相稱，細民獲資生之利，豪右靡餘地之盈。則無私之澤，乃均播於兆庶矣。又所爭之田，宜限年斷，事久難明，悉屬今主。然後虛妄之民，絕望於覬覦，守分之士，永免於凌奪矣。」北魏高祖深納之，均田之制起於此。

（註七）據通考卷二，葉水心說：「齊自河清，始有受田之制。其君驕蠢甚矣！然尚如此；周亦有司均業田里之政，以其時田皆在官故也。今田不在官久矣，往事無復論，然遂以爲不當在官，必以其民自買者爲正，雖官偶有之，亦效民賣之，此又偏也。」從此中看出中國讀書人對於國有土地之崇拜。

（註八）金兆梓氏說：「晉的占田，和魏到唐的均田，形式上雖好似平均土地的辦法，其目的還是在征收賦稅。授田之法實因大亂之後流亡的人多，想藉此來招集流亡，庶幾有賦可征。」（見所編新中華本國史一五七頁）

（註九）伽藍記卷三「高陽王雍，正光中爲丞相，貴極人臣，富兼山海，居止第宅，匹於帝宮，白殿丹檻，窈窕連亘，飛簷峻宇，轇轕週通，僮僕六千，妓女五百，隨珠照日，羅衣從風，自漢晉以來，諸王豪侈，未之有也。出則鳴騶御道，文物成行，鐃吹響發，笳聲哀轉；入則歌妓舞女，擊筑吹笙，絲管迭奏，連宵盡日。其竹林魚池，侔於禁苑，芳草如積，珍木連陰，雍嗜口味，厚自奉養，一食必以數萬錢爲限，海陸珍羞，方丈於前。」

（註十）投靠，即自動的依附有權勢的大族以求保護，而他本身即變爲大族的奴隸。

（註十一）自家生，即世襲的奴隸，由奴隸的子孫而世代爲奴隸者。

【問題研究】

（一）魏晉社會經濟的逆轉，其根本的原因究竟安在？

（二）蠻族侵入是否能拉轉中國社會經濟？

（三）晉之占田，魏以後之均田，爲什麼不能徹底施行？說者謂僅是召集流氓，增加稅收的一種手段，其說信否？

（四）有人說均田制度不惟無利於農民，而且是宰割農民的又一刀斧，其說是否容談？

（五）宗教勢力爲什麼在這一時代抬頭起來，中國寺院之土地占有與歐洲之教會的土地占有，其本質是否相同？

（六）這一時期形式上的封建，爲什麼較秦漢更明顯，這些統財賦甲兵的權臣，在本質上是否即爲封建諸侯，是否即爲近代軍閥政權之萌芽？

（七）這一時代封建義務之加重，是否如前所說爲受商業經濟發達之影響？

（八）這一時代商業經濟的發達，較之秦漢究爲退步抑爲進步？

（九）我們看了這一時期奴隸數目之驚人，是否可以說這也是一個奴隸社會？

第四節 唐宋元明清時代——約自唐天寶至清鴉片戰爭

一 概說

我們是把自西周以來的中國社會經濟結構，看做封建社會的經濟結構的。然而在封建社會之質的全過程中，卻有其經濟發展的不同的特點。很顯然的，從西周到春秋戰國，已由純自然經濟發展爲商業經濟，自春秋戰國到秦漢，商業經濟更爲發展；自秦漢到魏晉南北朝，經濟的發展開始逆轉，但其逆轉是暫時的，並且是不普遍的。所以一到隋唐，商業經濟又走上復興之路了。然而尤以唐代中葉以降為中國經濟發展變化最大之時期。中國舊歷史家往往漢唐並稱，實則就經濟的發展說，漢室遠不及唐。由唐而宋而元明清，雖然歷受東北蠻族（如遼金元）侵入，而經濟的發展却仍然是在往前走，尤以元時為盛。這可於這一時期的商業經濟，貨幣制度，都市，交通等各方面看得出來。因此，這時的土地占有也就由所謂最不徹底的占田，均田，完全復歸於秦漢時代的漫無限制的土地私有。其間雖然也有不少人時唱井田限田之說，但祇不過唱唱同已；政府方面雖然也時時舉行檢括，經界等政策，但也不過增加稅收而已。為什麼？這是因為經濟的發展，已達到連最不徹底的占田，均田都不能實現的程度之故。那末，這一時期的中國社會經濟似乎已超過封建的社會經濟這一範疇了。然而決定某一社會形式的，不是一般社會經濟發展之純量的方面，而是其特定的社會經濟之支配的實質，換言之，即是為其主要生產手段與勞動力結合方法的生產方法。這時一般的社會經濟雖然很發展，但其主要的生產手段的占有關係，即土地的占有關係，仍然是封建的，換言之，即這時生產手段與勞動力結合的方法，在實質上仍是土地占有的封建地主以超經濟的力量強迫農民耕作而僭取其剩餘勞動。這也是可於這一時期的土地制度，封建地主對於農民的關係看得出來的。並且元代的商業經濟最發達，而這種封建關係也最明顯，因此，在這一時期我們要特別說明的，將仍是它的社會經濟結構的本質如何，即支配的生產關係是什麼。但對於社會經濟之一般的發展，也要加以敍述。即我們要從這一時期的一般經濟生活當中找出其支配的經濟關係來。於是本節的主要點便如下：

（一）這一時期社會經濟之一般的發展。

（二）其發展的程度是否超過了封建的社會經濟這一範疇？

（三）這一時期社會經濟結構的本質如何，即支配的生產關係是什麼？

(四)不徹底的均田制度破壞後，土地占有關係究竟怎樣？土地的所有者對於農民關係如何？

(五)封建的義務較之已往各時期是否減輕抑或加重？

(六)這一時期的特點在那裏？

二 這一時期社會經濟之一般的發展(一)

這裏所謂社會經濟之一般的發展，本來是把所有的經濟部門，如農業商業手工業等等都包括在內，其範圍是很廣的。然而在這裏關於農業的是要留待後面專篇敘述，卽商業手工業兩者，亦祇能偏重於商業方面。不過商業與手工業是有緊密的聯繫的，敘述了商業的發展情形，手工業的發展也可推知。現在我們就從這一時期的商業經濟開始敘述。不過要敘述這一時期的商業經濟發展的情形，而與商業發展最相關的貨幣制度，都市交通等等却是不能忽視的。以下卽就這幾方面來展開。

唐代的商業，尤其是唐代中葉以後，我們已說過，不僅國內貿易比較興盛，就是遠隔數千里之外的胡商海船也羣相匯集於當時著名的各大都市。這就是說國外貿易也有空前的發展。在第三節（卽前節）裏已將其國內貿易略為敘述，玆再就其國外貿易一敘述之。唐代的領土是很廣大的，因此，它便在四境分置安東，安北，單于，安西，安南，北庭六個都護府。就中以安西安南兩個都護府對於國外貿易最有關係。因為安西都護府所屬的地方，是現在的天山南路和中亞細亞一帶，司國內外陸路貿易之樞紐；安南都護府所屬的地方，是現在的南海諸國，司國內外海上貿易之樞紐。據現在考訂所得，唐時陸路貿易的交通，是由陝西西安經甘肅蘭州，沿新疆塔里木河，以達於中亞細亞，就中以河西諸郡尤為商業中心。西番商侶集中於涼州者亦不少，而波斯胡和大食胡在長安的且有四千餘家之多，這可見陸路國際貿易之盛了。至於海上貿易又可分為兩方面：一是阿剌伯波斯諸回教國與中國的貿易，二是南洋羣島諸國和南海印度洋沿岸諸國與中國的貿易。不過那時回教諸國與中國貿易較盛，南洋諸國反是很幼稚的。那時中國通商口岸，以廣州居首，揚州，泉州，杭州次之。阿剌伯商人蘇萊曼（Soleyman）依本瓦哈（Ibn wahale of Basra）對於那時廣州商務情形，都有記述。據說黃巢之亂，廣州蕃商被殺者達十二萬人之多，唐肅宗時，廣州蕃商曾嘯聚作亂，再則商業史上有名之市舶司（即今之海關）亦最初設立於廣州。這都可見廣州那時國際貿易之盛。至於揚州，舊唐書田神功傳亦有這樣記載：「田神功兵掠揚州，波斯大食（即阿剌伯）胡商死者數千人。」這樣看來，可知唐代國際貿易，在海陸兩路，都是很發達的了。

再來看其貨幣制度怎樣。貨幣制度與商業經濟的關係，已屢言之。並且如前所述，在秦漢之時，已是黃金與銅錢並用，唐時幣制，在大體上自然也與秦漢時代差不多，不過在唐時有下列幾個特點：一是鑄錢的標準變更了。史稱唐高祖初入長安時，民間所用之錢，均為輕薄的小錢或五銖錢，因此，武德四年（西曆六二一年）廢五銖錢而行開元通寶錢，上記通寶字樣。蓋自此始漢武帝所鑄之五銖錢，一直到隋，都為歷代鑄錢之標準；但至唐代，其制遂變，以後歷代的鑄錢，便以開元通寶為標準了。一是銀的使用增加。自東晉以來，雖已用銀的貨幣，但為數尚少，且不普遍。到了唐代，因黃金的減少與銅的缺乏，黃金與銅錢都不足用，又跟着經濟的發達，必需單位較大的貨幣，所以使得銀的使用更增加了。一是飛錢的創興。飛錢可以說就是現在的紙幣及匯兌之濫觴。因為飛錢之制，就是商賈至京師，委錢諸道進奏院及諸軍，諸使，富豪家，於是他們祇需輕裝就可以跑到各處，不用隨身帶齎大量的現錢。等到了那個地方，祇需合券就可取現錢使用。這不是等於現在的匯票嗎？以上三種情形——鑄錢標準的變更，銀的使用增加，飛錢的創興，都可證明那時商業經濟的發達。

唐代交通，陸路雖不甚便，但自運河開鑿以來，水路交通卻極便利，帆船往來，絡繹不絕。於是沿江沿河諸地，就成為商賈輻輳之所。揚州當南北要衝，因之其盛況也就蒸蒸日上。再自運河開通以來，各方貨物之聚集於京師者，也大半取道運河，以藉漕船轉運之利。此外，玄宗天寶年間，韋堅爲水陸轉運使，開漕渠以通渭水；於是諸州貨物，由航運所入京師者，取道於此，更爲便利。即陸路交通，亦已設有驛站，凡三十里一驛，天下共一千六百三十有九所（水驛亦包括在內）。此爲唐代交通之大概情形。至於都市，則有如上述揚州，廣州，泉州，杭州等。

此外唐代手工業，亦有足述者，而尤以瓷器著稱。近人柳貽徵氏關於唐代瓷器曾有如下一段話：「唐虞之時，即有陶器，不過今之盆盎之類，無細瓷也。日用飲食之物，大都用竹木，後又進而用銅，至唐禁銅器，而陶瓷之業以盛。瓷之興，蓋自晉至北魏而漸多；其見於史策者，則自隋之何稠始。唐時製瓷之地，如河南，邢州，豫章等處，既見於史志；而壽州，洪州，越州，鼎州，婺州，岳州，邛州均產名陶。其品第見於陸羽茶經。其昌南鎮之瓷，則今之景德鎮瓷器之祖也。綜歷代之用器觀之，竹籩木豆瓦簋銅槃，漸變而爲瓷盌瓷盂，而精美輕細，不止於適用而已，此非化學工藝之進步乎？迄今世界各國，猶推吾國之瓷爲首。故自隋唐迄今，眞可謂之瓷器時代。」（見所著中國文化史下冊五一一—五二頁）再則五金工業也有相當的進展。如那時關於銀銅鐵錫的鑛坑已經開採的有一百六十八所。關於鑛坑每年生產的統計是：銀一萬五千兩，銅六十六萬五千斤，鉛十一萬四千斤，錫一萬七千斤，鐵五十三萬二千斤。（見胡鈞著中國財政史）這都是聯繫着一般社會經濟的發展才能有的現象。

這樣看來，唐時社會經濟之一般的發展，已是很有可觀的了。

唐末衰亂，繼之以五代十國，五十餘年之間，干戈擾攘，海內分裂，社會經濟自不能不受相當打擊。宋代三百餘年之間，在北宋大一統的局面之下，領土已覩漢唐爲小，至於南宋偏安之局，更不必說，而社會經濟，似乎亦難發展。但經濟潮流的演進，却仍不減於漢唐。試就其重要之點，分別述之。

宋代商業也和唐代一樣，不僅國內商業繁興，即海外貿易也呈發皇之大觀。關於國內商業，將于論述其他方面時，一併論述。茲先言海外貿易。宋代海外貿易，南北東西海陸諸邊都有與外人通商之事。例如在東南沿海一帶——廣，泉，明，杭諸州，都置有提舉市舶司，以司西域諸國和南洋諸國之貿易，又在西北陸地沿邊一帶——代，潞，保安，鎮戎，雄，霸諸州軍，都置有榷場或博易場，專司和遼，金，夏諸國交易，東海島夷以及高麗，新羅諸國，其與中國貿易，則大都乘船由海入界河，行之於登，萊二州境內。他如西南夷，即在今川，滇，桂一帶的，也不斷和中國發生交易關係。例如那時在陝，川，永康軍，威茂州等地，則置有博易場；今之廣西地方，則置有買馬司；而黎州，雅州兩地，也置有博易場，專司茶馬交易之事。至於那時國際貿易之最繁盛者，自然是東南海上貿易和西北諸蕃陸路貿易兩方面。茲更就這兩方面略爲敘述。宋初因廣州承唐代海外貿易之盛，所以宋太祖時也置市舶司於廣州。宋眞宗時，杭州，明州，又各置市舶司，哲宗時，泉州對外貿易也發達了。於是又於泉州置市舶司。當時泉州地位幾與廣州相等，後來且駕廣州而上之。此外密州也置市舶司。到了北宋末，更改於廣州，泉州，杭州，明州各置提舉市舶司。其任務爲「掌番貨海舶徵榷貿易事，以來遠人，通遠物」（見宋史職官志。）由此可見那時廣東，福建，兩浙三路國外貿易之盛。那時泉，廣兩地，均有外商居留地，而廣州則有歷史上極爲著名之蕃坊。萍州可談載：「海外諸國人聚居，置蕃長一人，管勾蕃坊公事，專切招邀蕃商。」是其明證。至於宋時海外貿易之盛，究竟到了什麼程度，觀其每年稅收，便可推知。北宋苦無明文可考；南宋據玉海所載爲歲入二百萬緡，其數殊不少。其時重要入口貨物爲眞珠，龍腦，香料，寶石，象牙，珊瑚，刀劍等；重要出口貨物，則爲磁器，絹布，樟腦，大黃，鐵器，砂糖，金屬等。以上爲宋時海上貿易之大概情形。至於陸路互市，主要的則爲宋遼，宋夏，宋金。重要入口貨物，大概爲牛，馬，羊，駱駝，氈毯，蜜蠟，羊角，硇砂，紅花，翎毛等；重要出口貨物，則爲新茶，荔支，龍眼，金橘，絲，棉，絹，漆器等。

關於與商業發展極有關係之貨幣，在宋時亦有兩個特點：一是銀已成爲一般之通貨，甚至於政府的租稅，亦多折銀徵收。這在以前是沒有的。如前所述，唐雖用銀增加，然決無折銀徵收租稅的事實。一是紙幣的使用。宋時紙幣的使用，在中國貨幣史上，可以算得一大變遷。唐時雖有飛錢，然飛錢的性質，嚴格的說，祇相當於今日之匯票，並不是紙幣。而宋的交子，錢引，關子，會子，則與今日通用之紙幣無異。史稱宋眞宗時，蜀人患鐵錢之重，不便於攜帶，於是私行作券，名爲「交子」，以便交易。其辦法，由富人十六戶主其事，以三十六萬緡爲本錢，以一交爲一緡，以三年爲一界，發新券以換之。以六十五年爲二十二界。界雖未滿，而有人請求兌換時，則以現錢換與之。這是私人辦的，後又由官家發行，一切如富人之制。後改稱交子爲「錢引，」實亦交子也。「關子」亦稱會子，或關會，其性質與交子及錢引同，不過錢引行之於蜀，會子行於湖廣及其他地方而已。這兩個特點——銀成爲一般之通貨，紙幣的使用，正反映出宋時商業之發達。

宋代交通也可以說陸路不如水路之便。茲姑就水路言之。水路之所以較爲發達者，最大的關鍵自然是漕運的關係。宋代定都於汴（今之開封，）漕運約分四路：一是東河（卽汴河，）東南之粟由淮入汴；二是西河（當現在黃河之一部分）陝西之粟由此入汴；三是南河（卽惠民河，）輸運陳蔡等州之粟；四是北河（卽廣濟河，）輸運京東十七州之粟。這是因漕運而關的水路交通，漕運交通既這樣便利，則商運之便利，自可推知；而宋時國內商業之發達亦可推知。再據文獻通考國用考三所載宋時諸州歲造漕運所用船數，至道末共爲三三三七艘，天禧末則減去四二一艘。漕運之船既多至三千以上，則商船之多，當更倍之。而造船處所，則有虔州，吉州，明州，婺州，溫州，台州，楚州，潭州，鼎州，嘉州，鳳翔，斜谷十一處地方。這些地方是水運重心，自然也是商業重心。所以從交通方面也可以看出宋時國內商業之發達。

宋代都市，跟着商業的發達，較前代更爲繁榮而加多。就其性質說，可分四類：一是政治中心的都市。如北宋的汴京，南宋的臨安（杭州。）但這種都市，一面是政治的重心，一面也是商業的重心。宋史地理志說汴京是「處四達之會，故建爲都，政教所在，五方雜居。」馬可波羅的遊記說：「臨安人口富庶，街市櫛比，商號林立。……城內手工業極爲發達，工人數目很多，居戶男女大抵衣絲帛，此項絲帛卽係本城所自造者。」二是東南沿海一帶的商埠，如廣州，泉州，明州，杭州，華亭，上海，江陰，溫州，澉浦，密州等，這都是宋代國際貿易的良港。就中尤以廣州的國際貿易爲最發達。萍州可談說：「崇寧初三路各置提舉市舶司，三方唯廣最盛。」三是內地航運的衝要所在，如揚州，眞州，楚州，泗州，虔州，江陵，婺州，台州，潭州，吉州，嘉州，鳳翔，斜谷等地。四是和北番及西南夷貿易的重要城市，如鎭州，易州，霸州，雄州，滄州，保安軍，鎭戎軍，永康軍，威茂州等。都市的加多與繁榮自然也是商業發達的反映。

這樣看來，唐宋社會經濟之一般的發展，都是很有可觀的。尤其是宋代社會經濟的發展影響甚大，換言之，它已爲元代登峯造極的商業經濟開闢一條順利的道路。以下更就元明清的社會經濟而一論之。

三　這一時期社會經濟之一般的發展（二）

有人說：「元代統治的時候，卽是中國經濟發展最高的時候。」這種說話，決不是無根據的，我們要知道元代經濟發展的情形，首先需看看它的國勢。就其領土說，它跨有今之歐亞兩洲。在亞洲方面除北亞的西伯利亞一部分和南亞的印度一部分外，全部皆爲所有，在歐洲方面，則佔有今之歐俄的大俄小俄，緊接今之波蘭，匈牙利兩國。計占歐洲東北部一大平原，領土的遼闊，實可稱爲空前一大帝國。不過他以遊牧種族入主中華，且占有這樣大的領土，發展商業經濟到最高峯，似乎是一件很奇怪的事，實則並不奇怪，因爲他一侵入中國以後，爲的要征服中國人民，馬上就適應宋代已發展了的商業經濟，不惜與中國地主貴族商業高利貸資本相提攜，所以能鞏固其開始建立的政權，而又利用其政權來推行其經濟政策，並且用現代的眼光來看元代的經濟政策，正是重商主義的。據元史世祖於統一中原之後，而命中書右丞索多等奉璽書十通，招諭諸番，占城，馬八兒俱藍等南洋諸國都入朝奉貢，而回回商賈也與中國在海陸兩路交通往來，由此可知那時國際貿易甚爲發達，而國內商業也極繁榮。元史耶律楚材傳：「中原地稅商稅鹽酒鐵冶山澤之利，歲可得銀五十萬兩帛八萬疋粟四十餘萬石。」則商稅在歲入中亦占較大部分可想而知。商稅歲額既大則國內商業之興盛可知，況鹽酒鐵冶山澤之利，都是與商業的發達聯繫着不能分開來看的。

元代的經濟政策既然重商，所以對於國外貿易影響更大而最値得我們注意的，就是歐洲商賈遠來中國者便在這個時候開始揭起了地大物博之中國的面幕，中國寶藏之富，一時轟動了全世界。把中國當做黃金世界之最著名的宣傳者，當然要首推意大利人馬可波羅（Marco Polo）。他從宋度宗咸淳七年（西曆一二七一年，是年蒙古始建國號元）來中國，至元成宗元貞元年（西曆一二九五年）回意大利。在元前後共計二十五年（中間有幾年回國）。他本是意大利的富商大賈，後來又兼元代顯官——元世祖時的樞密副使，所以他能占中國商業上很重要地位。歸去著有馬可波羅遊記，把中國的富庶說得無所不有。這一方面掀動了歐洲商人，一方面也爲我們留下了一部分元代經濟史料。此外那時歐洲商人之來華者，還有意大利人白果拉蒂（E. B. Pegolotti）阿多利克（Friar Odoric），他們也著有遊記宣傳中國的富有；並且記載中國各都市僑居的歐洲人數，那些歐洲人中雖然有許多是傳教士，但這正是後來經濟侵略中國的先鋒隊。那時不僅有許多歐洲商人傳教士來中國，且有非洲商人來中國。據非洲摩爾人伊本巴都達所著中國遊記，那時中國各都市所寓之回教商人很多。這些回教商人，不僅是西域來的，並有從埃及摩洛哥等處來的。由此可知元代國際貿易不僅有大批歐洲人參加活動，而且有非洲人參加活動了。這就可以證明元代商業經濟之發達，較之以前任何時期爲盛。

再看其與商業經濟極有關係之貨幣，更可推知其商業發達之情形。元代幣制也有一個特點，這就是紙幣運用的普遍。並且此類紙幣的性質是不兌換的。紙幣之外，自然還有銀錠，或元寶，銅錢，流通市面，但都沒有什麼勢力。因此紙幣之運用就幾乎成爲元代唯一的交易媒介了。我們看元史食貨志，固然可以知道元代紙幣流通之勢力；同時，馬可波羅遊記也說：「一切的人民到處都願意接受這種紙幣。因爲他們不論到那裏，無論購買什麼東西——商品，珍珠，寶石，金銀等——都可以拿紙幣付價。紙幣可以購一切東西，它也可以支付一切」元代紙幣的流通，既是這樣普遍，而其信用又這樣堅固，則其商業經濟之發達自可得着一種說明。

元代交通，較唐宋更爲發達。茲分爲水陸兩路述之。陸路交通當以驛站制度爲最完備。驛站雖也分爲陸站和水站，就中要以陸站占多數。陸站所使用的獸類，以馬爲最普通，牛和驢次之。此外還有用狗與羊的，這是在西北方面。據馬可波羅遊記所載：元代驛站以大都（即今之北平）爲中心，由此闢有若干大道通各省，而通省大道每每二十五里或三十里立一站。驛站所在之處，就自然形成一個市集。驛站的建築及房屋的構造，均極精美，房間且有飾以錦繡者。凡達官貴人旅途所需，驛站中無不具備。每站通常備有良馬四百匹，這是專供馳驅且預備掉換用的。斯時驛站之數，幾及萬數以上，而諸站所備馬匹，差不多在二十萬以上。此類驛站，不僅交通要道有之，即山僻之區，亦同樣設備得很好。有人說元代驛站制度之完備，是緣於元起朔漠，游牧爲生，素善騎射，而又產馬極多之故。然非商業發達，社會有此需要，究不能憑空以驛站爲兒戲也。所以元代交通史上的特色，仍由元代商業史上的特色而起。元代的水路交通，其特點則在海運。元代的漕運也並非不走運河，並且自大都至杭州這一貫通南北的大運河，還是在元代成就的；然而重要的還是在乎海運。所以當時東南沿海一帶的海外交通甚爲發達，而羅盤針的運用，航海技術的進步，也在當時呈一偉觀。當時的海運事業，最初是由上海總管羅壁，朱清，張瑄等，造平底海船六十艘，每次運糧四萬六千餘石，由海道至京師，往往需時很多。後因路線日熟，又常知利用信風之助，於是海運日趨迅捷。據說那時由浙西到京師，不過十天工夫，這不能不說是大規模的發展。

至於元代的都市，當然要以當時的首都——大都，今之北平爲最繁盛。大都以外，沿黃河流域最著名的都會，則有西安，太原，大同，涿州，臨清州等；沿長江流域最著名的都會，則有集慶路（南京），鎮江，揚州，蘇州，杭州，澉浦，襄陽等；沿珠江流域最著名的都會，則有廣州，泉州等。茲再就大都，泉州等處工商業發達之狀況一略述之。元時大都爲政治中心，故亦爲商賈叢聚之所，舉凡各地珍品與物，無不畢其甚至遠如印度等處，亦有貨物運至大都待價而沽。城廂內外，街道縱橫，市廛櫛比。城廂附近的居民為製造百物以供御用，狀甚忙碌。城外繁盛尤甚於城內，商賈既多，遊宦寓公亦衆，房屋建築之美，池館臺榭之勝，簡直可與宮禁相侔。教坊樂戶，城內外都有，而城外尤多於城內。約略計之，樂女不下二萬人。她們都是供富商大賈王孫公子們玩賞的。她們的人數之多，正是城市發達商業繁盛的反映。至於泉州，據伊本巴都達遊記所載，其城很大，為世界最大商港之一。城中業織造天鵝絨與綢緞者甚多，品質都極優良。港中停泊之船舶，大者約及百數，小者不可勝紀。據此便可知元代泉州工商業極為發達了。

綜上所述元代社會經濟之一般的發展，眞可算得登峯造極了。

明代怎樣呢？這裏有一點我們要注意，即從元代開始的歐洲商人對於東方的貿易，亦即歐亞通商，到明初忽然宣告中斷。其原因是土耳其其的勃興，佔領君士坦丁以為國都，而歐洲商人假道黑海以入東方之途被阻；後來土耳其又征服了埃及，而歐洲商人假非洲以入東方之途也被阻。這樣一直到十五世紀末葡萄牙人戈馬（Vasco da Cama）在非洲南端發見了好望角，歐亞交通才復通。這已是明代中葉以後，即十六世紀以來的事，我們暫不說它。這裏我們祗在說明歐亞通商的中斷在明初是很影響於社會經濟之一般發展的。但這裏我們又要注意：即歷史的演進到了明代，已入於十四世紀的後半葉，明代中國的疆域雖較元代為小，政治勢力也不如元代之大，然而社會經濟仍是往前發展的。試看那時海陸貿易之發達便可知道。並且明初的經濟政策，雖然仍不免於重農賤商的傳統政策，但體恤商艱，卻亦時有所聞。所以那時沿海商埠在廣州，泉州，明州等，雖承宋元之舊，然此外江南的太倉，黃渡，在明初也成了商埠；且自明成祖征服交阯以來，並於交阯，雲南建設市舶司，掌西南諸國朝貢互市之事。後因廣州等處貿易益繁，並各設驛以館之。其在福建者名為「來遠驛」，在浙江者名為「安遠驛」，在廣東者名為「懷遠驛」。其陸路貿易，則以茶市，馬市為大宗。馬市大抵在國境之東北，茶市則在國境之西。

明之貨幣有金屬及非金屬兩種。金屬的有金，銀，銅三種，非金屬的就是鈔，就是紙幣。而且明初沿元之舊習用鈔而不慣用錢，所以紙幣的流通更爲普遍。後雖因紙幣濫發，鈔法紊亂，又趨重於用金屬貨幣，但這並不是商業經濟的逆轉。

至於都市和交通，明代更爲發達。明代兩大都市，則爲南京和北京。南京爲明太祖最初所定都城，城周九十六里，據洪武二十六年的人口統計，天下戶一千六十五萬二千八百七十，口六千五十四萬五千八百一十二；而南京則爲戶十六萬三千九百一十五，口一百一十九萬三千六百二十。約占天下人口總額六十分之一，則南京人口之繁盛可知。城中工業以絲織品爲最有名，而特別值得注意的，即是手工業發展之行會的形態。例如南京城內賣珠玉的，則在珠寶廊，賣綾綢的則在綾莊巷，他如繡貨在錦繡坊，弓箭坊，顏料在顏料坊，銅鐵器在銅作坊和鐵作坊，木器在木匠營等等。永樂中遷都北京，南京雖已失政治重心，但仍爲商業大都會。北京是永樂中因元之大都改建的城。周四十五里。據明孝宗弘治四年的統計，天下戶一千一萬三千四百四十六，口五千三百二十八萬一千一百五十八，而北京則爲戶一十萬五百一十八，口六十六萬九千三十三。那麽，北京人口約占天下人口總額百分之一，四也不算少了。至於北京手工業發展的形態也與南京一樣，達到典型的行會組織形態。例如北京城內的瓜市，米市，馬市，豬市，缸瓦市，珠寶市，皮革市，菓子市，騾馬市，羊市，花市，煤市，草市等類地名，都是按手工業的行幫分的。其按一定時期開市的，則有所謂燈市，廟市，內市。燈市是在陰曆新年燈節開市的，故名。地點在東華門王府街東，崇文街西，長約二里。市中房屋全爲高樓，樓下爲舖面，凡珠玉寶器以至日常用物都有。樓上則設氍毹簾幕，爲晏飲之所。入夜則萬燈齊明，光耀如白日。廟市在都城隍廟，長約三里，於每月朔望或二十日開市，市中貨物也多，其繁盛不在燈市之下。內市則在東皇城北，於每月初四，十四，二十四開市，市面也極熱鬧，但不如燈市和廟市。這是兩大都城的情形。至於此外，還有沿海沿陸諸商埠，已在前面略爲敘過，不多贅。

再看明代交通，明初水陸兩路交通都較前代爲進步，例如那時二十里有馬舖，歇馬亭；六十里有驛，驛有館給；並有倉，驛倉所儲之糧，不僅供往來行旅使臣之用，且用以備驛站所在地點之凶荒。至於水路交通，最初沿元之舊，專用海運；後則河運與海運並行，再後運河整理完成，河運反重於海運了。明時河運南起杭州，北至北京，中經蘇州，鎮江，揚州，淮安，濟寧，通州，天津，全河共長三千餘里，總名漕河，此外有白漕，衞漕，閘漕，河漕，湖漕，江漕，浙漕種種因地爲號之別名。當時往來船隻極多，祇漕運一項，每年已不下一萬數千餘艘，商船之多，便可推知。

明初還有一件事值得我們注意，這便是明成祖時的內監鄭和曾去到南洋先後有六七次之多，明史則稱爲三保太監下西洋。據明史本傳，鄭和奉命下西洋，造大船六十二艘，每艘長四十四丈，闊十八丈，共載士卒二萬七千餘人。其中有繙譯，書記，會計，醫生，鐵匠，木匠，舵工，水手等，可以想見其聲容之壯。時爲明永樂三年至明宣德八年（即西曆一四〇五——一四三三年），先後共去七次，共計二十八年。其所經南洋諸國，如貢臘（即東埔寨），渤尼（在婆羅洲島上）亞魯，南巫里，那苦兒，黎伐（在蘇門答臘島上）榜葛刺，柯枝，古里，大葛蘭，小葛蘭（在印度境內）天方（即阿刺伯）溜山（爲印度洋中羣島）忽魯謨斯（在波斯境內）木骨都東，竹步（在非洲東岸）等不下三十餘國。有人把鄭和的下南洋，比之於西洋商業勢力澎漲後的探險。但在我們看來，這種舉動與西洋探險家在形式上差不多，然在本質上則不同。即它不是如西洋探險家一樣，因商業資本的發展，到海外找求資本原始蓄積的殖民地，而祇是在體面上宣揚中國的德化，使遠方異國都來朝貢。這是中國傳統的自大政策，何以見得呢？因爲中國人到海外去謀生的，溯其淵源，可謂極遠，唐代黃巢亂時，南洋三佛齊已有許多避亂華人在島中從事耕殖，自宋迄明，航行日便，因之到南洋去的中國人更多。然而這些中國人都是出於自動，或是爲避亂，與中國政府毫無關係，即不是出於政府在經濟政策上的獎勵。恰恰相反，政府對於經濟政策，向取閉關主義，海禁極嚴，平民不許隨便出國，就在明初還是一樣。那末，我們能說鄭和的去南洋諸國有與西洋探險家一樣的經濟意義嗎？不過鄭和之去南洋，當然有那時社會經濟，例如交通發達等等爲其背景，而且無意中的影響也是有的，例如以前南洋華僑本無國力保護，自經鄭和遠播中國聲威，華僑卽無形中受其蔭庇。再則鄭和既開冒險遠涉重洋之風氣，閩廣人士之去南洋者更絡繹不絕，迄今華僑尚能在南洋有相當勢力，亦未始不受其影響。

這樣看來，明時社會經濟之一般的發展，又不是前代的姿態了。

四　這一時期社會經濟之一般的發展（三）

這一時期社會經濟之一般的發展情形，我們已自唐中葉以後敍述到了明初。現在是要敍述明中葉到清雅片戰爭時的情形，大約由明正德元年至清道光二十二年（卽西曆一五〇六年——一八四二年）。我們這樣劃出這一特殊時期來敍述，這大約也是因爲它包含有兩種劃時期的意義。卽第一，中國的社會經濟演進到了明正德時代，歐人又打開了明初中斷的東來之路，並且已算得是正式東漸，使中國的社會經濟起了空前的變化；第二，中國數千年來傳統的閉關主義的商業政策，一到清道光時代，便完全告了一個結束，此後中國社會經濟的發展，却又另外走上了一個新的畸形的，也可以說是不幸的階段。這等到後面去詳述。現在我們卽略述這一短時期的經濟發展情況。

試先就其交通狀況及金融方面來說明末陸路交通很壞，因爲他把驛站裁併了許多。至於清初則又把路政加以整理了，交通範圍且視前代爲廣。不過他把驛站改稱「郵政」，其所置之郵計分六種，一曰驛，爲各省腹地所設。二曰站，爲軍報所設。三曰塘，設於西北邊鄙。四曰臺，設於西北兩路。五曰所，後撤。六曰舖，設於各省腹地之廳州縣。當時供差和馳報固然都用郵路，而民間商賈交易往來自然也得着許多便利。當時司南北水路交通之樞紐的，當然仍是運河，不過除運河之外，黃河，珠江的交通，那時也很重要。所用船隻有帆船，且有西洋汽船，淺灘處則用沙皮船，珠江之快蟹船最有名。海運在明末清初也有相當規模，那時東南沿海一帶，除行駛西洋汽船外，還有中國人自造的海運帆船，名爲「海雕，」船頭繪兩巨眼，據說是藉以驅走海怪的。總之這種交通工具，已不是以前面目，社會經濟之發展，也可於此中窺見了。

明淸之交中國金融組織，也是多少與前不同的，譬如貨幣制度，在明代中葉以前，紙幣是最通行的，然在明末淸初和以後，紙幣却歸於廢止，而代之以興者則爲銀。所以明代中葉以來，新舊課鈔都分別折銀；神宗時，不僅課鈔用銀，即從前俸糧支鈔者亦折銀發放。這種銀興鈔廢的原因，是否由於經濟的後退呢？不，還乃是由於前代用銀者少，銅幣笨重，難於攜帶，所以用鈔；但到明末，銀量既多，爲用亦廣，其輕裝易致的功用與鈔相同，而堅硬持久的特性，則非鈔所能及，故鈔廢銀興，且正是經濟發展的結果。再則金融組織方面，那時還有一種空前的絕大的變化，這就是所謂「票號」的創設。那時票號是辦理匯兌事業的，與今之商業銀行性質頗相同，它發出的票據叫做匯票，亦名飛票，票號本身正如銀行之總行，各省外埠則設聯號，正如銀行的分行。其關係人有三，一發出人，即爲票號；二付款人，即聯號，三收款人。但票號究與近代銀行不同，其所發之匯票除匯條以外，還有「符節，」符節是用銀鑄的。形式各不相同，有正方形的，有長方形的，有正圓形的，有橢圓形的，叫做「飛符。」總行的叫做總符，聯號的便叫做分符。因此，在兌錢的時候，不僅要憑匯票，還要憑符節。爲什麽有如此繁重的手續呢？據說票號的創設，並非祇爲營業上的便利，還有政治和軍事意義存乎其間。因爲票號制度是由明末大儒顧亭林首創於山西太原，遠仿唐代飛錢的遺意，密參軍法符節的成法，欲以匯撥軍餉，推翻淸室，故有此特點。但不論其目的如何，斯制創設之成功，必然是要以那時社會經濟之一般的發展爲其背景的。

我們開始就說中國社會經濟發展到了明末淸初，歐人就正式東漸，使得中國商業發生了空前的變化；那麽，我們要敍述這一時期——明末淸初的商業經濟狀況，也得要先說說歐人東來的情形。關於歐洲和中國的交通往來，可以說最早在漢桼的時代就有了，元初，意大利人馬可波羅之東來，尤爲盡人皆知的事。此外據意大利人阿多力克的遊記所載，那時歐洲人來中國的就很多，並且散布的範圍也很廣但就近世歐洲商人之來中國通商發生歐洲與中國之國際貿易關係的實以葡萄牙人爲最早（明史稱爲佛郎機人，佛郎機人爲當時稱西洋人之通稱，）西班牙人荷蘭人（明末清初稱爲紅彝或紅毛番）次之，英俄德法美又次之。所以我們如果要通論外人在華商業勢力之消長，則自唐至明中葉以前外人在華商業勢力是以回回教諸國的勢力爲最大，但自歐人東漸以來，葡萄牙，西班牙，荷蘭等國人的在商業勢力便取回回教諸國商人勢力而代之了。不久以後英國在華取得商業上的優越地位，葡西荷各國又衰敗了。英之所以獲得最後勝利這是必然的。因爲在那時，英國正經過了產業革命，走上了近世資本主義之途，生產力既較他國爲大，而商業組織亦較他國爲進步，所以爲擴充它的市場，那時就注其全力由印度伸張其勢力於中國。英國爲要在中國開拓商業的市場，不惜掀動不名譽的鴉片戰爭。（註一） 英國輸入中國的鴉片，在一八二〇年是四七八〇箱，一八三〇年，增到一四七一五箱，一八三八年，更增到二八三〇七箱。鴉片的輸入，主要是經英國商人之手由印度輸來的。此外，一八二八年英國的棉織品對於中國亦有二十萬元的輸入，到了一八三八年，便增到了七十九萬元，在鴉片戰爭後的一八四四年，更激增到五百九十萬元。所以鴉片戰爭不外是英國以開拓工業商品（那時主要是棉織品）市場爲目的的戰爭。這時所謂歐人勢力的東漸，當然與元初及其他比較早的時代都不同，尤其是英國這時輸入來的商品，正是歐洲進行所謂產業革命，經驗着生產技術的大改革，即是說那時已採用機械，增進生產，對於國外市場擴張的要求，異常昂揚熾烈，不僅具有爲資本的原始蓄積之源泉的任務，而是具有各種優勢條件的大產業資本之商品輸出的根本要求的。

　　這當然要使中國的社會經濟發生空前的變化，使中國數千年來的傳統的閉關主義的商業政策告一結束。在這裏我們所要敍述的，還不是鴉片戰爭以後的整個社會經濟變化，而是鴉片戰爭以前明末清初的商業經濟狀況。

　　這一時期的中國商業，在本質上是不能有異於以前各時期（例如唐，宋，元等）的，不過其發展的量或有過之。這亦可於那時對外貿易看出。過去中國海禁未開，各國要求通商者多被拒絕。而自明中葉以來，至鴉片戰爭以前此三百年中尤甚。雖然如此，但那時通商口岸，則有廣州，廈門，福州，泉州，寧波，台灣，澳門等處，而且在廣州的澳門，福建的漳州，浙江的寧波，江南的雲臺山，各設立榷關，爲粵海，閩海，浙海及江海四榷關，以徵收關稅，同時復允許英荷等國在廣州設立商館，而在中國方面，則有公行的組織，無論進出口貨物，皆須由此二種組織經手。這仍是限制外商的自由貿易的。公行的產生，始於一種「官商。」官商的性質，乃爲得政府承認，以壟斷對外貿易的一種商人。其制由某商人向官廳年納銀若干兩，官廳即指定彼爲對外貿易的經手人，凡外人購買中國貨物，皆由官商取之內地商人售之，外人運來貨物，亦由官商選擇若干，以運銷內地，若外人有與地方官交涉事件，亦須由官商介紹始得通。後即改爲公行，而所在地則爲廣州，因以後通商口岸，只限於廣州一處也，所以廣州的十三行，在今仍有名。

至於貿易狀況，最初外商入口甚微，自清康熙以來，數始漸增。出口貨物，明代以絲織物爲多，生絲成爲輸出大宗，茶自明末開始由荷蘭商船運往倫敦，爲歐洲上層社會所嗜用，此外中國土布亦爲輸出大宗。一七八九年由廣州輸出土布達四十餘萬疋。因此在對外貿易中，這時有一極普通之現象，便是出超，外商常須準備大批現金來中國購買貨物，如清康熙二十年，即一六八一年，英國輸入中國貨物，只值二二九五〇鎊，而其中現銀即有一二五〇〇鎊，康熙至雍正間，每年英船進口貨物，只值二三千鎊，而輸入現銀每次三四萬鎊不等。歷乾隆，嘉慶直至道光初年，仍復如是。清嘉慶十五年，即一八一一年，英國輸入中國銀最多，計達七百三十六萬餘元。其他各國亦復如是。其中如美國由嘉慶十年至十九年中，即一八〇五至一八一五年，共輸入中國銀值二二七一九、〇〇〇金元。這一方面證明中國之物產豐富，一方面也足以證明中國這時社會經濟之較前發達。

關於國內商業狀況，顧起元客座贅語述明末南京商業有曰：「南都游惰者多，劬勵者少，衣絲躡縞者多，布服菲屨者少。以是薪粲而下，百物皆仰給於貿居，而諸凡出利之孔，拱手以授外土之客居者。典當在正德前，皆本京人開；今則綢緞鋪，鹽店，皆爲外郡外省富民所據，而俗尚日奢，貿易之家，發跡未幾，傾覆隨之。」由此可知南京商業發達已到了「百物皆仰給於貿居」的商品社會了。而且外來之商壓倒土著，這證明已有獨立遠貿之商業資本家。此不過舉其一端耳。至於清代國內商業，則可分三期述之，一爲商業養育期（約爲康熙時代。）康熙承順治之後，與民休息，革除種種病商弊政；二爲商業繁盛期（約爲乾隆時代。）此時版圖生齒，倍於雍正，承平日久，民力饒裕。工值廉，物價平，因此富商大賈徧於海內；三爲商業衰退期（約爲嘉慶，道光時代。）內亂漸作，鄂以敎匪四起，燮延湘陝，加以十九世紀歐人商業勢力東漸，國內商業雖與競爭。清代商業市場，除京師爲百貨所集外，有著名之四大鎭；一爲河南朱仙鎭（屬今開封縣，）扼水陸交通要衝，南船北馬，聚萃於此；二爲江西景德鎭（屬今浮梁縣，）所出瓷器，運銷全國，他種商品亦稱豐饒；三爲湖北漢口鎭，（屬今夏口縣，）居長江上下游總匯，商業繁昌；四爲廣東佛山鎭，（屬今南海縣，）一因距省治不遠，二因接近珠江，爲南中國之門戶，素得風氣之先；此外對外通商口岸已如上述的浙江之杭州，江蘇之蘇州，尤爲東南精華所萃；他如各省之省會，均自然形成各省商業之中心。當時商家以豪富稱者，有前述山西之票號商，此外則爲揚州之鹽商。資財各以鉅萬計。處南北河運之中樞，爲全國商界之領班，出其餘資，交結朝野權貴名流。士大夫亦多樂與交游，譽之者，甚至比爲戰國時之四公子焉。於此便可反映出當時商業經濟發達之情況了。

關於工業，我們不能否認明代在景德鎭已經有工場手工業，馬扎亞爾曾說：「十一世紀（明代——編者）在景德鎭已經有了大陶器手工場和大磁器手工場；而且這些手工場是發達於法國人還未夢想到工場手工業的時候。」（中國社會問題一二六頁）至於清代，利用傭傭勞動的工場手工業，更其是普遍了。例如製陶業，製茶業，製紙業，製鹽業等，都是採取工場手工業的生產形態的。試單舉製鹽業的生產形態及其經營規模來說。中國鹽井當以四川的自流井爲最有名，根據一九二三年的統計數字，自流井及附近的鹽井，有一千五百八十處在從事作業活動，這種盛況，堪於美國的油田作業相彷彿；然而這種盛況，已在鴉片戰爭前的清代就存在自然這種鹽井的掘鑿仍然是由土法進行的，這種由土法掘鑿的鹽井，其深度至達到兩三千英尺。至鹽井的掘鑿工作，通常是由一隊一隊的僱傭勞動者進行其所需時間，三年六年乃至十年不等，最高紀錄，竟有需七十年之久的。因此，一井的掘鑿費用，就差不多要耗費幾十萬兩，僅從初步的預備工作或固定投資來看，小規模的經營已是無從進行；況鹽水由吸引起來到製成精鹽爲止，其間所需各種設備及經營費用，更非二三十萬兩不行。在這種工業活動中，行着以次的分工，有驅使役畜者（作業活動除人力外，往往用畜力，畜力大半是水牛）有照管鹽水汲取器的運動者，鹽水汲取出來之後，即須安排煎製，煎鹽有特設的煎鹽廠，其中還有煎製鹽鍋七十口乃至百口以上，在這種場合也非有十數人以上的勞動力不行。經過上述生產過程，鹽（岩鹽）乃精製成功。這就當時社會的全般生產關係看來，不能不說清代的手工業已是發展到登峯造極了。

以上我們把唐中葉到雅片戰爭前的清代這一時期的社會經濟之一般的發展，已作了一番扼要的敍述，總括起來，商業資本是配合着交通金融都市及其他諸般經濟更加發展了；但無論如何發展，總沒有超出單純商業資本的範圍。手工業也發展到工場手工業的協業形態了；但無論如何發展，總未能由工場手工業發展到近代大工業。中國的大機械工業是在歐洲資本主義的刺激之下才畸形的產生出來的。換言之，即這一時期的社會經濟無論如何發展，其發展程度決沒有超出封建的社會經濟這一範疇。這如果把對於社會經濟之全般的並且是起決定作用的那時的農業經濟綜合起來下觀察，更加使我們的結論加多正確性。換言之，即我們如果把那時的土地占有關係也包括起來敍述，我們結論的正確性就更多。

五　這一的時期土地占有關係

前述不徹底的均田制，到唐代中葉就破壞無餘了。因之土地占有之兼併形態，或大土地所有形態就隨着莊園的發達漸漸發逹。陸宣公在唐德宗時曾上了一本奏章，其中有云：「今制度弛紊，疆理隳壞，人擅相吞漫，無畔限，富者兼地數萬畝，貧者無容足之居，依托强豪，以爲私屬……」正是說的這種情形。唐代土地占有之兼併與集中的來源，大概不外以次諸事實：一是皇帝對於有功或寵遇者的賜與，例如唐玄宗對於安祿山，賜與實封千戶，奴婢十房，莊宅各一區。二是由於買賣或典質。例如唐天寶十一年（西曆七五二年）令郡縣官吏在其任所得設定寄莊，因之諸道州府的長吏，往往在任所收買百姓的莊園舍宅而成爲寄莊戶。三是由於墾荒。例如那時王公富豪，私用墾荒依兩種方式行使兼併，一是把移往寬鄉耕作農民的永業田乘機兼併；一是利用農民把荒地墾爲熟田後，硬由農民手中橫奪過來。

宋代土地占有兼併的現象，較之唐代益加顯著，莊園組織，亦較唐代爲普遍。在宋仁宗明道二年（西曆一〇三三年），其兼併現象已是：「勢臣富姓，占田無限，兼併冒僞，習以成俗，重禁莫能止。」在這種情形之下，政府曾多方設法限制公卿以下的官僚們的土地占有，例爲宋仁宗下詔限公卿田毋過三十頃，牙前將吏應復役者，毋過十五頃。而結局仍是「任事者以限田不便，未幾即廢。」宋徽宗政和中（西曆一一一一年至一一一七年）又曾下詔限制官僚占田，其規定爲：一品百頃，二品以下遞減，至九品爲一頃然而這種辦法未見實施，而宋室已爲金人所逼遷到江南去了。此後史家即稱之爲南宋。南宋兼併之風，亦不減於北宋，南渡之初，知平江府章誼曾說：「民所甚苦者，稅役不均。强宗巨室，阡陌相望，而多無稅之田，使下戶爲之破産。」其後殿中侍御史兼侍講謝方叔言之更切，他說：「豪强兼併之患，至今日而極……國朝駐蹕錢塘，百有二十餘年矣。外之境土日荒，內之生齒日繁，權勢之家日盛，兼併之習日滋。百姓日貧，經界日壞，上下煎迫，若有不可爲之勢……今百姓膏腴，皆歸貴勢之家，租米有及百萬石者。小民百畝之田，頻年差充保役，官吏誅求百端。不得已獻其産於巨室，以規免役。小民田日減，而保役不休，大官田日增，而保役不及。」（宋史食貨志上一）這不僅對於土地兼併現象，慨乎言之，而小百姓，農民由稅役不均所受之疾苦，也如繪如畫了。

元代以蒙古人入主中國，其先本不理解農桑上的價值，因而對於土地占有亦不重視。然事實上蒙古人在削除金，夏，吞滅南宋的過程中，已漸認知農業和土地的重要，又從中國投降過去的漢奸文人學會了儒家傳統的重農政策。於是元世祖忽必烈在即位之始，即詔告天下：「國以民爲本，民以衣食爲本，衣食以農桑爲本。」因之元代的王公貴族，一到中國來，亦同樣知道收奪漢人的土地。而其扈從有功之輩，則皆由朝廷賜與采地。其受賜最多的，有的竟達八萬戶，以下一二萬戶者，更不在少數。實際上不但扈從有功的王公貴族，就是他們委任的普通官吏，也對於土地或多或少受有賜與。但這些家伙們，還不以此爲滿足，更進而冒占民田，或在獻田的名義下，侵占民田。在元世祖忽必烈時代，就有如下的記載：「今王公大人之家，或占民田近於千頃。」以後至於政府明令禁止。例如至元十五年（西曆一二七八年）詔：「諭軍民官毋得占據民產。」「大德元年（西曆一二九七年）十一月禁諸王駙馬並權豪毋奪民田。」由此可以反證那時奪田之風是如何盛行。元代除蒙古的王公大人外，還有所謂强豪之家，這主要是宋代的官吏，大土地所有者，以及大商人或高利貸者。但他們大約都是在中國江南成長發達起來的。例如世祖紀有「江南隸官之田，多爲强豪所據」之說，武宗紀有「江南治平垂四十年，……其富室有蔽占王民奴使之者，動輒百千家，有多至萬家者，其力可知」語。到元末，强豪愈益坐大，續通考有云：「江南豪家占農地，驅使佃戶，無爵邑而有封君之貴，無印節而有官府之權。……貧家樂歲終身苦，凶年不免於死亡，荆楚之域，至有僱妻鬻子者。衣食不足，由豪强兼併故也。」據說當時江南田多之家，有每年收二三十萬石租的，有擁有二三千家佃戶的。由此可知在元代除王公大人收奪漢人田土外，漢人本身的大土地占有及莊園經濟形態，依然在繼續發展着。元代有一特殊現象，是寺院占有土地異常廣大（較之唐代更甚），其土地來源，一爲賜與，一爲强奪，再就是由賜與强奪的結果所招致的自然成長的兼併。先就賜田來看，通志有如下記載：「至於寺觀賜田，尤爲侈肆。世祖中統二年六月，賜僧聰，懷孟，邢州田名五十頃。八月，賜慶壽海雲寺陸地五百頃。成宗大德五年二月，賜興聖宮興教寺各百頃，上都乾元寺九十頃，萬安寺六百頃，南寺百二十頃；仁宗初賜大善慶寺田八萬頃。延祐三年正月，賜上都開元寺浙江田二百頃，華嚴寺百頃，七月，賜普照寺益都田百二十頃。泰定帝泰定三年十月，賜太天源聖寺吉安臨江田千頃。文宗天曆二年十一月，賜集慶萬壽兩寺平江田五十頃。順帝元年四月，以所籍張珪諸子田四百頃，賜護聖寺。順帝至正七年十一月，撥山東地十六萬二千餘頃屬護聖寺。又文宗至順元年四月，亦有括伊都，般陽，寧海間田一十六萬二千九十頃賜護聖寺」綜計以上賜田已達四十餘萬頃。再看賜於奪田的事實，通考載：「初，帝（世祖）用嘉木揚喇勒智爲江南釋教總統，……因重賄宰臣僧格，……擅奪田二萬三千畝，私庇平民不輸公賦者二萬三千戶。」「仁宗時，又有白雲宗總攝沈明仁强奪民田二萬頃，誘誑愚俗十萬人」成宗紀載：「常州僧錄林起祐以官田二百八十頃冒爲己業」元代寺院於賜田之外，又强奪官田民田，故「成宗大德三年七月中書省江南諸寺佃戶五十餘萬」（通考）僧道奪取土地的實況，達到如上所述之程度，已與歐洲中世紀僧界領主無毫釐之差了。

明代的土地占有情況，形式上有官田民田二種。官田之中，有宋以來就有的舊官田，又有沒收宋代貴族富豪之莊園而歸屬於官家之田，又有因犯罪而沒有官家之田，還有因家系斷絕，承繼無人而歸屬於官家之田。此外其他種種名色之官田所在多有，明初，官田約占民田七分之一。這樣多的官田的存在與莊園的發達有密切不可分的關係，所以其來源也不外一賜與。例如明英宗把他由故郢王所得的田宅園林，悉賜與其兄襄王。又例如明穆宗把沒收陸炳的莊田二十二頃八十七畝，皆轉賜於皇戚李鈺。最代表的例子，則是福王的莊田。明神宗萬曆二十九年（西曆一六〇一年）封其三皇子爲福王，並擬以河南的莊田四萬頃賜之。當時有人以爲不可，其理由則是河南王莊已很多，若更以四萬頃的莊田賜與福王，則河南莊田就要佔河南全部耕地之半。但神宗是否就因此作罷，決不，結果在河南搜得膏腴之地一萬一千餘頃，在山東各地搜得四千四百八十五頃，其餘則由湖廣地方補足，共湊成四萬頃，賜與福王爲莊田」。開墾荒曠之地，卽王公大人向朝廷請得荒曠之地，招農民爲之耕種，等到荒田變爲熟田時，他們卽以之爲私有的莊田。三，收奪民田。明代收奪民田，有時不是直接的，不是明目張胆的，而是利用著許多巧妙的烟幕。例如王公大人招農民開墾的荒田，普遍是永遠免租的，但荒田已變爲熟田，他們對朝廷仍稱爲荒田，同時他們却向開墾之農民橫取地租。又或因藉口經界不明，重新履畝丈量，他們則於丈量田畝時任意留挥膏腴之地而侵佔之。此外，還有少許不守分的農民，把自己開墾之地或其他人開墾之地報告投獻於王公大人們，而對朝廷則詭爲瘵荒田。上述事實，還只限於皇莊而主要是屬於王公大人們的莊田。據說明武宗時（約自西曆一五〇一年至一五二一年），此類皇莊有三百餘處。明末，擁有四萬頃土地的大領主，已到處都是。再則明末，除皇族的大領主外，還有勳族，凡有功於皇族者，皇帝的寵遇者，殆莫不有因受賜或強奪而取得並擴大其領地（莊田）的機會。此外，明代的佛寺道觀並回回教，都擁有廣大莊田，同唐代元代一樣，明末，僧道雖受壓迫，其莊田亦間遭沒收，但回教徒領有莊田，則仍加保護。以上已歷述明代土地占有之集中，但明代莊田對總耕地面積，究佔幾分之幾的比率，雖無精確統計，不過史稱：在明中葉之孝宗弘治二年（西曆一四八九年），僅在王畿之內，皇莊五處，面積合計一萬二千八百餘頃，勳族官莊三百三十二處，面積合計三萬三千餘頃，兩者合計，即在第十五世紀末期，畿內已存在有四萬六千餘頃的莊田。申言之，就是說單在王畿之內，已有四萬六千農民——假定一農民所耕爲一頃——化爲戶，即莊園農奴。如果莊田屢代皆有增加，則畿內以至全國莊田及其所役使的莊園農奴之數，則在明末更不知加多好多倍了。這種土地占有關係，還能超出封建的範疇嗎？

到了清代，滿洲入主中國，它對於土地的占有，也是同蒙古人入主中國後差不多，毫不客氣的收奪農民土地。它把收奪來的土地，作如下的分配：第一，是所謂皇室莊田。皇室莊田的來源，一是漢人不得已的投獻，二是收奪明代皇莊及其他類似官莊的莊田，三是招墾荒地並沒收種種所謂犯罪官民的土地。屬於一者，叫做「帶地投充」之官莊，屬於二者，叫做「承領地」官莊。這些官莊的名稱儘管不同，實則總不外是他們對於漢人土地之侵漁與搶奪而來的。第二，是宗室莊田，就是所謂王公的莊園。清自康熙以後，對於受封的王公，往往撥給一定額的土地與他。當然，前述「帶地投充」的成分，也不是沒有。第三，是八旗莊田。亦卽所謂「旗地」。這就是把漢人土地撥給有旗籍的戰員，例如滿洲八旗，蒙古漢軍八旗等。就中以滿洲八旗所占土地最多。滿洲八旗之設，始於清太祖，其後合併蒙古，席捲中國，於是又益編蒙古八旗，漢軍八旗，共計二十四旗。所謂旗者，實卽一種常備軍的稱號，不過二十四旗中，要不外以滿洲八旗爲常備軍的骨幹。清代入關，卽對於那些屬於八旗的各宗室將士及兵丁，分別給以土地，甚至卽以圈爲標幟，謂之「圈地」。總共計算這個被給與土地的數量，一定是很不小的。因爲那時編制，每旗爲七千五百人。單是滿洲八旗，就要有六萬人分占土地。每人平均分給一頃土地，滿洲八旗就得有六萬頃之多，況實際上絕對不只此數。其後蒙古八旗，漢軍八旗分別編成，他們所占土地雖不能與滿洲八旗一樣，但多少總要撥給若干與他們。這樣，「旗地」所占數量就益發不少了。滿洲八旗所占土地，主要以直隸爲中心，而散在滿洲，陝西，甘肅，浙江等地，其他則散在滿洲，直隸各地。八旗官兵，卽坐食此項給養以自肥。八旗莊田爲不納租的土地，而且這種莊田，例爲世襲。此雖因八旗負有對皇帝服軍役之義務，然莊田不納租，在中國莊園制中，總算是一種特權。（註二）第四，是所謂官田。官田通常包括籍田，牧田，祭田，學田等項。所謂籍田，是天子躬耕之田。牧田是使壯丁附着於牧場，培植水草以供馬糧之田（但與旗人占地爲馬廠者不同）。祭田是賜與聖賢後裔，如孔孟之後，名爲供祭祀用的。學田則是作爲寒門下士修學費用的田地。第五，是寺院領地。中國寺院領地，如前所述，唐代，元代，是特別普遍的，而清代寺院所有的土地財產，亦復可觀。

以上我們已把自唐中葉以後到清代的土地占有關係，作了扼要的敘述，都證明了這一時期各代的土地占有關係，是封建的占有關係，而且較之秦漢時代的大土地所有，亦卽土地兼併情形，有過之無不及。對於封建制之本質的表現，更爲明顯。所以，儘管其他的社會經濟，例如商業，手工業，金融，交通等項，在這一時期是如何發達，然一與土地占有關係作綜合的觀察，便知道對於生產關係或生產方法，起決定作用的因素，自秦漢以來並沒有發生過變化。

最後，我們對於莊園還要講幾句話。所謂莊園，就是指着大土地所有者們所置的別莊或田園。這在兩漢時代似乎就產生了，六朝及隋，更見擴展，唐之中葉特別興盛。不過土地的兼併集中依莊園的形態體現出來或在莊園的名稱下，益加發達，還却是唐代中葉以後的事。莊園的土地耕作最初是由奴婢（奴隸）担任的，但以後則完全由佃農担任。不過佃農的名稱複雜，或稱莊客，或稱莊戶，亦稱佃客佃戶，總之都是從莊主貸借種子農具役畜住宅（客坊）等項，對莊主則繳納地租，供給徭役，作爲莊主剝削剩餘生產物對象的佃農或農奴。原來莊園是一種必然會出現於封建社會的社會經濟組織，老實說，即一般的封建制度，差不多都是以莊園的土地占有形態爲其支持的骨幹。所以有人就歐洲莊園的作用說「從封建政府的立場來講，莊園單位的配列，是爲的便於支持貴族和從事戰爭的騎士階級」。而歐洲莊園全部的輪廓則如下：第一，具有廠地村落，第二，有支配領地農場的領主，第三，有耕作莊客，即隸屬於領主或莊主的佃農，第四，普及於莊園的封建關係的組織，這組織所提供的大部份系統與規律，使莊園成爲一個值得充分研究的綜合制度。

如果把歐洲莊園的輪廓來和中國莊園組織作一對照，在形式上也可以說是大體一致的。綜之，無論中西，它是一種必然會出現於封建社會的社會經濟組織。

六　這一時期的封建義務

中國的封建義務種類繁多，如有賦稅——這在形式上是農民對國家或政府繳納的；有私租——這是農民或佃農對地主或領主繳納的。此外還有徭役，兵役雜役。——兵役雖是農民專對國家的負擔，徭役雜役，則對於國家對於地主都要負擔。試看在均田制的唐代，其所課於農民的基本項目爲租，庸，調。租爲粟米之征，每丁每年粟二斛，稻三斛。所謂「凡授田者，丁歲輸粟二斛，稻三斛，謂之租。」調爲布縷之征，在桑田之鄉，每丁歲納絹二匹，綾絁各二丈及綿三兩；在出麻之鄉，每丁歲輸麻布二丈五尺及麻三斤。所謂「丁隨鄉所出歲輸絹二匹綾絁二丈布加五之一，綿三兩麻三斤，謂之調。」庸爲力役之征，平年每丁每年二十日，閏年二十二日，不服役者，則以絹代納，每日折絹三尺，所謂「用人之力，歲二十日，閏加二日，不役者日爲絹三尺，謂之庸。」但唐之徭役，在原則上雖只二十日，必要時得增至五十日，特徭役日數增加，其租調得斟酌減免，即「有事而加役二十五日者免調，三十日者租調皆免，通正役並不過五十日。」由此可知唐代農民對國家——實即土地占有者——提供的剩餘勞動（封建義務）其基本賦稅的年額，即租庸調的年額大體相當於每丁三十日乃至五十日的勞動。以上是公賦，那末唐代的私租怎樣呢？只要看下面所說就可知道：「今制度弛紊，疆理隳壞，人擅相吞，又無畔限。富者兼地數萬畝，貧者無容足之居，依託強豪，以爲私屬，貸其種子，賃其田廬，終歲服勞，日無休息，罄輸所假，常患不足。有田之家，坐食租稅，貧富懸絕，乃至於此。厚斂促徵，皆甚公賦。今京畿之內，每田一畝，官稅五升，而私家收租，殆有畝至一石者，是二十倍於官稅也。降及中等，租猶半之，是十倍於官稅也。耕稼農夫之所爲，然兼併之徒居然受利。官取其一，私取其十，穡人爲能足食乎？」（見陸宣公奏議）由此可知私租十倍於官稅，乃至二十倍於官稅，其封建義務之重亦甚矣。不僅此也，唐代在均田制尙未破壞的時候，它的收入是靠政府所能支配的戶口數，戶口數多則收入多，否則少。但自安史之亂以後，唐代政府所能支配的戶口數就大大減少，戶口激減，本來是封建誅求過度的結果，但戶口激減越凶，而封建的苛斂反不能不加重。因此在唐天寶年間有戶口使王鉷，曾努力聚斂，以致不能不案舊籍而追徵三十年以內的租庸不足的部分。到唐代宗寶應元年（西曆七六二年），甚至不問資產多寡，凡有粟帛者，發兵圍之，籍其所有中分之，十取八九，謂之「白著」。白著就是稅外橫取，由是民有蓄穀十斛者，則以恐懼而而待命；或則嘯聚山林爲盜。

唐代所能支配的戶口數減少，反映出均田制的破壞，因此以「丁」爲中心的稅制——租庸調制，便不能不改爲以「田」爲中心的稅制——兩稅制。本來一定的地租，乃一定土地所有諸關係之物的表現由「以人爲本」的丁稅，轉移到「以田爲本」的畝稅，也可以說是很合理的。兩稅制的形式是「夏輸無過六月，秋輸無過十一月」其精神則是「戶無主客，以居者爲簿，人無丁中，以貧富爲差。」這種稅制是一直支配整個的宋代的。

然則宋代的封建義務怎樣呢？宋代賦稅，準兩稅法，分夏秋二季征收，「有二十而稅一者，有三十而稅一者，」這從表面來看，原甚輕薄，而實則「催科無法，賦役不均，」田賦以外，仍有丁口之賦，田賦，丁賦以外，還有所謂「加耗」的附加稅，雜稅名目，所在多有。就中尤病民的，是納稅上的「折變」法，折變就是將實物折貨幣繳納，稅吏利用貨幣漲跌，卽其價格不斷的變動，上下其手，使人民無從措辦。此外還有很重的徭役，宋代之戶分爲九等，——後分爲五等，分著於籍，隨輕重給役。其役法：「役出於民，州縣皆有常數，宋因前代之制，以衙前主官物，以里正戶長鄉書手課督賦稅，以耆長弓手壯丁逐捕盜賊，以承符人力手力散從官給使令，」「而役之重者……往往破產，」因此發生各種避役現象，例如「應役之戶困於繁數，僞爲券售於形勢之家，假佃戶之名，以避徭役。」「民避役者，或竄名浮圖籍，號爲出家，趙州至千餘人。」「京東民有父子二丁，將爲衙前役者，其父告其子曰：吾當求死，使汝曹免於凍餒，遂自縊而死。……江南有嫁其祖母及其母，析居以避役者，又有鬻田去其戶等者。」因此，有人說：「州縣生民之苦，無重於里正衙前，有孀母改嫁，親族分居，或棄田與人，以免上等；或非命求死，以就單丁，規圖百端，苟免溝壑之患。」蓋實錄也。後來把徭役改爲折錢，或叫「助役錢，」或叫「免役錢，」然而「紛紜不定，寖違本意。」至南宋時，有義役制的推行，其辦法由村民各出田穀，幫助役戶，輪流提供徭役，然其弊亦正如朱熹所說：「義役有未盡善者四事。蓋始倡義役者，惟恐議之未詳，慮之未周，而踵之者不能皆善人，於是其弊日開，其流日甚，或以才智把握，而專義役之利；或以氣力凌轢，而私差役之權。是以虐貧擾富，凌寡暴孤。義役之名立，而役戶不得以安其業，催役之法行，而役戶不得安其居。」要之宋代封建義務之苛虐，於此已見一般。司馬光曾慨乎言之矣。他說：「四民之中，惟農最苦——幸而收成，公私之債交爭互奪，穀未離場，帛未下機，已非已有……而况聚斂之臣，於租稅以外，巧取百端，以邀功賞。」

宋以後元代的賦稅在江北一帶征取地稅與丁稅，地稅每畝粟三升，丁稅每丁粟三石，匠丁一石，而在江南則征秋糧。秋糧以米鈔奉納，米占三分之一，鈔占三分之二。至徭役一項，元代叫做「科差」，科差以現物現金繳納，分爲絲科，包銀兩項。絲料每年絲二斤，包銀每年銀四兩。以上爲官稅。再看私租，其情形如下：「江南有地土之家，召募佃客，所取租課，重於公稅數倍，以致貧民缺食者甚衆。」這是元世祖至元二十年的詔令說的。「竊見江南富戶只靠田土，因買田土方有地客，所謂地客，卽係良民，主客科派，其害甚於官司差發。若地客生男，便供奴役，若生女便爲奴婢，或爲妻妾……」又有佃客男女婚姻，主戶常行欄當，需求鈔貫布帛禮數，方許成親——前項事理，卽係亡宋弊政，至今未能改革，南北王民，豈有主戶佃戶看同奴隸役使典賣，一切差役皆出佃戶之家。」這是元世祖至元十九年御史台奏章上說的。這更苛虐了，因爲除納很重的私租及担負一切差役之外，佃戶連婚姻嫁娶都沒有自由，比之歐洲中世的「初夜權」，正是東西輝映的封建壓迫的典型。

明代田賦，原仿唐（宋）宋以來之兩稅制，所稅以米麥完納，叫做「本色」，以銀，鈔，錢，絹代輸，稱爲「折色」。最初以「本色」爲主要形態，後却以「折色」代之了。其稅額：官田每畝課五升五合，民田每畝課三升三合。徭役有以下各種名色：以戶計曰甲役；以丁計曰均徭；上命非時曰雜役。徭役勞動之提供，稱爲「力差」；力差如以貨幣代納，則叫做「銀差」。但明代到了明神宗萬曆九年（西曆一五八一年）曾把兩稅法改爲一條鞭。所謂一條鞭，就是把上述那些甲役，均徭，雜役等力差，改爲折銀完納，並將此等力差，隨田賦的多少加担於土地所有者方面，卽「通計一省丁糧，均派一省徭役，於是均徭里甲與兩稅爲一。」然而差役歸併於兩稅，而大戶未革，使得一條鞭法並未澈底實行。試看當時河南巡撫范景文說：「民所患苦，莫如差役，錢糧有收戶解戶，驛遞有馬戶，供應有行戶，皆僉有力之家充之，名曰『大戶』。究之所僉非富民，中人之產，輒爲之傾，自變爲一條鞭法，以境內之役，均於境內之糧，宜少甦矣。乃民間仍歲奔走，醫賚津貼，是一條鞭法行而大戶未肯革也。」（見明史食貨志）再看明代私租。顧亭林先生說：「歲僅秋禾一熟，一畝之收，不能至三石，少者不過一石餘；而私租之重者，至一石二三斗，少者亦八九斗。佃農竭一年之力，糞壅之工作，一畝之費用爲一緡；但收穫之日，所得不過數斗，有今日完租，明日乞貸者。」呂坤實政錄更說得嚴重，他說：「梁宋間百畝之田，不親力作，必有傭田。傭田者，主家之手足也：夜警資其救護，興修賴其筋力，雜忙賴其使令；若不存卹，何以安生？近見佃戶缺食，便問主家乞貸，輕者加二，重者加五；穀花始收，當場扣取，勤勤一年，依然凍餒。」嗚呼！「勤勤一年，依然凍餒！」讀此能不長太息乎？這便是明代的封建義務。

清代沿明世舊制，在田賦方面，徵納分前後兩期，而月限則各省不同。其稅率因各省之遠近，地力之肥瘠，亦不一律。田賦以外，則有丁稅。丁稅根據清康熙五十年之丁額爲準，一時頗稱爲善政，實則不過朝三暮四之手法。（註三） 田賦，丁稅而外，則有漕米，但只限於江蘇、安徽、浙江、湖南、湖北、江西、河南、山東八省，約共四百五十萬石。雜稅則有契稅，當稅，牙稅，酒稅，礦稅，鹽稅，關稅，釐金等項，就中最病民的莫如釐金，於水陸要路設卡，以多爲貴，全不顧交通上自然形勢，以致一種貨物的運輸，有重複收稅至於數次的，且其所稅貨物及其稅額，亦無一定。令稅吏得以上下其手，剝削商民，實爲最惡之稅法。再則清政府的收入，據統計：康熙時是二千餘萬兩，乾隆時增加到三千餘萬兩，嘉慶、道光時增加到三千八九百萬兩，這些收入的來源，不外兩徵租稅，舊稅加重之外，又增新稅。特別是被稱爲「火耗」「漕折」「平餘」等稅，是在賦稅正額之外，更加多了幾成。而且貪官汚吏自肥私囊，苛斂百端。讀「三年清知府，十萬雪花銀」之諺語，便可知了。

以上是官稅。再王公大人及豪紳地主們的私租，則因莊園的組織已很普遍，每莊必有一個莊頭。莊頭是官莊之實地管理者，同時，也可以說是一個農奴的頭目。他一面對主人有督率莊丁佃戶，並管理莊園的全責；一面調查丁佃的戶口，製定戶口名冊呈報主人。而最重要的職責，就是代主人收取莊租，奉納莊租。至於莊租比官稅的剝削孰輕孰重？我現在只把紅樓夢第五十三回裏面一段抄在下面：「賈珍……因在廳上看着小廝們抬圍屏，擦抹几案，金銀供器。只見小廝手裏拿着一個稟帖並一篇帳目回說：『黑山村烏莊頭來了。』賈珍道：『這個老砍頭的今日纔來！』賈蓉接過稟帖和賬目，忙展開捧着。賈珍倒背着兩手，向賈蓉手內看去，那紅稟上寫着：『門下莊頭烏進孝叩請爺奶奶萬福金安並公子小姐金安。新春大喜大福，榮貴平安，加官進祿，萬事如意。』賈珍笑道：『莊家人有些意思。』賈蓉也忙笑道：『別看文法，只取個吉利兒罷。』一面忙展開了單子看時，只見上面寫着：「大鹿三十隻，獐子五十隻，麅子五十隻，暹猪二十個，龍猪二十個，野猪二十個，家臘猪二十個，野羊二十個，青羊二十個，家湯羊二十個，家風羊二十個，鱘鰉魚二百個，各色雜魚二百斤，活雞、鴨、鵝各二百隻，風雞、鴨、鵝二百隻，野雞、兔子各二百對，熊掌二十對，鹿筋二十斤，海參五十斤，鹿舌五十條。牛舌五十條。蟶乾二十。榛、松、桃、杏仁各二百袋。水對蝦五十對，乾蝦二百斤。銀霜炭（上等選用）一千斤。中等二千斤。柴炭三萬斤。御田胭脂米二石，碧糯五十斛，粉秔五十斛，雜色粱穀各五十斛，下用常米一千石，各色乾菜一車。外賣粱穀牲口各項，折銀二千五百兩。外門下孝敬哥兒頑意兒：活鹿兩對，白兔四對，黑兔四對，活錦雞兩對，西洋鴨兩對。』賈珍看完說：『帶他進來。』一時只見烏進孝進來只在院內磕頭請安。……」這是莊頭對主人奉納莊租的一幅活畫，決不能把它當着小說描寫看。然而上列各項，有實物租，亦有折銀繳納的。合計起來，數量總不算少，但只是黑山村一個官莊的租，還是公開繳納的。還有莊頭的私弊一定也很可觀。就是說莊頭還免不了中飽。這樣，壓在佃農頭上的負担必然更重了。再清代的私租，各地雖有輕重不同，大概是要取得農民總收穫額之一半。康熙時，佃農交給地主的租是每畝一石（陳登元中國土地制度三一一——二頁。）地主中甚至有的建築城廓一樣的住所，有武裝守衛，而且有裁判所牢獄，任意殘酷虐待佃農（張霄鳴太平天國革命史三〇——一頁。）

以上我們已把自唐以來至清代的封建義務，作了扼要的敍述。以之與秦漢時代，及三國南北朝時代相較，決無本質的區別。而且可以說只有加重的。

七 一串不斷的農民叛亂

如上所述，土地的被收奪，封建義務的苛重，必然會引起封建社會機構內在的矛盾，這一矛盾的爆發往往是農民起而叛亂。

唐代僖宗乾符元年（西曆八七四年），濮州——今山東濮縣人王仙芝率農民起而暴動，初不過二三千人，到乾符二年，王仙芝連陷濮州曹州，其衆便達萬人了。王自稱大將軍，傳檄諸道，以「官吏貪沓，賦重賞罰不平」相號召，後又陷河南，淮南，江南諸州，大軍所至，對貪官污吏豪紳富戶焚燒刼掠，毫不顧惜。乾符五年，王仙芝被殺，其部衆走附黃巢。黃巢寃句（今山東荷澤縣西南）人，初響應王仙芝爲其部下，至此號衝天大將軍，他率領民衆十萬餘陷鄆州、沂州、濮州、宋州、汴州等。又南渡揚子江，陷江南西道諸州，東到浙江，更攻福州，建寧，順道南下，陷了廣州。但因廣州傳染病流行，隨從農民多死於病，他又放棄廣州北上，直到長安。他在廣州、長安都是採取虐殺政策的，那時不僅廣州的市民被殺的很多，即在廣州經營商業的回教徒，猶太人，希臘人，基督教徒等被殺者也有十二萬之多。在長安，對於官僚，對於富室，則縱兵大事刼掠，而把所掠得之金帛衣物施於貧民，這裏可以看出他們對於商業資本及對於地主貪官之剝削壓迫，採取着報復的原始的行動。黃巢的農民軍在極盛時曾發展到五十萬人以上。後因內部出了朱溫這一個奸細，向唐室投降，其勢便衰了，在唐中和四年（西曆八八四年）終被唐僖宗向西突厥借來的救兵——李克用所破。然而唐代的衰亡，也就在這裏注定了。

宋代農民苦於苛斂誅求和高利貸的榨取，自然也不免要起來叛亂。最著名的，是北宋太宗淳化四年（西曆九九三年）二月，王小波在四川領導的均產暴動。王小波的口號是：「吾疾貧富不均，今爲汝均之」！當王小波喊出了這樣的口號，饑民就立刻起來響應他，叛衆連陷青城，彭山諸縣，掠奪或殺戮官吏和富豪，特別是貪官污吏，一個也不能倖免。據說那時彭山縣令名叫齊天振，就是一個最貪污的傢伙，農民把他捉起來，即刻殺死，然後把他的肚子破開，裝進許多錢和穀物到裏面去，說是把他喜愛的東西都給他受用。後來王小波被四川都巡檢使張玘討伐中箭而死，叛衆又推舉他的妻弟（王小波的小舅子）李順爲帥。李順軍令嚴明，只許把富豪的錦帛拿來分與貧民，對於貧民則極力保護。因此，一時有數十萬人聚集在他的下面。淳化五年正月，李順進據成都，同年五月官軍圍成都，始將成都奪回。奪回成都時李順及其部衆多被官軍捕殺；但其餘黨仍散佈各地，尤其是一個叫做張餘的特別頑强，一直到宋至道元年（西曆九九五年）才被官軍捕滅。也有人說李順在官軍圍成都時並未被捕殺，直到數十年後才在廣州被捕。

以上是北宋的均產暴動。宋高宗建炎四年（西曆一一三〇年）湖南又有鍾相楊么所領導的均產暴動起來了。鍾相原是湖南武陵縣的一個農民，但自稱力能通神，能以神方療疾，因此一面得到了多數信徒，一面蓄積了相當資產，遂憑此領導農民叛亂。他所喊出的口號也與王小波差不多。他說：「法分貴賤貧富，非善法也。我行法當等貴賤，均貧富。」鍾相自稱楚王，有徒衆三萬七千戶。對於官府，寺觀，祠廟，富豪家園，則任意焚燒刼掠；對於官吏，儒生，僧侶，醫生，及巫者等，則任意殺戮。橫行於洞庭湖西岸北岸諸州，無人敢與爲敵。建炎四年三月二十六日，鍾相夫妻及其幼子鍾昂都爲官軍所捕，械送臨安（南宋首都）。其餘黨楊么等又奉鍾相另一幼子鍾子儀，强據洞庭湖中的水寨，繼續橫行五年。餘至宋紹興五年（西曆一一三五年）六月，始爲官軍所平。在湖南鍾相叛亂前約十年，有方臘之亂。方臘生長於浙江永淳縣鄉間，亦因講妖術而獲得農民信仰，適當宋徽宗徵發珍花奇石重苦江南，激起了農民不滿，方臘便乘機掀動叛亂。他在不多的時候，便佔了浙江省的大部分，殺戮官吏，掠奪富室，到西曆一一二二年三月，才好容易被宋臣童貫所平定。據說這一年半間的叛亂，使宋代損耗財源，以致財源枯竭，弄到金兵入寇無法抵禦。此外，還有淮南宋江的叛亂，其聲勢之大，是「宋江寇京東，侯蒙上書曰：『江以三十六人橫行齊魏，官軍數萬無敢抗者。』」由上所述看來，宋代的農民鬥爭有一特點。這一特點，表現了他的進步性。因爲過去各代的農民叛亂，都是自發的原始的，而宋代農民則提出了「均產」的政治口號。

宋代的農民叛亂，爲元代的統治掃清了道路。但元代統治不到幾十年，而農民叛亂又發生了。元仁宗皇慶二年（西曆一三一三年，）蔡五九起叛亂於江西贛州，順帝至元三年（西曆一三三七年，）朱光卿率衆叛亂於廣東增城，稱大金國。同年，棒胡又在河南信陽州起叛亂。從此，農民暴動在元代便頻繁起來了。此外在合州，陳州，惠州也有叛亂。有名叫聶秀卿、譚景山的指導農民殺官吏，佔據城市。至元四年（西曆一三三八年，）在袁州、漳州，同五年在開封，至正元年（西曆一三四一年，）在道州，同二年在廬遠路，同三年在道州，同四年在益都，同六年在汀州、雲南、端州，同八年在遼陽、嘉州，都起了叛亂。尤其是到了至正十一年（西曆一三五一年，）韓山童起而叛亂。韓山童是河北欒城人，從他的先世以來便和白蓮教有關係，所以他焚香聚衆，稱「天下當大亂，彌勒佛下降。」他對於河南江淮一帶的農民有很大影響。他雖然不久被捕處極刑，但安徽阜陽人劉福通又迎立其子韓林兒爲皇帝，和劉福通同時，蕭縣的李二及湖北羅田人徐壽輝也起了叛亂。陳友諒爲湖北沔陽漁家子，起從徐壽輝。那時，劉福通等的農民軍，以紅巾爲標幟，故也叫做紅軍。至正十二年，郭子興起兵於定遠，朱元璋往從之。朱元璋乃寺院和尚出身，倚靠農民叛亂，終至滅亡了元代。

明代自朱元璋創業，把他的政權仍然建築在農民的剝削上，因之一到末葉，農民叛亂也漸漸多起來了，終於產生了根本覆沒政權的危機，使它走上了和以前許多封建王朝相同的末路。早在永樂十九年（西曆一四二一年，）河南已經有唐賽兒的暴動。正統時，廣元人葉宗留的叛亂，擴大到浙江、江西、福建一帶。後又有福建沙縣的鄧茂七興起叛亂。鄧茂七本爲佃農，作過甲長，鄉民很愛戴他。入順年間，湖北麻城人李添條，廣東黃蕭養復起叛亂。成化年間，湖北荊襄李千斤和李鬍子又相繼起叛亂，據說農民附從這一叛亂的達百萬。正德時，有文安人劉六和其弟劉七的暴動，擴大到山東、山西、河南、湖廣、江西諸省。其後四川復起了藍廷瑞指導的十數萬人的叛亂。眞是蝟匯如毛，不勝列舉。崇禎元年（西曆一六二八年，）終於開始了更廣大的農民叛亂。這叛亂的中心地是陝西。當時陝西地方情形複雜，有曾從事於屯田的戍兵，有數十萬失業的驛卒和鑛夫，又有數十百萬饑民，所以一經發動，便和農民匯合而成了大暴動。那時，府谷的王嘉元，宜州的王左掛、飛山虎、大紅狼、安塞的高迎祥，米脂的李自成、王大梁、王子順、延安的張獻忠、老𤞤𤞤、金牛星、劉宗敏等，都出現為農民叛亂的指導者了，在這中間最露頭角的是李自成，他曾經為地主牧羊，又做過驛卒，他成為農民的首領以後，仍不好酒色，與部下同甘苦。他的同夥中有一個羅汝才，妻妾數十，嗜酒，好博，着紈綺，追女樂自奉甚厚，醉後豪語：「吾等僅以橫行天下為快，」李自成不滿其行為，卽命三十騎殺之於帳中。後李自成自稱闖王，終屋明祚。

明末的農民叛亂，招致了清兵入關。然而由於傳統的封建社會機構內在的矛盾不曾解除，而又加以種族界限，清代統一中國後，除五王三藩外，在順治、康熙二朝，由人民接踵而起圖恢復的，就不下十次之多。例如順治五年，天津張氏自稱天啓后起義；七年，李泰清據太平反；十七年，山東于七反；康熙二年，福建王鐵佛擾延平、建寧；十二年，楊起隆詐稱朱三太子，謀起事於北京；十九年，楊起隆復謀起事於陝西；二十七年，武昌兵變，推夏龍逢為首，連陷湖北省黃州、嘉魚、漢陽等縣；四十六年，雲南李天極等詭奉王枝葉者為明桂王子起事，攻省城；同年，朱三太子一會和尚等起事浙江；五十二年朱一貴自託明裔起事於台灣。但不久均為清軍所平，要皆農民叛亂也。以後則秘密會黨紛紛而起，就中勢力最盛的，為三合會，哥老會；白蓮教之三派。三合會，哥老會發生於粵江流域，蔓延及於長江流域，白蓮教則起於元末的韓山童，明末以王好賢，徐鴻儒為領袖，有衆二百萬，不久雖被明軍所敗，但其根株却未絕，到了清代，其勢力蔓延於黃河，淮水兩流域，乃至長江流域。白蓮教叛亂，其事發於乾隆朝後半期，而三合會，哥老會，且成為後來　國父孫中山先生所領導之革命運動的有力成分。而其最廣大的農民革命，則為太平革命軍。太平軍於清道光三十年（西曆一八五〇年，）起兵於廣西桂平縣金田村。有兵萬人。由此北進，入湖南；更沿江東下佔領南京，卽以南京為都城。斯時歐美各國在上海的使領館，紛紛各電其本國政府，承認太平軍為革命，𢽾告嚴守中立。然此不過基於各自利益，企圖利用太平軍以對抗對它們尚不肯就範之清廷而已。

（註四）　太平天國儼然成一和清政府南北對峙之局。太平天國既建都南京，卽本其上帝會的教義，以為天下之人，既都是天父的子女，便當同享天父之福，有田同耕，有飯同吃，有衣同穿，因建公田制度，凡土地田畝不得私有，金錢不得私藏。這正是保守性的農民革命之原始公社制的表現，而又借宗教迷信反映出來。但它已開了中國資產階級性的民主革命之先驅。所以這是中國歷史上最富有進步性的一次農民叛亂。清代之崩潰，雖未於此結其局，而實於此發其端。

八　這一時期社會史的總結及其特點

我們把中國封建社會的全部歷史作一總的觀探，從西曆十六世紀到十七十八世紀約三百年來的歐人東漸，不能不說是一個大樞紐，而其總結是雅片戰爭。但在雅片戰爭以前的全部封建社會史，都是演着如下一種近於循環的變革。即在這全部歷史上，向來都是爲水旱災，飢饉，戰爭，內亂，外族的侵入，不斷的近乎週期性的破壞其社會生產諸力，因而也是不斷的近乎週期性的建立其近似的同一的生產諸關係。換言之，也就是說中國歷史發展的辯證法，與其說是中國社會發展到某一程度而是以那種在較高階段上歸於揚棄的因素爲特徵；毋寧可說是以那種被保存下來的或反覆重現的因素爲特徵。那末，這一時期——自唐代末葉至清雅片戰爭這一時期的中國社會，仍是和西周，秦漢，魏晉南北朝隋唐各時期的中國社會，同是一個範疇——封建社會的範疇。這是從這一時期社會經濟，土地佔有關係等等的敍述，充分證明了的。

不僅此也，中國社會就是發展到了這一時期，乃因各種具體條件，各種特殊因素，仍然包括了過去一切歷史階段，即過去歷史階段諸遺制的殘留，都在這一時期古典的存在着。除開中國北部地方因爲那些地方已經歷着不斷的戰亂，不斷的轉徙，而把過去歷史階段的殘餘破壞無餘，例如在若干邊疆地域，我們還能找出原初的氏族所有制的形態，及村落共同體的所有形態，而奴隸制，特別是父家長制，就在這一時期，我們還不難找出其古典的嚴格性來。父家長制一般是出現於由野蠻移向文明的過渡期中。它何以在中國具着這樣悠久的歷史。這就因爲中國封建機構的特殊性，例如專制的國家機構，嚴密的宗法組織，修身，齊家，治國，平天下的政治學說頗用得着這種父家長制古典的嚴格性，爲其倫理道德的支柱，以維持其悠久的封建統治。

不過中國社會的封建機構雖然具着這種多樣性，但所謂原初的氏族的所有形態，村落共同體所有形態，乃至奴隸制等等，在這一時期都顯示了本質的區別。例如單就氏族的所有形態來看，在中國長江以南的地方，特別是在廣東，福建等省，據說氏族所有地，還占全體耕地面積百分之三十乃至百分之四十；然而所有這些由古代殘留下來的遺制，通同改變了其原始的形態，因爲在原始的氏族間，土地的共同體所有，乃與其共同利用，共同享有利用的成果等關係相一致，而這一時期的中國，除若干邊疆地域外，土地在所有關係上，雖尚保有共共有的遺跡，但却不是共同利用，更談不到享有共同利用的成果了。至於奴隸制的遺跡，大體上都是家內奴隸佔多數。所以過去歷史諸階段的遺制，雖然在這一時期還可發現許多，要不外在封建機構內，營其補充的作用罷了。

就嚴格的意義講，中國這一時期的社會，仍是以封建社會關係，爲其主要的社會關係。不過在一定的世界史的條件下，即自歐風東漸——歐洲的單純的商業資本乃至以原始蓄積爲主要來源之一的商業資本，經過兩三世紀的向中國市場的掠奪，便使得這一時期的中國社會，不能不在第十八世紀末十九世紀初，轉入決定的解體化的過程。自然，促使舊來中國社會轉入決定的解體化過程的因素，決不單是外鑠的因素，而其主要的因素，毋寧可說是由中國社會本身的胎內育成的諸矛盾的發展。換言之，決定的因素，毋寧可說是內在的因素。這留在後面去說。現在我們是要在總結這一時期的社會史後，而約略指出其特點來，其特點爲何？茲列舉如下：

一、在這一時期，不徹底的均田制已徹底破壞，又回復到秦漢時代的大土地所有。

二、社會經濟較之秦漢時代爲發展，較之兩晉南北朝時代更爲發展、

三、作為封建社會形態之一的莊園組織，特別普遍，而寺院的土地所有，亦儼然具有歐洲中世僧界領主的姿態。

四、土地的集中，封建的義務，較之秦漢及以後各時代更明顯，更嚴重，因之內在矛盾益尖銳。

五、主要由這一時期中國社會本身的胎內育成的諸矛盾的發展；同時，由於歐洲掠奪性的帶有原始蓄積任務的商業資本之侵入，中國二千年來頑固的密封的封建社會關係，便開始轉入決定的解體化的過程。

（註一）西曆一八三九年，林則徐布告各國商人令其具結不帶鴉片入口，美蘭等國商人都遵辦，獨英不具並不准其商人具，則徐下令斷絕英人物質供給。英領事遂一面以兵船向中國挑釁，一面電英政府請援兵。英政府下其議於國會，當時英國大政治家格蘭斯頓以為因此與中國開戰殊不名譽，力主先將鴉片貿易禁絕自治本源，英軍事當局卻以為既經開釁，不能坐視不救，國會便以九票的多數通過增派援兵議案。

（註二）中世歐洲及日本莊園都有不納租的特權，即莊園本身為不納租土地。但中國莊園卻通常沒有這種特權，儘管在事實上有許多莊園抗不納租，然在政治上法制上卻始終沒有承認這種特權。這可算得中國莊園不同於歐洲及日本莊園的一種特質。

（註三）一條鞭稅法，是總算一年所需用之數按闔縣的丁糧均攤。自此之外，不得再有徵收。而其所謂丁者，並非實際的丁口，乃係通計一州縣所有的丁額，攤派於有田之家，謂之「丁隨糧行」，這樣就是將丁銀攤入地糧了。丁銀既攤入地糧，則增丁與否本與增賦無甚關係。清康熙明知其然，所以落得慷慨，在其登基五十年時，便下了以後新生人丁永不加賦之詔。這本是騙人的，更算不得什麼仁政，而有些人卻因此歆其功而頌其德，所以我們在這裏把這一西洋鏡戳穿。

（註四）太平天國之亂，無疑為一般人民，特別為農民不耐租稅的誅求，不耐官吏及滿人之專恣侵奪，而發動的農民叛亂。然而歐人東漸以來的歐美商品的輸入，連帶着歐美近代的意識形態的輸入，不能說沒有影響。其影響必然在此歷史條件之下，使那種叛亂帶有反抗支配中國二百年之滿族的民族戰爭的意味或性質。歐美資本開始對於當時那種具有農民戰爭兼民族戰爭兩重性質的叛亂，採取中立態度；不但如此，甚至以在某種限度內助長中國內亂爲有益，這在處心積慮想把中國變爲第二印度的英國更於此大有期待。然而此後太平天國政府的政策，例如因爲原始共產社會經濟政策，使他們他失望了。加以以分散中國而肢解中國爲目的的英國資本的政策，與以支持滿清尊政權而以中國門戶開放爲目的的美國資本的政策，又發生相互間的矛盾。在這個時候，恰恰因內亂弄得疲敝不堪的滿清，漸漸不能不靠外國資本或武力以求鎮定；同時，國內的商業資本，高利貸資本及富農，害怕太平天國的過激政策，也不能不要求依賴外國資本或武力以圖維持舊有的秩序，於是美國的華爾，英國的戈登都在鎮壓太平軍叛亂的前綫出馬了。太平軍終於其起事後的十五年——同治三年，西曆一八六四年，失陷其首都南京，餘黨亦逐漸歸於消滅。此後中國歷史事變，便無一事不摻雜外力的成分，太平天國的消滅，可以說是腐朽的滿清假手外力消滅的。

【問題研究】

（一）這一時期社會經濟之一般的發展，究否超過了封建社會的範疇？

（二）這一時期的土地占有關係，在本質上是否與過去各時代——秦漢兩晉南北朝時代不同？

（三）封建義務的加重與商業資本，高利貸資本的發達有無關係？

（四）商業資本是否能變革封建社會的生產方法？

（五）農民叛亂的週期性，是否決定於週期性的近似的同一的生產諸關係？

（六）太平天國的農民叛亂與過去各時期的農民叛亂，是否有某些方面的不同？

（七）封建社會的解體，決之於外鑠的因素，抑決之於內在的因素？如果兩者的因素都有，究以何種因素爲決定的？

第五章　半封建社會

第一節　由清末鴉片戰爭到現在

一　概說

我們在第四章已把兩千多年的中國封建社會史作了整個的敍述，雖然是拿從西曆十六世紀到十七、十八世紀約三百年來的歐人東漸，作爲封建社會轉變的一個大樞紐，然而淸末的雅片戰爭，卽西曆一八四〇——一八四二年的雅片戰爭，却才是一個眞正劃時期的界標。因爲雅片算是對於舊來中國社會發揮了最可怕的破壞力的一種外來商品，而雅片戰爭，不外是英國對於閉關密封的舊來中國以開拓工業商品市場卽資本主義的商品市場爲目的的一種具有最大破壞力的戰爭。

雅片戰爭的結果，是把廣州、福州、廈門、寧波、上海等五港闢爲商埠，並規定輸出入商品，都只納値百抽五的從價稅，剝奪了中國關稅的自主權，廢止公行制度，各商埠得設置領事，訂了第一次賣身契的南京條約，治外法權和租界的基礎也可在那條約中看到。接着各資本主義列强援例要求，除雅片外的各種工業商品源源而入，在經濟上的結果，便是白銀大量的流出，國內手工業與家庭工業受摧殘，農村經濟走向崩潰；而在政治上的影響，則是促進中國封建體制內在的諸矛盾，導來了決定中國封建歷史運命的農民戰爭乃至民主革命運動；尤其是在道德上，使得舊中國社會的道德支柱，卽父家長制的權威漸形失墜——在父家長制的權威下，皇帝等於全國的家長，皇帝以下的各級官吏，等於各個家庭的各級家長，然而這一龐大的封建機構所由支撐的道德支柱，即父家長制，由於雅片走私所招致的賄賂公行，又由賄賂公行所招致的生活上的腐敗與道德上的墮落，便使得皇帝及其官吏愈益喪失其支配權力。

因此，雅片戰爭把舊中國社會的經濟、政治道德、等等，都引起了一種大變動，換言之，即使舊中國社會的全貌都發生了變動，亦即使舊中國社會根本有了轉變——由封建社會轉變為半封建社會。在這一節裏，雅片戰爭雖是一個劃時期的界標，但我們必須指出如下一些要點：

（一）由歐洲商品市場的擴張到雅片的輸入；

（二）雅片戰爭以後列強的侵略；

（三）中國社會的解體過程及半殖民地化；

（四）半封建社會的社會經濟概況；

（五）中國社會史的前途或展望。

二　歐洲商品的侵入

歐洲在商業上與中國的交通，一般可遠溯到秦漢時代，既如前述；但歐洲工業商品市場的擴張，即對於中國要求擴張資本主義商品的市場，而以「加農砲」叩擊中國緊閉的關門，並使得兩千多年來的中國封建社會走入解體化的過程，那在大體上總不外是十九世紀初期及中葉的事。雅片戰爭，正是歐洲資本主義商品要伸展到中國社會來的一聲號砲。

原來在十六世紀初期，世界歷史已展開了一種新局面，所謂近代社會——近代化，就是建立在這種新局面的基礎上面。例如一四九二年哥倫布發見了新大陸，跟着自然科學——哥白尼天文學於一五〇〇年出現；社會科學——亞當斯密的國富論，亦於一七七六年出版。是時歐洲正進行所謂經濟上的產業革命與政治上的市民革命，由於生產技術的大改革，由於生產力的空前提高，當然要對於商品市場的擴張，有異常昂揚熾烈的迫切要求。由於爭取市民的自由與平等，由於以自由平等為內容的意識形態之形成，當然要對於束縛桎梏新生產力的舊生產關係，即封建制的生產關係，乃至由此反映出來的政治上的專制獨斷與思想上的迷信保守，痛加攻擊。總之在產業革命與市民革命的進展的過程中，歐美諸國都已經驗着深刻的巨大的社會經濟、政治法制、意識形態的變革，這種世界歷史諸種新條件的產生，是不能不影響中國歷史的。

世界新歷史條件形成的開始，即歐美社會近代化的開始，大體上是在中國明代的末葉。一般都知道最初航海東來的是葡萄牙人，它於一五一七年到達中國廣東；約五十年後，即一五七五年，西班牙兩位傳教師來到中國了；一六〇四年，荷蘭商人到來；一六三五年，英國與中國企圖通商未達到目的，終於一六七〇年一六八三年一六八五年（清康熙二十四年）連續取得了在中國的通商權。據統計：一七五一年，歐洲開到廣東的商船數目，英國九艘，荷蘭四艘，法國二艘，丹麥、瑞典各一艘；約四十年後，即一七八九年，英國增到六十一艘，美國十五艘，荷蘭五艘，葡萄牙三艘，法國、丹麥各一艘。這說明此時英國對華貿易已佔着首班地位。由此可以看出歐洲各國在中國的商品市場上，具有如此之可注意的情況，即最初在中國獲有通商權利而顯出特別活躍姿態的是葡萄牙，次則荷蘭，再次則為英國。而它們在中國商品市場上，曾經有過一番激烈鬥爭，而最後則為英國奏了勝利的凱歌。

這不是沒有原因的。葡萄牙在中國商品市場上的活躍雖然最早，但它還沒有越出單純商業資本的範圍，所以結果為具有工場手工業的基礎條件的，即近代生產方法相當發達了的荷蘭所擊敗了；荷蘭的近代生產方法雖然較之葡萄牙為相當發達，起而擊敗了葡萄牙。但結果又爲更具有各種優勢的大產業條件的英國所打倒了。而單純的商業資本爲具有工場手工業基礎條件的商業資本所打倒而具有工場手工業基礎條件的比較近代的商業資本，又爲具有各種優勢的大產業條件的產業資本所打倒。因之這裏爲我們解決了一個問題，卽商業資本本身雖然沒有具備着把封建制的生產方法從根本推翻的力量；但是由於單純商業資本的掠奪性（註一）所具的暴力盜掠，奴隸販賣，殖民地的征服，更由於在工場手工業制度下被選好了近代生產方法條件的帶有作爲資本之原始蓄積的任務的商業資本的發達，使得歐洲商業資本在中國漸漸改變其作用，卽它漸漸作爲推翻封建社會的力量而活躍起來了。它本身對於擴張商品市場的要求，將益感覺迫切，這是不待說的。尤其是英國把商業資本從屬於產業資本之下而握到了對華通商貿易的霸權後，要求侵入中國市場，比其他各國更爲迫切。

但是中國那時對於外國商業資本逐漸侵入，而且一步緊一步的態度怎樣呢？我們知道中國向來是以東方的天朝上國自居，在過去歷史上只有圍繞在它周圍的小國藩王派人朝貢的先例，雖然與外方甚至與歐洲亦交通甚早，而大食波斯商人，會與中國通商而蒙受優待，但亦不過是一種對於慕風向化者的懷柔政策。那時，也可以說在外國商業資本開始侵入時，中國還是用對待小國藩王及對待波斯大食商人的那種傳統的懷柔政策去對付。試看俄國在明萬曆四七年（西曆一六一九年）淸順治十年（西曆一六五三年）均曾派使通中國，但因都未納貢品，而且對中國皇帝不肯行拜跪禮，遭其拒絕。順治十一年，俄再遣使節帶了方物到北京，並行拜跪禮，淸廷才認爲向化而許其朝見。當俄國使節回國時，淸廷與俄皇書中有云：「爾國遠處西北，從未一達中華，今爾誠心向化，遣使進貢方物，朕實嘉之。特賜禮物，卽令爾使人賚至，以明朕柔遠之至意。爾其欽承，永效忠順，以世恩寵。」這是陸路交通上，俄國與中國交涉貿易通商的一段佳話。這時，俄國的商業資本，當然也還未能超出單純商業資本的範圍；但到了商業資本漸漸改變其面目，中國的封建統治者，已無意識的感覺到若果准許在資本制生產方法下生產的商品輸入中國，則將破壞封建王朝藉以存立的小農業經濟和家庭工業結合的基礎，所以爲防止封建統治的崩潰，清廷便改變了它對外態度的政策，即改變了對於慕風向化者的懷柔政策而採取限制與外人通商一貫的閉關主義。自十七世紀終結以來中國對外的通商口岸，事實上主要只限定在廣東一隅，因爲其他地方如廈門、寧波諸港，雖亦可通商，但均課有高額的關稅，而且即在廣東，那時清廷亦施行了種種限制。清康熙五十九年（西曆一七二〇年），清廷曾在廣州實施一種如前所謂「公行」制度，即所有對外貿易均須歸特許商人的十三公行所統制。此外於西曆一七二八年，對於入口商品，更課以百分之十的從價重稅以高壓之，一七五七年，終以勅令宣佈廣州爲中國對外貿易之惟一港口，即是把廣東以外之一切貿易港都關閉了。這是與各國商品市場的擴張相違反的，尤其是英國。西曆一七九三年英王喬治曾派遣使節到中國來，請求清廷對於通商的限制約量取消一些，即多給外商以一些自由和便利。但清乾隆皇帝答覆如下：「昨據爾使臣以爾國貿易之事，稟請大臣等轉奏，皆更張定制，不便准行。向來西洋各國及爾國夷商赴天朝貿易，悉於澳門互市，歷久相沿，已非一日。天朝物產豐盈，無所不有，原不藉外洋貨物，以通有無。特因天朝所產茶葉、瓷器、絲綢，爲西洋各國及爾國所必需之物，是以加恩體恤，在澳門開設洋行，俾日日有資，幷霑餘潤……若經此次詳諭後，爾國王或誤聽爾下人之言，仍從事將商貨船駛至浙江、天津地方，欲求上岸交易，天朝法律森嚴，各處守土文武恪守功令，爾國船隻到彼，該處文武必不肯令其停留，定當立時驅逐出洋，未免爾國夷商徒勞往返，勿謂言之不豫也。其懍遵毋忽！」（見十朝東華錄）然而各種限制如不加以取消，到底不是歐洲資本、尤其是英國系資本所能忍受的，於是當時的問題就只有一個方法可以解決，那便是迫而訴諸武力。

英國資本的侵略性，到了十九世紀對於中國便越來越凶了。西曆一八三六年，英國又派使節東來，但依然結果毫無。就在這期間，鴉片問題嚴重化，因此導出劃時期的鴉片戰爭，而頑固閉封的中國門戶，終於在這次戰爭之後，逐漸被蠻魔東排西拉的啓開了。

三　鴉片戰爭及其以後的列强侵略

我們在前面就說過：雅片對於中國舊來社會算是發揮了最可怕的破壞力的外來商品。然而最初以外國雅片輸入中國的，也是葡萄牙人。在西曆一七七三年以前，對中國的雅片輸入可以說全係葡萄牙人一手包辦。所以在西曆一七二九年，清雍正帝曾發佈最初的吸食雅片禁止令。不過那時輸入額並不多，總共不到二百箱，而中國人吸食者自然也很少，經濟上的損失亦不大。然至西曆一七七三年英人乃開始以加爾各答的雅片，輸入廣東，而輸入額則如前述：由一八二〇年的四、七八〇箱到一八三八年的二八、三〇七箱；後更每年平均激增至三萬箱。英國把印度的雅片賣給中國，已賺錢很多，何況因此又能促進中國市場對於英國其他貨品的消化量，所以不論有何困難，都非把雅片輸入中國不可，把雅片當做其他貨品輸入中國的開路先鋒不可。這樣，便使得中國在經濟上白銀大量流出，而小農經濟及手工業亦受舶來品的影響而開始發生變動。清廷乃於一八三九年派欽差大臣林則徐往廣東厲行禁止雅片輸入。林則徐一到廣東，即下令所有外商雅片須一律交出，惟英商不受命。林乃强行沒收英商雅片達二萬〇二百九十一箱，并予焚燬。於是在清道光二十年（西曆一八四〇年）發生了中國對英國的雅片戰爭。戰爭繼續約三年，至西曆一八四二年，中國乃與英國締結了第一次賣身契的南京條約。跟着就是一大串的賣身契條約出現，例如天津條約，北京條約。這也可以說是第二雅片戰爭的結果。（註二）　南京條約的後果即第一雅片戰爭的後果（對第二雅片戰爭言）例如五口通商等等，已如前述。天津條約，北京條約的後果，亦即第二雅片戰爭的後果，是中國北部乃至中部諸港口，皆對外國貿易開放，英國的商船，且得行駛中國內河。這是西曆一八五六——一八五八年事。

然而我們要知道：雅片戰爭，不外是英國以開拓工業商品市場為目的的戰爭，決不是帝國主義戰爭。即在雅片戰爭以後的若十年，例如第二雅片戰爭前後，全世界資本主義的範疇，都還是以資本主義商品追求世界市場爲主要特徵的時代的資本主義。即獨占時代以前的資本主義，亦即自由競爭時代的資本主義；但在十九世紀六七十年代，自由競爭時代的資本主義，已達到了它發展階段的頂點，此後，就走向了所謂帝國主義發展的過渡期。在此時代，列强資本主義爲積極奪取殖民地，一時發生了劇烈的鬥爭；但這是和十六七世紀歐洲商業資本對未開化國家所實施的掠奪的殖民地政策有本質上的不同的。即這時列强資本主義國，已到了非把全世界每個小角落都分割掠奪來做自己的領土不可。這一特徵，很明顯的表現在列强對華的政策上。即這時，他們在以「加農砲」雅片輸入爲開中國的鐵門並作開闢中國市場的開路先鋒後，就來奪取中國的原有的藩屬。例如琉球、安南、緬甸、尼泊爾、不丹、暹羅（即現在之泰國——編者註）朝鮮、台灣、澎湖列島等，都在這時脫離了中國的支配。（註三） 日本原爲一落後的封建國家，但自從西曆一八六八年之政治變革後，亦即明治維新後，乃也以近代國家出現於世界政治舞台。西曆一八九四——一八九五年的中日戰爭，自然使日本的世界政治地位提高，同時，值得列强對於中國的侵略態度更進入一新階段。這時，全世界在世紀轉換期中，已進入帝國主義時代（帝國主義時代的產生約在十九世紀末至二十世紀初，）而地大物博人衆的中國，又是在列强的侵略之劍戳穿了後壁的中國，正是成爲資本帝國主義之熾烈貪慾的好餌。於是領土的割裂，鐵路礦山利權的强奪，侵略根據地租界的設定，勢力範圍之劃分，銀行及金融網之廣佈，各種工廠在中國商埠之開設，無在不是帝國主義列强侵略的具體表現，而中國封建制的基礎及其龐大的封建組織，自亦不能不歸於動搖乃至崩潰。

由於帝國主義相互間的矛盾，引起了第一次世界大戰。在大戰後，即一九二〇年，世界資本主義經濟，因受大戰影響破壞不堪，曾一度捲入恐慌漩渦。雖然不久就來了一個經濟穩定期，但爲時甚短，到了一九二八年，資本主義矛盾又更加激化，而走入所謂第三時期。這當然又要加緊對華的侵略，因爲中國自遭受資本主義列强，一步緊一步的侵略後，已淪爲典型的半殖民地，帝國主義諸國為要脫出第三時期的經濟恐慌，必然是企圖拿殖民地半殖民地做犧牲品的。而且帝國主義在這時甚至用了傾銷政策來開拓獨占的市場，拿武力獲得獨占的原料供給地及資本輸出地。更其重要的，是他們為了準備第二次世界大戰也必需將戰略上的重要據點抓緊在自己的魔掌中。這樣，根據第三時期的經濟恐慌對於帝國主義垂死的掙扎，就爆發了我們空前的「國難」——即日寇對我的「九一八」事變。

雅片戰爭以後列強對華的侵略，也就發展到了它的最高峯。這是不能與中國的社會變革無關係的。

四　中國社會的解體過程及其半殖民地化

中國的萬里長城，終於抵抗不住英國的「加農砲」，閉關主義被打破以後，中國市場自然不能不開放了。所以雅片戰爭是中國近代史的起點，也是中外貿易關係轉變的起點；同時，也就是中國社會解體過程的開始。所謂半殖民地化的契機，也是伏其機於此的。因為從此以後，中國就真正加入了世界經濟的漩渦。這里表現在通商貿易上的，有一個基本不同的特點。即如果說在此以前中國就有過與外商通商的貿易，但過去中外貿易的兩方，都是封建國家，交換的東西，都是奢侈品。例如漢時，中國與羅馬通商，中國的出口商品是絲織品，而羅馬的出口商品是珠玉、香料。此外中國的出口商品是絲、刺繡、棉織品，而外商進口的商品是玻璃、香料、寶石等商品。交換，不會影響到社會經濟基礎。但此後一切都不同了。中外貿易的兩方，一是資本主義的工業國，一是封建社會的農業國。交換的商品，一是工業品，一是農產品。這種交換關係已是衝破了中國封建社會自然經濟的屏障了。總之，自雅片戰爭以後，資本主義列強，是把中國看做工業原料的來源，看做銷售工業品的市場，即是把封建社會的中國，開闢為歐美商品市場，投資市場，採取原料市場，即是把中國變為半殖民地的半封建社會。所以自雅片戰爭以後，中國與外商貿易所要負的主要任務，即在世界貿易中要負的主要任務是提供特產原料品和接受過剩工業品。因爲如此，所以這一百年來中國對外貿易總是始終保持着入超的特色。

其實中國以小農經濟爲基礎所生產出來的農產品，即是以較長勞動時間生產出來的農產品與資本主義國家的工業品，即是以較短勞動時間生產出來的工業品相交換，就是一種不公平不等價的交換，入超固然一定要受損失，出超又何嘗有什麽利益。有人把從民國十五年到二十六年十年來的中國對外貿易統計了一下，指出這十年來每年的入超最高是八萬萬元，最低是一萬萬元，這就是說中國不僅每年要經常提供大量工業原料品，并且要經常接受大量工業製成品。

然而這個統計還未曾具體的表示出中國對外貿易的內容，因爲在中國出口貿易中也不全是原料，此外還有其他種類的商品。究竟從中國進出口商品的內容中，我們看到什麽呢？有人把近四年來進出口商品內容作了一個分類比較表如下：

進口

飲食品	原料	半製品	全製品	雜類
一四·五〇	一二·〇三	二二·七七	四五·九五	四·七五

出口

飲食品	原料	半製品	全製品	雜類
二二·〇五	三四·八〇	二二·四八	一六·三〇	四·三七

按上表中國出口商品以原料佔第一位，這顯然把中國的出口貿易以提供原料的姿態表現出來，半製品佔第二位，飲食品佔第三位，全製品佔第四位，這便可以看出中國工業化和現代化的程度，而最值得注意的是這些出口品中有許多還是外廠的出品。

按上表中國進口商品是以全製品佔第一位，再加上半製品就等於進口總額百分之六八·七二，這正說明中國是列強最理想的商品市場，但進口中原料也佔百分之二二・〇三，這有什麼意義呢？能否作爲中國工業發展的指標呢？不能。原料也在進口中佔一個較重要地位，這與其說是中國工業化的象徵，無寧說是農業恐慌的反映，與其說是民族工業有了相當發達的結果，無寧說是由於列强資本輸出在中國開廠的結果，亦即非民族工業依恃不平等條約在中國發展的結果。

然而自雅片戰爭以後，中國國際貿易的本質還不僅在中國是一個提供原料的國家，一個銷納商品的國家，而前面所謂不公平不等價的交換，尤其成爲中國國際貿易之半殖民地的本質的決定因素。中國的農業品以低價出口，而列强的工業品卻以高價進口；中國出口的物價指數是絕對或相對低落，而進口物價指數卻絕對或相對的高漲。這種不等價的交換，使列强透過進出口物價的不等率，無償的攫取了中國農民生產物的一部分價值。但如果籠統的把出口貿易中的商品不分農業品與工業品，都包括一起，還不能完全表現出中國對外貿易的性質，只有把出口貿易中的工業品除掉，單拿出口農業品與進口工業品的指數來比較，則其不等率更爲明顯。下面就是一個農業品出口與工業品進口物價指數表：

	十五年	十六年	十七年	十八年	十九年	二十年	廿一年	廿二年	廿三年	廿四年	廿五年
出口	一〇〇・〇	一〇三・七	一〇七・四	一〇九・九	一〇〇・四	一〇一・六	六三・〇	六四・〇	四三・九	五三・五	四八・一
進口	一〇〇・〇	一〇四・九	一〇五・四	一一〇・六	一二六・一	一六〇・三	一五四・七	一五三・六	一四七・一	一三六・一	一五〇・四

上表明顯的指出：在民國二十年以前，出口農產品的價格高漲並不多，而進口工業品的價格高漲卻極大；在民國二十年以後，進口工業品的價格縮小並不多，而出口農業品的價格縮小卻極大。這就是說工業品和農業品的不等價交換是更大了。這個表再指出：中國對外貿易只有利於列强而不利於中國；指出中國農民以低價出賣生產物而又以高價購買日用品；指出中國農民對於列强提供無償勞動，指出中國農業經濟的半殖民地性。

五　半殖民地化的土地占有關係是半封建的

歐美資本在中國遇見的是封建制度。我們在上面已指出列强是爲攫取超額利潤而侵入中國，强制中國提供不值錢的原料和勞動力，而給與中國的是高價的工業品。這個政策是與中國工業化現代化的歷史任務背道而馳的。資本主義列强——尤其是進入帝國主義階段以後，中國在帝國主義財政資本統治下，它們爲使中國停滯做一個單純的原料生產者，做一個單純的勞動力的供給者，即使中國成爲帝國主義發展的營養料和犧牲者，使中國和各帝國主義——以農業國——以工業國的資格來實現國際分工，自然要鞏固中國前資本主義關係的統治，亦即半封建關係的統治。所以歐美資本的輸入，雖然打破了中國的自然經濟，迫令中國參加世界市場，可是並未曾使中國自由發展資本主義。

財政資本的統治和前資本主義關係的存在，是矛盾的統一，帝國主義對華政策就是建築在這個矛盾的統一的形態上。資本在以前的歐美各國雖然見了封建制度阻礙着社會生產力的發展，就起來與之作頑強的鬥爭，可是等到它們在農業國的中國見了前資本主義關係可以作爲帝國主義的財政資本統治的支柱時，它們就一反過去的立場，用盡精力來維持這些有用的制度了。所以說中國封建關係的存在，並不妨礙中國加入世界市場。

正因如此，所以土地占有關係，還是同過去一樣，即土地問題仍舊是現代中國農村問題中的主要內容。中國所有可以耕種的土地都集中在地主手上，全體農民中至少有四分之三是無土地或少土地的農民。歷史上土地的兼併狀態依然存在，農民並未得着解放，農民急迫要求得着土地，正是反映中世紀式的農業關係。土地集中的事實，根據公私機關發表的統計，可以充分證明。例如根據河北保定十村一五六五農家的調查，佔農家總數百分之一一·七的地主富農，共有耕地百分之四一·三，反而佔百分之六五•二的貧農僱農，只共有耕地百分之二五•九。浙江平湖地主以百分之三的人口而佔有百分之八十的耕地。江蘇無錫二十村一〇三五農家中地主富農以百分之一〇•三的人口，佔有耕地百分之六五，而百分之六八•九的貧農僱農只佔有耕地百分之一四•二。廣東百分之七十四以上的貧苦農家，只佔有耕地百分之十九，百分之六的地主富農，却佔有耕地百分之六十六。這便是各省土地集中的真憑實據。

如以個別的調查爲不可靠，則請看農村復興委員會一九三三年在陝、豫、蘇、浙、粵、桂六省調查的結果，根據這一調查，上六省的地主富農以百分之九•九的人家佔有百分之六三•八的耕地，而百分之七〇•五的貧農和僱農，却僅佔有土地百分之一八•四的耕地。

不僅此也，地權集中的程度，黃土區（旱田）與水田區不同。據中央農業實驗所一九三四年調查：華北十省農家中，百分之八九是自耕農和半自耕農，其餘百分之十九是佃農；華南十一省的佃農佔百分之四二•五，而自耕農半自耕農只佔百分之五七•五。這是說華南的地權比華北更集中，還是說肥沃的水田區比不肥沃的黃土區更集中，而一切最肥沃的耕地都集中在地主手上，土地佔有關係的不平衡，不僅表現在量上，而且表現在質上。

土地兼併的結果，在土地使用上有否變更？換言之，是地主富農集中了廣大的耕地，集合許多農業勞動者來發展近代式的大農經濟，抑仍是把土地分割得極小租與佃農，用最古老的方式來耕種呢？可以說大農經濟過去沒有，現在仍然沒有。即是說，今天的中國農村並不是以大土地私有制爲出發點而發展現代農業經營，仍是以大土地私有爲基礎來維持古色古香的小農經濟。土地所有的集中和土地使用的分散，就是中國土地問題的根本矛盾。小農經濟只是用強度的勞動力從極小的土地單位中來獲得某些效果而已，農田耕作的分割，是農業生產的障礙物，但這也正反映着農業的封建關係。

半封建關係下的中國農民是在極不利的條件下進行生產，然而如果收穫物盡歸農民，也許他們還能勉強恢復自己的勞動力，維持自己的成本繼續進行再生產。可是農民既不能自由使用土地，又不能不靠耕種地主之地以求活，只好接受極苛刻的條件。所以在土地占有和土地使用的矛盾上，就仍然有着典型的封建的榨取關係。

農民耕種地主土地的代價就是地租。在地租的交納之中，可以充分表示出土地所有者和農業生產者的關係怎樣。即從地租是近代式的還是封建式的，可以看出人與人的關係是地主與企業家的對立，還是地主與農民的對立。地租有徭役地租，物品地租，貨幣地租三種。這三種地租，在今天的中國都存在着。就其本質說，徭役地租，顯然不是資本主義的，物品地租是商品經濟不發展的結果也不能算是資本主義的地租；至於貨幣地租是資本主義性，還是封建性呢？這還不能單純取決於地租的形式，而要取決於地租的內容。就貨幣地租的內容說，可說今天的中國封建性的較高於資本主義性的，而徭役地租，物品地租，仍爲支配形態，從這裏更反映出半封建社會的全貌。

此外，中國封建地租租額之大，即封建榨取關係之深，亦甚駭人聽聞。根據國民政府主計處的統計：分租，定租。（註四）佔產量百分之四七・八七；貨幣地租佔地價百分之一一・〇五。在個別的地方中，佃租的苛刻更甚。據農情報告的調查：錢租在地價中佔百分之十一，穀租佔百分之一二・九，分租佔百分之一四・一。除去了半數以上的收穫留在佃農手上的部分，扣去生產成本，連勞動力的支出都抵補不上。所以中國地租之量，除了全部剩餘勞動（等於利潤）以外，還有一部分必要勞動（等於工資）在內。陶直夫氏曾估計無錫某農家收入是二一・三二元，而支出是二五・〇四元，收支相差是三・七二元。這個差數就是被侵蝕的工資部分。可憐的中國農民在半封建關係的榨取下，是以縮小勞動力的必要限度來維持單純再生產的。

我們從上述種種方面——土地佔有關係，乃至地租苛刻方面，證明中國農村社會仍是封建主義，起碼是半封建主義在支配，並不是說中國沒有任何資本主義農業。中國今天也有近代農場，貨幣地租也在大城市的附近相當的流行，這無疑是資本主義關係的表現。然而問題的中心不在有無資本主義農業，是在資本主義農業發展的程度，近代農場在農業經濟中站什麼地位，有沒有自由發展的可能等等。要回答上列問題，首先要認清資本主義農業的生產關係是什麼。近代大農場裏有三種人：地主、企業家、僱農，前兩種人的收入是地租和利潤，後一種人的收入是工錢。這是與封建經濟關係中以地主和農民的對立不同的。因此，如果要知道中國農業經濟的發展階段和前途，必須了解僱傭勞動的比重，以僱傭勞動的比重爲根據來說明現代農場在農業經濟中的地位。

但僱傭勞動是資本主義農業的重要因素，却不是惟一的因素。此外農業經營面積的大小和農業成本的構成，也是很重要的。前者可以指出農業經營的廣度，後者可以指出農業經營的深度。這兩個要素之中，農業成本構成有更重大的意義。因爲儘管經營面積並不很大，而耕作的集約程度也可使一個農場成爲近代農場。

中國農場面積的廣度究竟怎樣呢？江蘇無錫農田混合計算，每家平均只有〇・四二公頃，保定農家平均也不過一・〇六公頃。民國二十四年土地委員會的調查，全國每戶平均面積共計只有一三・九二畝。這樣看來，每家農場面積是極小的。然而這是平均數。單憑這個數目，還不能做出結論。最要緊的是具體的考察問題，即是把各種大小農場分開來看。根據中央農業實驗所調查：北部十二省，五畝到五〇畝的農場，佔百分之八八・五，五〇畝以上的農場，只佔百分之一一・五；南部十省，五畝到四十畝以上的農場，佔百分之九〇・五，四十畝以上的農場，僅佔百分之九・五。這就是說明北方黃土區五十畝以上和南方水田區四十畝以上的農場，就算是中國的大農場，是中國相當近代化的農業。然這種大農場在黃土區只佔經營總數百分之一一・五，在水田區只佔九・五。這個統計，或許也並不完全可靠。因爲水田區四十畝以下的中農經營有若干是近代農場，而黃土區五十畝以上的大農場中也有若干是粗放的中農經營。因此，必需再研究農業成本的構成和農場經營集約的程度。

中國農場經營的集約程度究竟怎樣呢？從原則上講，農場經營越進步，除了使用人力以外，必須使用牲畜和農具，農業成本的構成便越高，廣西十縣二十村使用兩頭耕牛以上的農家佔百分之八•三，江蘇銅山有大車農家佔百分之十一。如果說有兩頭耕牛以上的農家和使用大車的農家可算大農經營，而這兩個地方性的統計又可以代表全國的一般現象，那中國全國大農場也不過百分之十的左右罷了。

最後，我們便再來看僱農在農民中的比重是怎樣的。根據現有的調查和統計，一般都認爲僱農在農民中的比重是百分之十左右。例如中山文化教育館的調查是百分之一〇•二九，武漢政府的估計是百分之十。但這都不怎樣精確。試再把僱工和家工作比較，根據無錫三村的調查，僱工佔九•三，家工佔九〇•七；據嘉興的調查僱工佔一九•九四，家工佔八〇•〇六。嘉興的農場面積大些，所以僱工也多些，但也只有十分之二。在小農經營的無錫，僱農竟不到十分之一。這樣看來，中國農業中的僱農只佔農民的極小部分，只有極少數農場方使用僱工，即資本主義農場在中國實在沒有多少。因爲帝國主義是只想破壞了中國農村的自然經濟，使中國農產品以不等價交換方式，通過市場關係而受到列强的支配。所以半殖民地的中國社會只可能是一個半封建社會。在帝國主義的統制下，要想農業經濟有光明的前途，解除半殖民地半封建的鎖鍊，除了掃除大農經濟發展的一切障礙，再沒有其他辦法。

六　從工業方面所表現的半殖民地與半封建關係

一個國家工業化的水準，是決定這個國家經濟發展的水準的。帝國主義的資本輸出及其一切經濟侵略，雖使近代的生產方法移植到了中國，但這並沒有使中國民族工業有過順利的發展，並沒有使中國經濟和歐美的經濟水準平行，因爲帝國主義資本輸出，在中國只有一小部分用在生產事業上，大部分不僅不是生產的投資，而且是毀滅生產的投資。帝國主義為使中國經濟能適應自己的需要，因此就要使中國成為工業國的附庸。

所以一直到現在中國還沒有完全脫離中世紀式的經濟生活，即還是一個半封建社會。這只要看中國近代工業發展的具體情形便可知道。大凡一國國民經濟都可分成兩大類：一是生產手段部門，一是消費手段部門，但國民經濟發展的程度是取決於生產手段部門發展的程度的。這個部門中最重要的部分，是機器工業，鋼鐵工業和燃料工業等。然則中國這些部分的工業，其發展情形怎樣呢？

中國鋼鐵資源並不怎樣豐富，因之鋼鐵工業尤其貧乏，以最近的生產與他國作一比較，中國鐵的產額只等於美國百分之一，日本三分之一，鋼的產額只等於美國一千二百分之一，日本六十分之一。

中國燃料工業的煤和石油藏量均甚豐富，但中國煤的產額只等於美國二分之一，等於日本三分之二。石油產額只等於美國十萬分之一，等於日本二千五百分之一。

說到中國機器工業，更屬不成樣子。全國除了若干兵工廠以外，所謂機器廠，只是一些製造零件和製造簡單機器的小工廠而已。

本來半殖民地經濟的特點，就是在沒有重工業的基礎。帝國主義的侵入，既不是為着促進中國工業化，而中國過去的經濟政策又不是抄襲歐美成法，要與歐美爭強，而只是接受唯實主義的教訓來和帝國主義工業合作。所以中國工業中有點基礎的只是輕工業。

輕工業的重要部門是紡織工業。這一部門在中國雖有相當基礎，但是和人家一比較，依然還是落後。試看中國紗錠只抵英國十分之一，日本十分之四·七布機只抵英國百分之七，日本百分之十五，便可知了。

人人都知道生絲是中國出口貿易大宗；但是中國的繅絲工業比起他國來也是落後得可憐的。請看一九三一至一九三五年，中日兩國生絲出口比較日本每年生絲出口共計五二一、一二六担，中國每年生絲出口共計八四、四七六担，即中國生絲出口，只等於日本六分之一。

尤其可憐的，是上述重工業和輕工業裏面，還有些是中國的民族的，有些是非中國非民族的。例如全國鐵的生產中日資佔百分之九十五，華資只佔百分之五，全國紗錠總數中外資佔百分之四三·八四，線錠總數中外資佔百分之六八·六二，布機總數中，外資佔百分之五二·六一，在工人總數中，外資佔百分之三五·五八，在紗線生產中外資佔百分之三一·五八，在布匹生產中，外資佔百分之六三·四八。總之外資在紡織業各方面都佔重要地位。在其他輕工業中，外國資本佔重要地位的還有火柴業和捲烟業。新式火柴工業在中國不過十幾年的歷史，自第一次大戰後，瑞典與日本火柴以排山倒海之勢侵入中國，國貨火柴幾不能立足。外資在捲烟業中，以英美烟公司力量最大。據估計：六十家華商烟公司的總資產只有七千七百三十萬元，而幾家英美烟公司的財產就有四萬萬元。

有些人說中國已發展到了資本主義社會，他們反對這樣那樣來劃分中外資本主義的界限，反對分別某些是國貨，某些是非國貨。可是我們決不能把中外資本同樣看待。從十九世紀末葉起，資本主義跨進了帝國主義階段，中國已經成爲供給財政資本滋養料的一部分，即是說中國已成爲帝國主義統治下的半殖民地。中外資本這兩種經濟成分在中國的消長，對於中國國民經濟是造成不同的結果，發生不同的作用的。即這兩種經濟成分在中國經濟機構中，具有兩種不同的機能。它的不同的機能表現在什麼地方呢？

第一，我們不應死咬着一個公式，以爲過去在歐美資本主義的生產曾推翻封建關係，就肯定它在中國也担負着同樣的歷史任務。事實是帝國主義在中國，即外資在中國，正要選定封建勢力做經紀來執行其殖民地政策；而民族資本才眞正要求中國工業化，要求民族經濟的自由發展，所以外資與民族資本的消長，反映出中國近代化的消長。要使中國無阻礙的近代化，工業化，不僅要與外資作鬥爭，還要消滅一切舊的社會成分，即前資本主義關係。

第二，資本的擴大再生產，其條件是在企業家盡量保留全部利潤之餘額以擴充企業，以發展國民經濟。外資在中國所取得的超額利潤，則大部分拿回本國去了，決不用之於中國以謀擴大再生產，以謀國民經濟之發展。這對於民族資本是有害的，同時，其作用是相反的。

第三，帝國主義世界經濟體系之構築，雖是以資本輸出爲其特點，可是由於戰爭的危機，威脅着各國的安全，同時，擴大各國的矛盾，誰也不再以資本輸出於不可靠的對方國家，對於半殖民地的資本輸出也幾歸於停止了。

最後，帝國主義商品輸出與資本輸出，其主要任務，單在執行其殖民地政策，完成殖民地的單一經濟，如把埃及變成單一的棉花產地，把古巴、爪哇變成單一的糖的產地，澳洲變成單一的羊毛的產地，再則如南洋的橡皮，巴西的咖啡，中國的大豆、煙葉、棉花等等。或只發展了採礦業或若干輕工業，此外就沒有了。因此，儘管帝國主義的財政資本開採了中國的煤鐵工業，而鋼鐵工廠却不在中國開辦。儘管日本資本在中國開辦了紡織工廠，而染織工廠却不移來中國。這就是說，外資只使半殖民地經濟變成了宗主國的附庸，此外並沒有任何進步的意義。

所以，儘管在中國有了若干工業化的事業，尤其是輕工業，然由於帝國主義及封建的舊的社會成分之阻礙，從其整個社會體制說來，仍是半封建的半殖民地的。

七　中國半殖民地半封建的社會關係尤其表現在手工業方面

上面我們已經把自鴉片戰爭以來的中國農業經濟工業經濟都敘述過一個大概了。關於手工業方面，現在還要說說。

提起手工業先須考察一下手工業的原始形態。在典型的封建秩序下，農業生產者和工業生產者同是一個人，即工農不分。由於生產力的發展，才使工農業不得不分家。分家後手工業者在交通中心點建立了城市的雛形，開闢了市場，於是交換由偶然的現象變爲經常的現象。因此手工業者對於市場的依賴也日大。過去他們是爲需要而勞動，如今却爲市場而勞動了。這時出現了商人，把生產者與消費者連繫起來，商人逐漸由一個商品交換的調節者成爲一個商品生產的支配者。到了商人由調節交換過程轉爲支配生產過程，已經是封建制度的末期了。那時，商人或大工業者所經營的手工工廠，已經是資本主義的要素。手工工廠中人與人的關係已經沒有過去那種一家親的關係，而換上一幅冷酷的面孔，就是說人們已在資本的面前變成毫無感情的動物了。

一般說來手工業是一個複雜的概念：家庭手工業，行會手工業，工業工廠手工業，都可以歸到這個概念裏面。

手工業的發展，會經過兩條道路：第一條道路，是工業和農業的分家。分了家的手工業，在交通中心建立城市的基礎。城市手工業都有行會的組織，爲着調整企業間的競爭，生產上的一切問題都有法律上的規定。行會手工業的生產是商品經濟的生產，所以行會手工業的發展，就是商品經濟的發展。第二條道路，是家庭手工業的商品化。即農家的手工業，到後來已經不是自做自吃或自做自用，而是爲着供給市場，例如農家婦女購買土線土紗，用家庭自備布機織成布匹，直接供給鄰近市場或假手於商人供給鄰近市場。

這兩條道路的手工業發展形式，過去在中國存在過，現在依然存在着。例如行會制，在中國很久以前就存在了，這種組織一直保存到現在。中國的行會，規定度衡，規定工資，規定學徒的數目，規定商品的品質和價格，規定工作時間和勞動條件，規定懲罰破壞法規的人，決定貨幣行情，處理公共問題，解決各種爭議。所以它在歷史上起了重大的作用。但由於帝國主義商品的侵入，在現代中國經濟生活中，已有新式工業。這些新式工業自然要與手工業爭奪市場，同時，就要侵蝕中世紀式行會的基礎。競爭的結果，失敗當然要歸到手工業方面，即行會手工業就被工廠手工業或大工廠所壓倒了。例如裁縫業、建築業、靴鞋業等手工業，近一二十年來，在全國各城市中，尤其是上海、天津、北平、武漢、廣州各城市中，由於外國商品的競爭，即工廠手工業或大工廠出品的競爭，已經站不住了。只有較少捲入世界市場，較少參加全國商品交換的地方，尤其是陝西、甘肅、四川、雲南、貴州等等地方，手工業才勉強保有過去的地位。只有舊式藝術手工業，例如玉石彫刻等手工業，至今仍保存着行會的色彩。為什麼藝術手工業獨能保存舊觀，不受外來商品的侵蝕？這是因為國內外都還有許多鑑賞家成為它的顧客。但它在物質生活或經濟生活中，並不是有重要作用的手工業。總之，自從外資侵入以後，中國的行會手工業，雖然時時刻刻都在出死力想與新式工業相對抗，可是這不過是一個病入膏肓的人在臨死之前的掙扎。歷史已規定了手工業沒落的命運。

手工業發展的第二條道路，即內地農村生產者，自己拿着自己手工業的生產品，送到臨近的小城去，如織布的帶着布匹，製造用具的帶着他們的用具，去到城市交換。這種原始的交換形式，如今還存在於一些邊陲省分，但在沿海各省已不大看見這種現象了。在商品經濟發展史上，如前所說，是需要一個中間人在生產者和消費者之間連繫着的。這一中間人，最初是小販。小販大都仍是農民，他們做販賣商品的工作，可以說只是農業勞動之暇的一種副業。但一到中間人由小販變成了商人，商人就利用它的優越條件來指揮生產者，而生產者也就變成失了獨立地位的商業資本的附庸了。在歷史上，商業資本是通過兩個階段來支配家庭手工業的。第一個階段是商人支配交換過程，第二個階段是商人支配生產過程。

商人怎樣支配交換過程和生產過程呢？例如河北定縣賣布農民在一定集日帶布匹上市，布店也派一二夥計到棉布市場去買布，驗明貨色，講好價錢，農民再把布匹送到布店領取款項，這是第一種支配形式的例子。再如河北高陽縣是一個有名的棉織區；而高陽商人對於生產者的支配，却轉了好幾個灣子。初時原料商人和收布商人是兩種人——前者是供給原料，後者是收買布匹，這是代表商業資本支配生產者的兩種機能。此外還有所謂「散機商人」，其任務是替原料商人組織織戶從中取得扣佣。後來原料商人來兼營收布，同時又取消中間人——「散機商人」來直接控制織戶完成了支配生產者的全過程，而進到商人僱主制，這是商業資本發展的最高形態。其實商人僱主制與手工業工廠已經沒有多少差別了。這是家庭手工業轉入資本主義的過程，然而商人的支配不是毫無阻礙的完成的，商人不斷的碰到行東的反抗，但是行東終不能與商人對抗，只有極少數，即很少受到商業資本壓迫的人，例如那些製造奢侈品的和那些與市場有直接關係的，才僥倖的變爲企業家，其他的行東，往往與學徒工匠的命運一樣，只有變成手工廠或大工廠的工人而已。

在中國手工業工廠中的陶冶、紡織、製紙、採礦等，過去都起過很大的作用。陶冶中的陶器和磁器，是中國最古的手工業工廠，江西浮梁縣的景德鎮是磁器的中心，外國的考察家曾把景德鎮描寫成英國的伯明罕。雖然因生產技術的保守和外國的競爭，景德鎮已保不住過去的榮譽了，然而磁器業至今還不失爲手工業中的重要部分。陶器以蘇浙爲最著名，可惜也因故步自封，生產技術未改良，也漸漸失去過去的地位。棉織手工業工廠在全國經濟生活中有重大的力量是用不着說的。製紙手工業工廠，也是一種古典形態。廣東、福建兩省，是中國主要的製紙區，雖然洋紙進口日增，可是土紙仍有自己的市場。礦的開採至今還用土法的並不少。錳、銻、鋅等軍事原料，是出口的大宗；但這些原料大都還是用原始的技術在生產，因此，廣西的錳，廣東江西的鎢，湖南的錳，雖然在世界很有名，然而中國仍沒有上述各種鍊礦的工廠。

此外平、津的毛氈手工業工廠，江、浙、粵的絲業，是以歐美爲輸出的對象；南京的天鵝絨，紹興的蒸溜，山東的髮網，也是一種很有名的出品。肥皂、製糖、爆竹、火柴、牙刷等，無疑也各有相當地位。

不過在過去有地位或有重大意義的手工業，今天都發生了全面的危機，今天的中國，不論家庭手工業，行會手工業，工廠手工業，都逃不出歷史的運命。但是有一基本的特點值得我們注意，即中國手工業被淘汰的歷史與歐美各國相較，不是正常的。歐美各國因爲生產的發展，市場的擴大，使商業資本逐漸控制手工業的全過程，再由商業資本轉爲工業資本，最後完成了近代化工業化；可是中國却不是這樣，帝國主義的侵略，使中國手工業不能循着正常的歷史法則的發展轉爲新的生產方法，而使手工業敵不住外資壓迫與摧殘而走上沒落的道路。同時，使中國全社會也跳不出帝國主義的掌心。

這就是半殖民地與半封建在手工業方面的反映。

八 中國社會史的前途和展望

我們在前面曾說過：「帝國主義諸國爲要脫出第三時期的經濟恐慌，必然是企圖拿殖民地半殖民地做犧牲品的；而且帝國主義在這時，甚至用了傾銷政策來開拓獨佔的市場，拿武力獲得獨佔的原料供給地及資本輸出地；更其重要的，是他們爲了準備第二次世界大戰，也必需將戰略上的重要據點，抓緊在自己的魔掌中。這樣，根據第三時期的經濟恐慌對於帝國主義垂死的掙扎，就爆發了我們空前的『國難，』即日寇對我的『九一八』事變。」到今天中日戰爭已經過了四年多了。華北、華中、華南十餘省的土地已被萬惡的敵人統治着，壓榨着，敵人在被佔領區域內，好久就組織了所謂「中華民國臨時政府」的傀儡政權，以統治華北各省；察綏和晉北還有一個僞政府——所謂「蒙疆聯合委員會」，南京汪精衛的僞組織，跟着也出現了。

敵人侵略我國的目的，是爲了榨取我國，以解決帝國主義本身的矛盾各種傀儡政權的出現，除鎮壓我抗戰民衆外，便是爲便利於經濟上的榨取。敵內閣的大臣們，東京和大阪的金融寡頭們，早在準備盡量的榨取，以恢復侵略中國用兵的損失。對於榨取事業最起勁的，過去有三個人物：一是滿鐵公司總裁松岡洋右，一是興中公司總裁十河信二，一是東方拓殖公司安川，這三個公司都是被佔領區經濟侵略的急先鋒，是不用說的，後來敵內閣認爲它們步調還不能一致，又決定了開辦一個半官的公司來管轄被佔領區的一切經濟活動，調整一切經濟榨取機構的關係，這個半官公司就是所謂「中日經濟協議會」。這可以說是日寇對於被佔領區經濟侵略的最高指導機關。在這個最高指導機關直接指導之下的，有「華北開發公司」和「華中振興公司」。「華北開發公司的資本爲三萬萬五千萬日元，華中振興公司的資本爲一萬萬日元，並許可發行五倍於資本金的社債，使這兩個公司能够運用連資本和社債二十七萬萬日元，來經營榨取的事業。華北開發公司下面，有八個子公司：一鐵道，二、港灣，三通信，四電氣，五、鐵鑛，六、煤鑛，七、鹽業，八石炭液化。這八個子公司都以獨家經營爲原則。如以滿鐵公司獨力辦理交通事業，以日本製鐵公司獨力辦理鐵鑛。

敵人利用這些榨取機構，早已開始進行被佔領區的經濟侵略，他們對於農工鑛交通各業，主要用下面幾種方式：第一，用業主委託經營形式或强迫收買形式，輕工業的各種部門，如紡織、麵粉、火柴、製紙、捲烟等，是用這種形式。第二，採取受傀儡政權囑託經營形式，一切有獨佔性的企業，如交通、電氣、鑛業、鹽業等，是用這種方式。第三，對於農業，日本極力獎勵種棉，使華北農業單一化，以中國最優良的植棉區域來救濟日本的棉紡織業，使華北經濟成爲日本工業的滋養料。

北平偽臨時政府之下有一個榨取機關叫做「聯合準備銀行」。「聯銀」資本是五千萬元，由傀儡政府及其八家銀行共同出資，先交一半，開始營業，共計二千五百萬元，所以「聯銀」發行的鈔票沒有相當準備金，等於廢紙，在民間强迫使用。

敵人在華北，不僅發行不兌現鈔票榨取華北人民，還用偽幣强迫收回中央、中國、交通及其他銀行法幣，以破壞中國幣制的執一，並奪取我國外匯基金（據統計華北被佔領區共有法幣約九千萬元）此外在蒙疆聯合委員會下的蒙疆銀行，在蒙古的金融作用，和「聯銀」在華北也是一樣。

敵人對於被佔領區的另一種榨取方法，是改訂稅率和刼持海關。本來日寇對中國海關權，向來不肯放鬆。民國十四年段祺瑞政府在北京召開關稅會議的時候，反對中國海關增稅的是日寇，民國二十三年，强迫國民政府改訂新稅則的也是日寇。敵人認清在被佔領區改訂海關稅率是良好的時機，於是在民國二十七年一月，華北海關已實行第一次改訂，六月，華北華中傀儡政權又實行第二次改訂。所有進出口貨品，只要便利於敵人傾銷或便利於敵人收集的，都一律大加改訂。敵人在財政經濟上的榨取，不僅改訂海關稅率，並且用暴力刼持海關。不幸這種刼持海關的暴行，竟得我們友邦英國公開的諒解，共同訂立了英日非法協定。協定的主要內容是：第一，被佔領區的一切稅收，都存入橫濱正金銀行。第二，應由關稅担保償付的外債和賠款，由此項存款中，按期分配撥發總稅務司。第三各關應攤分的債款，以此關上月稅收佔全國各關總稅收的百分數作爲下月的準則。敵人用暴力刼持海關的代價，是六千多萬元。所以英日這個非法協定，不僅給中國戰時財政以很大的惡影響，而且爲敵人解決了某些財政上的危機。

敵人自侵入中國廣大領土以來，對於被佔領區的經濟榨取，已採用直接方式，以完成其「以戰養戰」的政策。所以敵寇不僅要統制我國民族資本而且要消滅我國民族資本，不僅要阻礙我國的近代化工業化，而且要徹底把我國殖民地化，奴隸化，所以中國社會史的發展，正走到了不近代化，工業化，就殖民地化，奴隸化的最後關頭。

日寇對於中國四年多的侵略戰爭，不僅大大改變了中國的經濟地位乃至社會關係，而且對於英美在遠東的經濟地位，也起了很大的變動。

據美人雷麥的統計，英國對華投資，共計有十二萬萬美元。美國投資也大約有兩萬萬美元。英資四分之三在上海，美資百分之六十五也在上海。自上海成了被佔領區，各國在上海的投資都處於遇着危險，同時，因敵寇拼命排他獨佔，各國對華投資及貿易幾都陷於停頓狀態了。

敵寇對中國的積極侵略，在被佔領區的經濟榨取，使得中國半殖民地的經濟已變成了殖民地的經濟，然而這不過是經濟變動之一方面；從另一方面看，還有更大的變動，這就是中國因敵寇的侵略，變動了各國在遠東的經濟地位，尤其是變動了我國的經濟機構，反而使得我國民經濟已開始走上獨立發展的方向去了。

第一，抗戰前全國工業中心都偏在沿江沿海各大城市，特別是上海；但自抗戰後，這種畸形的經濟機構已改變了一個樣子。各種工業遷移內地問題，已從討論到實行。工業根據地由沿江沿海移到內地各省，即是移到西南，西北各省，並且積極在內地開始建立國民經濟的基礎，這可以說是近百年來我國經濟界一大轉變。工業中心地的移動，這無疑是國民經濟機構變動的開始。此外，手工業在抗戰後，也發生了頗大的變化。戰前手工業的沒落，如前所說，是在帝國主義的侵略下，手工業逃不出它沒落的歷史命運，所以贛、蘇的瓷業、陶業，粵、閩的製紙，冀、魯、蘇的棉布業等，都敵不過帝國主義在中國近代工業的競爭，而先後陷於萎謝狀態了。然而抗戰以來，因爲外國商品進口的受阻，因爲近代工業生產的相對停滯，因爲英美在中國市場的被逐，因爲交通運輸的不便，所以內地商品的供給非常缺乏，因此，給內地手工業以新的復蘇機會。即中國手工業在抗戰過程中，反而有了發展的可能，並且逐漸有了生機的手工業，一部分已採取合作社的形式。從表面上看來，這好像是復古的小企業，但實質上却具有進步的內容。

第二，抗戰又開始變更了封建半封建的經濟關係。抗戰以來，抗日根據地正在各地逐漸擴大，在這些區域通過抗日的政治要求，對於逃亡了或漢奸地主的財產，改變了原有的性質，變更了土地占有關係；即在土地的使用上，也產生了新的社會關係。還有一部分參加抗日戰爭有高度政治水準的地主，自動的把自己的土地分給抗戰的農民。土地占有關係雖沒有變更，但在土地的使用上。已減輕了地租，在這種情形之下，農業生產關係，已無疑的有了新的變動。在其他地方，雖然還不能對於變更封建或半封建關係，希望有平衡的發展，但一般社會生活，根據抗戰建國綱領的規定，在抗戰期內必需進行合理的解決，只要政府所屬各機關，堅決執行法令，民衆組織，訓練工作有新的發展，過去中世紀式的經濟機構，也必然會有多少變更。再則內地墾荒問題，是解決戰時糧食問題重要工作之一，只要政府能保障農民利益，免除已開墾荒地的租稅若干年，或許可農民在一定期限內佔有地權，這也可使農業關係發生新變化。而且內地農業合作社，我們相信必然隨着戰爭的持久而日益發展。農業合作社的組織，也是新的經濟組織，在國家資本指導下，通過合作社形式，自然也可使農業經濟帶上近代的進步的內容。

第三，抗戰以來，沿海城市和內地物價已失掉了平衡性，有的內地物價高於沿海城市，有的沿海城市物價高於內地。我們從上海和重慶就可以看到物價的變動是極不一致的。例如食料品的價格是上海高於重慶，衣料、金屬、電料等價格是重慶高於上海。這種現象指出上海物價的變動已不能代表全國經濟規律；同時又指出：現時內地經濟很可能擺脫城市經濟的支配，尤其是帝國主義財政資本的支配，而有獨立自由發展的趨勢。這也就是說，如果我們能積極推行一面抗戰一面建國的根本國策，是可能在抗戰根據地的川湘滇黔等地樹立起嶄新的進步的經濟中心來的。我們的海口已被封鎖了，沿海城市工廠已內遷了，帝國主義商品的侵略已被阻了。雖然現在內遷工廠還不能供給內地的需要，但這種困難是可以克服的。所以在目前如何提高內地工業生產，如何擴大農業生產，如何調整農業品與工業品的交換，如何加强大後方一切有生力量增高國防，這不僅是充實抗戰力量驅逐敵寇出中國的問題，同時，還有衝破封建，半封建的社會關係，衝破殖民地，半殖民地的經濟範疇，建立近代國家近代社會關係的健全的國民經濟基礎的問題。

所以從一方面看，敵寇的侵略戰爭，雖然在其佔領區使得中國半殖民地的經濟已變成了殖民地的經濟，中國社會史的發展，幾乎都要被敵人的魔掌扼斷；然而從另一方面看，中國的抗日戰爭，卻正在使工業，農業，整個國民經濟已開始走上獨立發展的方向，即已開始衝破半封建半殖民地的魔圈，走上近代化工業化的康莊大道，中國社會史發展的前途，是光明燦爛的。

不過中國自鴉片戰爭以後的民主革命運動，雖然屢仆屢起，但蹉跎至於今日，依然還在　國父中山先生「革命尚未成功」的警語之前，著受折磨；尤其是帝國主義侵略的高峯發展到日本强盜的「九一八」事變，「七七」「八一三」，乃至四年餘的瘋狂戰爭，使我社會國家的歷史殘命，呈現着更悽慘更暗淡的前景。中國社會發展史偉大的前途，決不能袖手坐待，需要我們努最後必死之力，加以爭取，這是千萬不容忽視的。

（註一）單純的商業資本到處都代表着一種盜掠制度，任何新發的各商業民族，其⋯⋯發達，是和暴力盜掠，例如海上盜掠，奴隸掠奪，殖民地征服等，有着直接的關係，這在迦太基，在羅馬，在以後的威尼斯商人，葡萄牙商人，荷蘭商人等都是一樣。

（註二）以英國爲前驅的列強侵略，原不以中國南部幾個通商口岸的開放爲滿足，適於西曆一八五六年，發生了英艦砲擊廣州事件，事件發端，原由中國船揭掛英國旗在英人保護之下，祕密輸入鴉片，被清廷官吏將其船及其駕駛人扣留，並撤除其英國旗。英國抗議無效，結果乃撇開鴉片走私問題不問，單提出中國凌辱英國國旗問題，一面激起其國內輿論，一面對中國宣戰。這時，法國亦以其傳教士在廣西被害與英國取一致行動。一八五七年，英法聯軍開始陷廣州，翌年陷大沽砲台，進逼天津，由是締結天津條約，並停戰。不久，戰爭又起，一八五九年，聯軍陷北京，燒燬圓明園，由是締結北京條約。

（註三）原屬於中國的藩屬，是照例定期進貢的。例如琉球在一八七五年以前，是三年朝貢兩次；朝鮮在一八九四年以前，是四年朝貢一次；尼泊爾由一七九〇年——一八八二年，是五年朝貢一次；緬甸在一八九五年以前是十年朝貢一次，暹羅在一八八二年以前，是三年朝貢一次，安南也是四年朝貢一次的藩國。

（註四）物品地租有兩種形式：一是分益租（又叫分租；一是定額租（又叫定租）。分益租即地主和農民按一定比例共同分配農產品，或二八分或三七分或四六分或五五分不等。定額租即農本全由佃農負担，地租若干由主佃雙方議定。再分益租又有兩種方式：一是一切農本全由地主供給，農民只提供勞力；二是農本由地主和農民平均分担。

【問題研究】

（一）鴉片戰爭為什麽成為中國歷史劃時期的界標？

（二）列强侵略為什麽跟着鴉片戰爭而日益加緊？

（三）形成半殖民地半封建社會的客觀條件應該如何去把握？

（四）為什麽帝國主義的侵略，破壞了中國的封建體制，而中國又不能直接走上近代化的路？

（五）中國社會史的前途，究竟是殖民地化抑近代化？

（六）驅逐敵寇出中國，爭取中國社會史發展的光明前途，我們應該如何努力？

敬啟

『民國專題史』叢書，乃民國時期出版的著名學者、專家在某一專題領域的學術成果。所收圖書絕大部分著作權已進入公有領域，但仍有極少圖書著作權還在保護期內，需按相關要求支付著作權人或繼承人報酬。因未能全部聯系到相關著作權人，請見到此説明者及時與河南人民出版社聯系。

聯系人 楊光
聯系電話 0371-65788063
2016年3月28日